本书为教育部首批新文科教育改革与实践项目（项目编号：2021070060）资助成果。

大都市治理书系
Metropolitan Governance

METROPOLITAN

大城福祉
大都市基本公共服务绩效评估

李利文 著

The Welfare of Big Cities
Performance Evaluation of Basic Public Services in Metropolises

中国社会科学出版社

图书在版编目（CIP）数据

大城福祉：大都市基本公共服务绩效评估/李利文著. —北京：中国社会科学出版社，2023.12

（大都市治理书系）

ISBN 978-7-5227-2845-2

Ⅰ.①大… Ⅱ.①李… Ⅲ.①城市—公共服务—研究—中国 Ⅳ.①D669.3

中国国家版本馆 CIP 数据核字（2023）第 241212 号

出 版 人	赵剑英
责任编辑	黄　山
责任校对	贾宇峰
责任印制	李寡寡

出　版	中国社会科学出版社
社　址	北京鼓楼西大街甲 158 号
邮　编	100720
网　址	http://www.csspw.cn
发 行 部	010-84083685
门 市 部	010-84029450
经　销	新华书店及其他书店
印　刷	北京明恒达印务有限公司
装　订	廊坊市广阳区广增装订厂
版　次	2023 年 12 月第 1 版
印　次	2023 年 12 月第 1 次印刷
开　本	710×1000　1/16
印　张	18.5
插　页	2
字　数	265 千字
定　价	88.00 元

凡购买中国社会科学出版社图书，如有质量问题请与本社营销中心联系调换

电话：010-84083683

版权所有　侵权必究

序言　让城市服务更有质量更有温度

> 人类共同努力所产生的力量是文明取得成功的核心理由，也是城市存在的主要理由。为了了解我们的城市以及应该如何对待我们的城市，我们必须坚持这些理由，放弃有害的幻想。
>
> ——［美］爱德华·格莱泽（Edward Glaeser）[①]

城市是人类聚落的聚居所，是商品供应的集散地，是公共生活的论辩场，是社会文明的展览馆。城市从诞生的那一天起，就通过建筑结构、市井风貌、亭台楼榭、风土人情忠实地记录着它的政治、经济、社会、军事、文化等方面的足迹和特色。从古埃及到古巴比伦，从罗马到雅典，从威尼斯到君士坦丁堡，从殷商安阳到唐都长安、宋都汴京、明清北京，人类五千年的文明史就是一部聚落、迁徙和群居的历史，就是一部城市的裂变、整合和兴衰的历史。纵观城市变迁的历程，区位、王权、商埠、工业、防务等要素构成了古代城市产生和发展的主导变量，资源禀赋、权力意志、商品交换、文化交往共同决定了群居需求的城市生产与再生产。原本城市居民只占远古时代人类整体的一小部分，但经过两个世纪前所未有的快速城市化，如今世界上一半以上的人口居住在城市，这对全球的可持续性和人类文明产生了深远的影响。

众所周知，城市一直担当着人类文明灯塔的角色。美国社会哲学家刘

[①]　［美］爱德华·格莱泽：《城市的胜利：城市如何让我们变得更加富有、智慧、绿色、健康和幸福》，刘润泉译，上海社会科学院出版社2012年版，第14页。

易斯·芒福德在他的《城市发展史》中曾说道："城市从其起源时代开始便是一种特殊的构造，它专门用来储存并流传人类文明的成果；这种构造致密而紧凑足以用最小的空间容纳更多的设施；同时又能扩大自身的结构以适应不断变化的需求和社会发展更加繁复的形式，从而保存不断积累起来的社会遗产。"[①] 作为"一种特殊的构造"，城市因而被美国经济学家爱德华·格莱泽描述为人类"最伟大的发明"与"最美好的希望"。他认为，城市的未来将决定人类的未来。他在《城市的胜利》一书中直言："自从柏拉图和苏格拉底在雅典的一个集会场所展开辩论以来，作为分布在全球各地的人口密切区域，城市已经成为创新的发动机。佛罗伦萨的街道给我们带来了文艺复兴；伯明翰的街道给我们带来了工业革命。"[②] 可见，城市的存在和发展不仅极大地满足了人类的物质、精神和文化的需要，而且成为推动人类创新的策源地、集散地和展示地。

从一定意义上来说，一个城市的文明程度代表了一个地区的发展高度和发达程度。城市的工业、交通、运输、商业、行政、文化、教育、科学等企事业发展是城市职能分工和城市文明生成的基础。由于运输的效率和较小的土地消耗，加之拥有广泛的教育、住房、交通、通信、商品供应、公共卫生、公用事业和基础设施，当今的城市才会让人感受到它的便利与快捷、繁华与拥挤、闹热与喧嚣。先进的设施、便捷的服务、整洁的环境、良好的生态、有序的法治、人文的关怀、温情的治理……当今的城市才会让人感受到她的创新与活力、有序与和谐、温存与文明。城市的密度促进了市民、市场和组织之间的互动，对于提高公共资源配置、公共产品供应、公共服务供给、公共秩序维系的效率和效益具有重要的价值。

我们知道，精雕城市颜值、涵养城市气质、提供优质服务、守护一方平安是现代文明城市规划、建设、发展、治理所追求的形式和内容。城市

---

① ［美］刘易斯·芒福德：《城市发展史》，宋俊岭、倪文彦译，中国建筑工业出版社2005年版，第388页。
② ［美］爱德华·格莱泽：《城市的胜利：城市如何让我们变得更加富有、智慧、绿色、健康和幸福》，刘润泉译，上海社会科学院出版社2012年版，第1页。

是人的城市,城市现代化也是人的现代化,此所谓"人民城市人民建,人民城市为人民"回答了城市规划、建设、发展、治理为了谁又依靠谁的根本问题。城市规划需要回答在给定地区的生活、工作和娱乐方式,城市建设需要以规划为依据而对城市系统设施进行建造和改造,城市发展需要满足城市人口不断增长的多层次需要,城市治理需要在诸如交通拥堵、文明就餐、垃圾分类等方面开展细处着手、实处发力。由此可见,建设更高水平的文明城市和城市文明需要顺应城市自身发展规律,需要落实"以人民为中心"的主体原则,需要在点滴中涵养、在时间中沉淀。

显然,城市公共产品提供和公共服务供给的能力与水平是衡量"人民城市"建设和"文明城市"发展的主要标准,"城市福祉"状况决定着"市民福祉"水准。必须看到,城市基本公共服务承载着城市人民对美好生活的向往,是城市人民群众获得感、幸福感和安全感的重要来源。随着公共服务资源不断向大城聚集,人口也逐渐跟随资源往大城聚集,城市基本公共服务供给将成为大城福祉的重要决定性因素,《大城福祉:大都市基本公共服务绩效评估》(以下简称《大城福祉》)即为此问题的一个优质学术呈现。《大城福祉》构建了大都市基本公共服务绩效评估指标体系,对全国超过100万常住人口的"大都市(大城市)"进行了基本公共服务质量评估,为寻求改善大城福祉的治理之道提供了建设性和启发性思路。

《大城福祉》遵循"引出问题—界定问题—描述问题—分析问题—解决问题"的逻辑进路:(1)从逻辑上逐渐递进的三个问题引出大都市基本公共服务绩效评估议题,以体现大都市基本公共服务绩效评估的重大现实意义;(2)对研究中的"大都市"、"基本公共服务"和"绩效评估"三个核心概念进行界定,并在此基础上厘定本研究的问题边界和评估指向;(3)大量政策文献和理论推理下提出大都市基本公共服务绩效评估的共同富裕、人民至上和均衡可及的价值导向;(4)根据易于操作、程序透明、多元参与、便于区分原则,选择了层次分析法作为本研究的核心评估方法;(5)根据系统全面、精确简洁、可比可测、导向明确、独立协调原则,通过四轮维度筛选和四轮指标筛选，确定了大都市基本公共服务绩效评估的生产性基本公共服务、生活性基本公共服务和生态性基本公共服务维度、12个子准则层以及39项评估指标；（6）通过对政府官员、专家学者和普通群众三类群体进行问卷调查，确定了三类群体各自的评估权重；（7）结合2010—2019年十年间的数据对105个大城市的基本公共服务绩效进行分内容、分年份和分主体的呈现与分析；（8）从保稳、提质和促优三个逻辑上依次推进的层次提出了优化大都市基本公共服务可及性、均等化和满意度的建议。

本书第一章主要阐述大都市基本公共服务绩效评估的背景缘起。主要从城市规模应该蔓延还是缩小、城市人口应该集聚还是分散以及城市服务应该可及还是满意三个逻辑上依次推进的问题中引出基本公共服务绩效评估的现实重要性。然后在此基础上从公共服务均等化、公共服务满意度、公共服务标准化、公共服务能力和公共服务质量等几个方面对已有的公共服务绩效评估进行综述并指出该领域的推进空间。

第二章主要论述大都市基本公共服务绩效评估的基本概念。主要界定了大都市、基本公共服务和绩效评估三个核心概念。受大都市规模性影响，公共服务具有环境复杂性、需求多样性、成本递增化、方式合作化和内容精细化特征。在相关政策文件变迁的基础上指出基本公共服务具有基础性、普惠性和动态性三个核心特征。大都市基本公共服务评估对象、评估主体、价值取向、指标体系和评估方法也具有其维度特征。

第三章主要叙述大都市基本公共服务绩效评估的价值取向。价值取向是绩效评估的牵引方向、核心灵魂和深层结构。价值取向实现的方式和手段有很多，但大致可以归为三大类，分别是理论模型视角、方法复制视角和自主构建视角。价值取向选择是一个复杂的筛选过程，其不仅要符合大都市发展的基本规律要求，而且要符合基本公共服务供给的整体要求，还要满足绩效评估的可行性要求，更要符合服务国家重大战略能力的要求。基于以上考虑，其至少应该向着共同富裕、人民至上和均衡可及的方向发展。

第四章主要描述大都市基本公共服务绩效评估的方法选择。主要包括指标缩减类、权重确定类和绩效评价类。该研究选择了具有权重确定和绩效评价双重功能的层次分析方法，主要是因为层次分析方法的简洁性、适用性、系统性和实用性特征与大都市基本公共服务绩效评估相契合。

第五章主要建构大都市基本公共服务绩效评估的指标体系。基于系统全面、精确简洁、可比可测、导向明确、独立协调原则，通过系统梳理、政策引导、专家咨询和综合权衡四轮维度筛选和全方位收集、头脑风暴法、隶属度分析和内容效度调查四轮指标筛选，确定了大都市基本公共服务绩效评估的生产性基本公共服务、生活性基本公共服务和生态性基本公共服务维度、12个子准则层以及39项评估指标。

第六章主要分析大都市基本公共服务绩效评估的指标权重。该部分采用Delphi-AHP分析方法确定大都市基本公共服务绩效评估指标权重。考虑到政府官员、专家学者和普通群众可能在大都市基本公共服务绩效评估的认知结构上存在较大差异，强行将三类主体的评分进行整合可能导致评估结果的内在冲突或者评估指标权重不符合实际，因而该研究在大都市基本公共服务绩效评估指标权重呈现上以三类不同主体的调查结果分别进行呈现。

第七章主要展示大都市基本公共服务绩效评估的结果呈现。对大都市基本公共服务的绩效和水平进行评估以明确城市与城市之间的差距，不仅能够帮助城市政府认清自身事实，进而做出改善行动，而且能够帮助人民选择适合自身的城市，安家创业。该部分将基于前面几章构建的大都市基本公共服务绩效评估指标体系和指标权重对全国超过100万常住人口的"大都市"进行基本公共服务质量和水平评估，并对这些城市的基本公共服务供给质量和水平进行呈现与分析，以期从结果呈现中寻求改善城市福祉的治理之道。

第八章主要叙述大都市基本公共服务高质量供给的路径选择。大城之中的环境污染、交通拥挤、住房紧张、看病排队、上学困难、聚集犯罪、疾病传染等一系列问题最终将指向基本公共服务的高质量供给，因此基本公共服务高质量供给本质上是对城市问题的一种降维治理，也是大城福祉的核心体现。该部分将从保稳、提质、促优逻辑上依次推进的三个层次提出优化大都市基本公共服务的路径对策，保稳是基础，是要保证基本公共服务可以覆盖到每一个市民；提质是手段，是要通过提档升级促进基本公共服务更加均衡可及；促优是目标，是要实现以人民为中心的满意度和获得感。

以上不免粗陋，权当前读之序！

陈潭

2023 年 6 月 26 日于小谷围岛

目 录

第一章　大都市基本公共服务绩效评估的问题缘起 ………………… 1
第一节　研究缘起与研究问题 ……………………………………… 3
第二节　研究综述与文献述评 ……………………………………… 11
第三节　研究框架与技术路线 ……………………………………… 19

第二章　大都市基本公共服务绩效评估的基本概念 ………………… 23
第一节　大都市的界定标准及其内涵特征 ………………………… 25
第二节　基本公共服务的界定视角及其政策变迁 ………………… 41
第三节　绩效评估的基本类型及其评估重心变迁 ………………… 60

第三章　大都市基本公共服务绩效评估的价值取向 ………………… 75
第一节　绩效评估中价值取向确定的意义 ………………………… 77
第二节　绩效评估中价值取向的实现方法 ………………………… 83
第三节　大都市基本公共服务绩效评估的价值取向选择 ………… 86

第四章　大都市基本公共服务绩效评估的方法选择 ………………… 95
第一节　大都市基本公共服务绩效评估的基本方法 ……………… 97
第二节　层次分析法评估的理论原理与基本步骤 ………………… 100
第三节　绩效评估方法选择的基本原则及 AHP 的契合性分析 ……… 109

第五章　大都市基本公共服务绩效评估的指标体系 ……………… 119
第一节　大都市基本公共服务绩效评估指标体系的构建原则 …… 121
第二节　大都市基本公共服务绩效评估指标体系的构建维度 …… 126
第三节　大都市基本公共服务绩效评估指标体系的构建内容 …… 156
第四节　大都市基本公共服务绩效评估指标体系的构建说明 …… 172

第六章　大都市基本公共服务绩效评估的指标权重 ……………… 183
第一节　权重确定的具体方式 ……………………………………… 185
第二节　不同主体评估的结果呈现 ………………………………… 191
第三节　不同主体评估权重的比较 ………………………………… 199

第七章　大都市基本公共服务绩效评估的结果呈现 ……………… 207
第一节　大都市基本公共服务绩效评估数据处理 ………………… 209
第二节　大都市基本公共服务绩效和质量的呈现 ………………… 215
第三节　大都市基本公共服务绩效评估结果分析 ………………… 243

第八章　大都市基本公共服务高质供给的路径选择 ……………… 253
第一节　保稳：巩固大都市基本公共服务的可及性 ……………… 255
第二节　提质：推进大都市基本公共服务的均等化 ……………… 263
第三节　促优：提升大都市基本公共服务的获得感 ……………… 272

参考文献 ……………………………………………………………… 282

第一章
大都市基本公共服务绩效评估的问题缘起

习近平总书记曾指出："我们的人民热爱生活，期盼拥有更好的教育、更稳定的工作、更满意的收入、更可靠的社会保障、更高水平的医疗卫生服务、更舒适的居住条件、更优美的环境，期盼孩子们能成长得更好、工作得更好、生活得更好。人民对美好生活的向往，就是我们的奋斗目标。"[①] 基本公共服务承载着人民对美好生活的向往，是人民群众获得感、幸福感和安全感的重要来源。同时，习近平总书记也指出："城市是我国经济、政治、文化、社会等方面活动的中心，在党和国家工作全局中具有举足轻重的地位。我们要深刻认识城市在我国经济社会发展、民生改善中的重要作用。"[②] 城市作为人口的承载空间和公共服务的供给主体，其在人民对美好生活的追求中起着越来越重要的作用。

---

① 中共中央党史和文献研究院编：《习近平关于城市工作论述摘编》，中央文献出版社2023年版，第3页。
② 中共中央党史和文献研究院编：《习近平关于城市工作论述摘编》，中央文献出版社2023年版，第7页。

第一节 研究缘起与研究问题

面对全面建设社会主义现代化国家新征程，城市发展应该如何定位、如何应对时代之变局？面对高质量发展的新要求，城市注意力应该如何分配、如何满足人民对美好生活的向往？对这些时代之问、人民之问的回答需要厘清逻辑上相互嵌套的三个问题，这些回答最终将指向大都市基本公共服务的提供。

一 城市规模应该蔓延还是缩小？

城市规模对城市发展具有重要影响，那么城市规模到底是应该继续蔓延还是全面收缩？关于该问题的争论一直不绝于耳。城市疏散之争的逻辑起点是城市规模过大带来的一系列城市病问题。早在1880年，英国维多利亚时期的诗人詹姆斯·汤姆逊就出版了一本以《梦魇之城》为名的打油诗集，虽然诗句并不华彩，却准确地捕捉到了当时伦敦、利物浦、曼彻斯特等大城市的"污浊和肮脏"。西方国家在"二战"之前的很多城市内部充斥着腐朽、疾病、贫穷、暴力、拥挤、污染、安全、卫生等一系列问题，尤其是大城市的贫民窟，这些问题表现得更加突出。因而"二战"之后的一个多世纪，城市专家和城市政府一直在反思城市规模带来的"城市病"问题，并提出了各种解决的理想方案。

比如埃本尼泽·霍华德早在1898年出版的《明天：通往真正改革的平和之路》的论著中提出了"田园城市"的构想，其将城市设计为由一系列同心圆组成，中央是一个公园，有6条大道由圆心放射出去，把城市分成六个扇形区域。田园城市能够方便每户居民接近自然空间，是典型的分散型城市布局。1932年赖特在《消失中的城市》提出了"广亩城市"的设想，其认为小汽车时代的到来没必要将一切集中在大城市，应该建设一种分散的、低密度的、融入自然的城市发展模式。沙里宁也在1942年出版的《城市：它的发展、衰败和未来》一书中提出了有机疏散的思想，认为应该把大城市拥挤的区域分解为若干个集中单元，并用保护性的绿地将这些单元隔离开来，这对"二战"后西方国家的卫星城建设具有重要影响。

还有罗伯特·摩西试图通过现代化的基础设施推动城市郊区化发展以疏解城市交通拥挤问题。刘易斯·芒福德也对城市过密问题进行了批判，在他眼中大城市就等同于暴力之城、丑陋之城、恶魔之城。他认为对城市进行分散化布局后，"一排排的建筑物不再像围墙那样把街道围起来，组成一条封闭的长廊；建筑物脱离了街道，坐落在诗情画意的风景之中，并与周围的景观融为一体"[①]。1990年，我国著名科学家钱学森也提出了"山水城市"的概念，其认为："要发扬中国园林建筑，特别是皇帝的大规模园林，如颐和园、承德避暑山庄等，把整个城市建设成一座超大型园林。"[②] 这种将城市园林和城市森林结合的理念赋予了山水以人的感情，山水中寄托了人生意义，自然、人、城市成为一种有机整体和共生结构。

很多城市专家都对田园城市、花园城市和梦幻城市等抱有极大幻想，这些思想是早期城市疏散之争中的主流。但也有主张城市集中的城市专家，比如勒·柯布西耶在1931年"光辉城市"的规划方案中提出：集中的城市才有活力，由集中规划带来的城市问题可以通过修建高密度的高层建筑和高效率的城市交通系统来解决，形成"花园中的城市"，而不是霍华德的"城市中的花园"[③]。后期的很多城市专家也开始进一步反思：向外蔓延和扩张的方式真的是最好的选择吗？著名的城市专家简·雅各布斯认为"单调、缺乏活力的城市只能是孕育自我毁灭的种子，而充满活力、多样化和用途

---

① [美]刘易斯·芒福德：《城市发展史——起源、演变和前景》，宋俊岭、倪文彦译，中国建筑工业出版社2004年版，第509页。

② 顾孟潮：《奔向21世纪的中国城市——城市科学纵横论》，中国建筑工业出版社1992年版，第116页。

③ 陈双、贺文主编：《城市规划概论》，科学出版社2006年版，第93页。

集中的城市孕育的则是自我再生的种子。"① 由此,其将讨论引向更深层次的城市多样性和城市民主。

向外蔓延的城市扩张模式也遭到了区域主义的批评,比如相比于紧凑型的开发模式,低密度的蔓延型模式需要更多的基础设施和公共服务投入,建设更多的道路会导致交通堵塞和空气污染,老年人、单身汉和年轻人不适应,增加社会犯罪概率,开放空间萎缩等。彼得·卡尔索普在他的《可持续发展的社区:新城市、郊区和镇设计纵览》中甚至形成许多具有针对性的新观点:蔓延不仅在生态上,还在社会上具有摧毁性;反之,紧凑型的城市设计既在生态上是最可持续的,也具有潜在的社会价值。其还在蔓延与不公正关系的探讨上提出了"区域城市"的概念,认为区域城市由街坊和社区综合而成,把大都市联合为一个整体。② 这种将内城问题放在区域中去思考的方式把城市开发重新引回到了社区。

对于城市疏散之争,不同的人给出了不同的答案,不同答案背后也许蕴藏着"增长之城"的利益计算、"花园之城"的美好幻想、"美化之城"的资本运作、"塔楼之城"的科技支撑以及"区域之城"的社区情感等。"对于明日之城的愿景,无论是回到无政府主义、自发小尺度、自下而上规划传统的左翼思想,还是提倡一种企业式发展的右翼思想,这两者在表面激烈斗争背后,似乎极有可能相互勾结于暗地中。"③ 由此,我们应该反思:城市疏散并不是我们真正关心的本原问题,我们应该将注意力回归到城市疏散到底给城市人民带来了什么。我们要把问题的核心回归到"以人民为中心"的价值指向上来,这也就需要进一步回答城市人口集聚和分散到底会给城市人民带来怎样的结果。

---

① [美]简·雅各布斯:《美国大城市的生与死》,译林出版社2006年版,第411页。
② [美]彼得·卡普索尔、[美]西姆·凡·德·瑞恩:《可持续发展的社区:新城市、郊区和镇设计纵览》,转引自[美]彼得·卡普索尔、[美]威廉·富尔顿:《区域城市:终结蔓延的规划》,叶齐茂、倪晓晖译,江苏凤凰科学技术出版社2018年版,第9页。
③ [英]彼得·霍尔:《明日之城:1880年以来城市规划与设计的思想史》,童明译,同济大学出版社2017年版,第11页。

二 城市人口应该集聚还是分散?

在西方国家城市发展历史中经历了城市人口集聚到分散再到集聚的过程，也就是从城市化到逆城市化再到再城市化的过程。城市人口和工业的非人性化集中是早期城市化关注的重点，因为其引发了卫生、治安、污染、居住、暴力等一系列"城市病"。为应对这种"城市病"，城市人口开始向郊区疏散，卫星城开始建立、郊区化运动开始启动，但经历了几十年的城市人口疏散之后，城市问题并没有消失。随着城市疏散而来的问题反而变得更加复杂，比如内城衰退和城市萎缩带来的中心城区就业和治安问题、城市郊区化过程中的城市基础设施成本和职住分离问题、城市疏离后的社区开放空间和社会情感缺失等问题，因而近年来以人口回流为特征的城市复兴运动开始活跃。

改革开放以来，我国城市人口主要呈现出"农村—小城镇—县城—地级市—省会城市—特大城市—超大城市"的梯级人口流动趋势。虽然近年来随着乡村振兴的不断推进，也有部分城市农民回流农村，但从农村向城市流动，尤其是向大城市流动，是目前我国人口流动的主流。人口向大城市集聚是由其规模效应所决定的。韦斯特认为城市规模与城市基础设施投入之间呈现亚线性关系，而城市规模与城市产出之间呈现超线性关系，这意味着城市产出的增长速度比城市规模的扩张速度快。[①] 比如城市人口规模越大，城市人均所需的加油站就越少，城市人均所需的公共服务设施也越少，这就节约了城市运行成本。同时，城市人口规模越大，每个人能轻易达到的链接就越多，城市总链接也越多，城市第二、第三产业的发展机会也越多。

城市人口的聚集效应能够通过内部密集的学习效应、专业化效应、规

[①] [英] 杰弗里·韦斯特：《规模：复杂世界的简单法则（解读本）》，张培译，中信出版社2018年版，第51—63页。

模效应等带来城市更多的知识创新、就业机会、服务设施等,因而大城市对人口具有巨大的虹吸效应。"如果中国能够持续地发展城市里的第二、第三产业,不断地提高城市居民的收入,不断创造就业岗位,那么未来大量农村人口持续进城就是一个必然趋势。"① 城市对人口的集聚程度取决于由集聚带来的好处与由集聚带来的坏处之间的权衡,在当前户籍制度松动的状态下,人的流动是"用脚投票"。如果人们能够通过流动获得其所需的资金、服务和地位等,那么他们就会通过"用脚投票"的方式来进行选择。如果大城市是高工资和高福利的"洼地",则"水往低处流"的规律很难被打破。

城市人口聚集不会导致地区间、城乡间、人群间的收入差距扩大,反而在一定程度上能够减小这种差距。农村人口向城市聚集,在城市找到了体面的工作和获得了较高的收入,这不仅提高了农村的整体收入水平,而且部分农村人口外出,剩下的农村人口从事以前等量的农村事务,这提高了农村生产效率。对于城市和农村、市民与村民、发达地区和非发达地区而言,这是一种双赢甚至多赢策略,但这种机制需要建立在劳动力自由流动以及城乡高质量的基本公共服务供给的前提基础之上。如果劳动力不能自由流动,自然不能寻找到匹配的理想收入。如果没有高质量的基本公共服务作为后盾保障,农村人口进入城市工作也缺乏安全感和幸福感。因此,从经济学上而言,人口在集聚中会走向平衡②,而不会在集聚中拉大差距。

也有人担心随着互联网、大数据、人工智能、区块链和元宇宙等信息技术的迅猛发展,这些数字技术将重新定义城市空间的区位和距离,这可能导致城市人口在物理空间聚集逻辑上的终结。虽然数字技术在一定程度上能够促进资金、人才和资源等在虚拟空间聚集,减少城市生产对物理空间的依赖,但城市并不会因为数字技术的使用而减小城市人口在物理空间上的聚集,在某种程度上甚至会加剧城市人口在物理空间的集聚。从生产

---

① 陆铭:《大国大城:当代中国的统一、发展与平衡》,上海人民出版社2016年版,第20页。
② 陆铭:《大国大城:当代中国的统一、发展与平衡》,上海人民出版社2016年版,第37—39页。

上而言，大城市拥有完整的产业体系，这种产业链条的完整性和规模性是数字技术无法简单取代的；从生活上而言，大城市的优质教育资源和医疗资源是小城市无法比拟的；从市场上而言，大城市的人口规模带来的商业机会也是具有吸引力的。

由此可见，城市人口应该聚集还是分散并没有一个确定的结论，城市人口应不应该聚集或者可以聚集到什么程度，这是由聚集带来的好处和聚集带来的坏处相权衡的结果。就目前而言，我国大城市对人口具有较强的吸引力，其主要有三个核心原因：一是大城市拥有优质的教育和医疗资源，随着人民生活水平的不断提高，优质服务资源的稀缺性更加明显；二是大城市拥有较多就业机会和工资收入，能够满足人民更高的物质文化需求；三是大城市拥有较好的创新创业条件，为个人能力的施展提供了更好的平台。总之，虽然未来不是每个城市都具有像北上广深这种超大城市一样的人口吸引力，但城市人口聚集在将来很长一段时间仍是主流。因此，城市政府不要过于聚焦城市人口的集聚与疏散，而应该将注意力放在如何提供更优质的城市基本公共服务上。

三　城市服务应该可及还是满意？

人口聚集是城市规模效应发挥作用的重要前提，虽然未来很长一段时间我国将维持大城市人口聚集的主流趋势，但新时代也出现了新的影响因素，比如我国人口老龄化不断加剧、人口出生率持续走低等。第七次全国人口普查数据显示[①]：我国 60 岁以上人口有 26402 万，65 岁以上人口有 19064 万，分别占总人口的 18.7% 和 13.5%。根据国际通行标准，一般 60 岁以上人口占总人口比例超过 10% 或 65 岁以上人口占总人口比例超过 7%，即认为该国家或地区进入老龄化社会。我国人口出生率也从 2000 年的

---

① 宁吉喆：《第七次全国人口普查主要数据情况》，国家统计局官网，2021 年 5 月 11 日，http://www.stats.gov.cn/sj/zxfb/202302/t20230203_1901080.html，2023 年 7 月 15 日。

14.03‰一路下跌到2022年的6.77‰；2022年的全国出生人口仅为956万。在未来国家人口总量不断下降和老龄化不断加剧的背景下，城市基本公共服务质量将成为城市人口竞争的重要影响因素。

未来城市竞争的核心是城市人口的竞争，尤其是城市人才的竞争，而为了吸引优质人口和高端人才，城市政府就必须有所作为。随着我国进入社会主义新时代，社会主要矛盾已经转化为人民日益增长的美好生活需要和不平衡不充分的发展之间的矛盾。城市人民的物质需求都已经得到较好满足，而城市精神层面的美好生活需要则还有很大的提升空间。美好生活是民生福祉的重要体现，也是城市高质量发展的重要体现，更是城市基本公共服务的重要体现。在硬性物质刺激效应逐渐下降的情况下，城市软性公共服务刺激的效果将更为明显：更好的教育、医疗、就业、环境、交通、社保等一系列与人民生产、生活和生态密切相关的基本公共服务将成为吸引人口流入的重要变量。

国家《"十四五"公共服务规划》也将公共服务划分为基本公共服务、普惠性基本功服务和生活服务。"十二五"和"十三五"时期国家公共服务规划中的基本公共服务主要包括"七有两保障"，即幼有所育、学有所教、劳有所得、病有所医、老有所养、住有所居、弱有所扶、优军优抚保障、文体服务保障。但国家《"十四五"公共服务规划》中开始提出要对非普惠性基本公共服务实现提质扩容，即逐步实现幼有善育、学有优教、劳有厚得、病有良医、老有颐养、住有宜居、弱有众扶。同时还要做好多样化、个性化和高品质的健康、养老、托育、文化、旅游、广电、体育、家政等生活服务。这些服务标准和服务范围的变化都体现了国家背景的深刻转型，也反映了未来城市竞争的战略焦点和战略方向。

在以前国家经济快速发展和人口持续增长的背景下，城市间的竞争更多地靠城市就业、工资等这些物质条件来吸引人口流入，城市政府在公共服务供给方面也只是做好基本的兜底工作，各个城市之间的服务水平差距较小。近年来，城市之间的人口竞争明显增强，很多大城市都已经充分意识到城市的发展靠人才，留住人才则靠服务，服务的优劣则靠城市政府的重视程度。由此，近年来城市人口竞赛暗流涌动，在人口落户政策方面，很多大城市开始放松甚至放开落户政策，只要达到一些年龄、学历等基本条件即可办理落户手续。在人才政策方面，很多大城市更是给予各种补贴、奖励、优惠政策等，甚至有些城市帮助优质人才张罗结婚生子等个人具体事宜。

城市以前的低水平公共服务覆盖在未来城市竞争中将会拖后腿，很多大城市也意识到城市公共服务供给需要改革创新。目前我国城市基层公共服务创新层出不穷，很多大城市都铆足了劲想要在全国公共服务改革创新中成为标杆。比如，政务服务"最多跑一次"、公共服务"最后一公里"、社区服务"15分钟生活圈"、信用审批服务改革、互联网+政务服务、社区网格化服务，等等。只有高质量的公共服务才能吸引人才流入，也只有高质量的公共服务才能型塑城市品牌。未来大城市的公共服务供给不能仅仅停留在服务的可及性方面，更应该注重公共服务的均等化和获得感等方面。可以获得公共服务并不代表人民满意或人民认可，而高质量的公共服务应该是人民认可的、人民满意的、人民赞许的服务。

由此，大都市基本公共服务绩效和质量对吸引人口流入、城市品牌建设和大城竞争具有极其重要的影响，对大都市基本公共服务的绩效和水平进行评估以明确城市与城市之间的差距，不仅能够帮助城市政府认清自身事实，进而对自身做出合理定位，而且能够帮助人民选择适合自身的城市，安家创业，追求美好生活。本书将在此背景下，基于"三生"（生产、生活和生态）理论和层次分析方法，构建和确定大都市基本公共服务绩效评估指标体系与指标权重，对全国超过100万常住人口的"大都市（大城市）"的基本公共服务质量和水平进行评估，并对这些大城市的基本公共服务供给质量和水平进行呈现和分析，以期从结果呈现中寻求改善大城福祉的治理之道。

第二节 研究综述与文献述评

基本公共服务绩效评估是一个内涵十分丰富的领域,从不同角度、不同价值取向和不同主体角度会衍生出诸多不同的绩效评估概念,本书重点从公共服务质量角度梳理以往研究的基本情况。基本公共服务质量是人民满意度、获得感、安全感、幸福感的直接体现,基本公共服务质量的高低也是政府合法性的重要衡量指标之一。我国公共服务质量的关注重点从规模转移到均等,再从均等转移到质量,其反映了"以人民为中心"和高质量发展的公共服务质量发展道路。尤其是党的十八大以来,公共服务质量受到越来越多的重视。2017年国务院印发了《"十三五"推进基本公共服务均等化规划》;同年9月颁布了《中共中央 国务院关于开展质量提升行动的指导意见》;2018年又印发了《关于建立健全基本公共服务标准体系的指导意见》;2021年国家发改委等部门联合印发了《"十四五"公共服务规划》;2022年党的二十大报告中更是明确指出实现高质量发展是中国式现代化的本质要求之一。习近平总书记曾强调:"高质量发展不只是一个经济要求,而且是对经济社会发展方方面面的总要求。"[1] 因此,公共服务高质量发展是经济社会高质量发展的核心内容之一。目前,关于基本公共服务质量的研究主要集中在概念界定、测评模型和影响因素三个方面。

一 基本公共服务质量的概念界定

公共服务质量在不同理解维度上具有不同的核心内涵,有很多研究者对公共服务质量进行过定义,但目前还没有被普遍采纳的概念界定。有人依据基本公共服务的要素、过程、功能和目标将基本公共服务质量的组成要

---

[1] 夏锦文:《坚定不移推动高质量发展继续走在前列》,《群众》2023年第7期。

素提炼为公共性、充足性、均衡性和可及性,将公共服务质量的过程凝练为价值、投入、分配和产出,将公共服务质量的目标概括为满意度。① 有研究认为公共服务质量不仅具有交互性、不可转让性、模糊性、依附性,而且还具有公平正义性、参与性、合规性、目标相容性等特征。② 还有研究则认为要界定好公共服务质量的定义就必须先认清公共服务质量概念界定中存在的五个问题:一是简单套用 ISO 9000:2000 标准中的"质量"定义;二是不能将公众对公共服务的满意度等同于公共服务质量;三是不能将公共服务视作一种"服务"并用商业服务质量思维逻辑来界定公共服务质量;四是不能仅从客观性的角度界定公共服务质量;五是不能在界定公共服务质量概念时过于宽泛化。③ 有人基于此将公共服务质量界定为公共服务提供过程及结果中的固有特性满足相关规定要求和社会公众要求的程度。④ 实际上,基本公共服务质量既不能混同行政服务的绩效评价,也不能照搬顾客满意度测评,更不能套用产品质量或服务标准,而应该赋予公共服务质量以情境性和层次性。⑤ 也就是说公共服务质量是一个综合性概念,单一维度、单一视角和单一侧面只能反映公共服务质量的部分特征,而应该以更加立体化、多维化和多面化角度理解该概念。

近年来,一些研究则将重心聚焦到公共服务质量改进和发展层面,比如有研究根据国际经验的比较总结发现国际上在公共服务质量改进方面比较注重关注公共服务需求、制定公共服务质量标准、优化服务提供过程、开展服务质量评价、形成公共服务质量改进的整体性系统与良性机制等共

---

① 谢星全:《基本公共服务质量:多维建构与分层评价》,《上海行政学院学报》2018 年第 4 期。
② 张锐昕、董丽:《公共服务质量:特质属性和评估策略》,《北京行政学院学报》2014 年第 6 期。
③ 陈朝兵:《公共服务质量:一个亟待重新界定与解读的概念》,《中共天津市委党校学报》2017 年第 2 期。
④ 陈朝兵:《公共服务质量的概念界定》,《长白学刊》2017 年第 1 期。
⑤ 谢星全:《基本公共服务质量:一个系统的概念与分析框架》,《中国行政管理》2017 年第 3 期。

性经验。① 还有研究基于公共服务发展的动态演进，按照公共服务的内在逻辑构建出公共服务质量发展的理论分析框架，认为公共服务质量发展机制由绩效问责与民众参与的混合机制和公共服务质量循环机制共同生成，公共服务质量发展的目标是公共部门如何向民众提供符合期望标准的公共服务，并致力于持续改进公共服务质量和提升民众满意度。② 还有研究认为基本公共服务质量监测是保证服务高质量供给的重要依据，其是一种系统性、过程性、循环性实践，检测系统的构建应该系统整合监测流程、监测主体、监测领域、监测类型和检测原则等要素。③ 总之，随着我国经济、社会、生态环境的不断转型升级，关于公共服务质量的界定不能仅仅停留在识别、测量、控制等层面，还应该更多地关注激励、发展和改进等层面。

二 基本公共服务质量的测评模型

国内外常用的公共服务质量测评模型很多，诸如 SERVQUAL 模型、顾客满意度指数模型（CSI）、平衡计分卡模型（BSC）、KANO 模型、DEA 模型、AHP 模型、网络层次分析模型、SERVPERF 模型、蒙特卡罗模拟技术、马尔科夫过程分析法，等等。但在既有的公共服务质量评估中，很多研究都是基于已有的模型、价值取向和评估原则来构建评估维度与遴选指标。比如，有人根据公民价值的功能价值、情感价值、社会价值和感知代价四个维度遴选了 45 项评估指标对地方政府公共服务质量进行评估。④ 有研究从一般公共服务、公众满意度和区域统筹三个子维度构建了系统的客观评

---

① 杨钰：《公共服务质量改进：国际经验与中国实践》，《东南大学学报》（哲学社会科学版）2020 年第 2 期。

② 翁列恩、胡税根：《公共服务质量：分析框架与路径优化》，《中国社会科学》2021 年第 11 期。

③ 张启春、梅莹：《基本公共服务质量监测：理论逻辑、体系构建与实现机制》，《江海学刊》2020 年第 4 期。

④ 张钢、牛志江、贺珊：《地方政府公共服务质量评价体系及其应用》，《浙江大学学报》（人文社会科学版）2008 年第 6 期。

估指标和主观评估指标，对超大城市公共服务质量进行评估。① 还有研究从提供基本公共服务数量、服务结构、服务态度、公共服务产品质量和公众满意度五个维度对社区公共安全、社区基础教育、社区医疗卫生等社区基本公共服务质量进行评价。② 另外，一些研究还专门构建相应的指标体系对某一省份的公共服务质量进行评估，比如有人从公共教育与文化服务、公共医疗与社保服务、公共基础设施服务、生态环境服务和通信信息服务五个方面对河北省 11 个地级市基本公共服务质量进行测评③；有研究则从基础设施服务、文化教育服务、社会保障服务、生态环境服务、信息通信服务和卫生医疗服务六个维度构建了评价指标体系对湖南省 14 个省辖市基本公共服务质量进行评估④；还有相关研究构建了相关指标体系对山东 17 个地级市进行基本公共服务质量评估⑤。这些研究的评估指标随着评估的对象不同都存在一定程度的差异。

有很多研究还对农村和区域公共服务质量进行了评估，比如有研究运用聚类分析法对全国 31 个省的农村公共服务质量进行评估，并将其划分为四类地区，对每类地区质量差异性进行分析⑥；有人基于改进的 SERVQUAL 模型，从有形性、可靠性、响应性、保证性、移情性和透明性等几个方面，对陕西省公共服务质量进行了评估⑦；还有研究从医疗卫生、文化生活、社会保障、基础教育、环境卫生、公共交通等几个方面对京津冀地区公共服

---

① 邓剑伟、郭轶伦、李雅欣、杨添安：《超大城市公共服务质量评价研究——以北京市为例》，《华东经济管理》2018 年第 8 期。
② 原珂、沈亚平、陈丽君：《城市社区基本公共服务质量评价指标体系建构》，《学习论坛》2017 年第 6 期。
③ 佟林杰：《河北省基本公共服务质量测度研究》，《数学的实践与认识》2017 年第 19 期。
④ 刘笑杰、夏四友、李丁、郑陈柔雨、魏小衬：《湖南省基本公共服务质量的时空分异与影响因素》，《长江流域资源与环境》2020 年第 7 期。
⑤ 史卫东、赵林：《山东省基本公共服务质量测度及空间格局特征》，《经济地理》2015 年第 6 期。
⑥ 睢党臣、肖文平：《农村公共服务质量测度与提升路径选择——基于因子聚类分析方法》，《陕西师范大学学报》（哲学社会科学版）2014 年第 5 期。
⑦ 睢党臣、张朔婷、刘玮：《农村公共服务质量评价与提升策略研究——基于改进的 SERVQUAL 模型》，《统计与信息论坛》2015 年第 4 期。

务质量进行了评估，发现京津冀城市间公共服务质量差异显著[①]。除此之外，还有诸多研究专门针对某一项公共服务质量构建相关评估指标并进行评估。比如有人专门针对旅游公共服务质量构建了包含旅游公共信息服务、旅游交通便捷服务、旅游安全保障服务、旅游公共环境服务、旅游公共行政服务、旅游基础设施服务、旅游休闲娱乐服务和旅游人力资源服务的质量评价指标体系[②]；有研究则从公共体育设施质量、公共体育服务质量、健身环境质量、附属体育设施质量和群众健身人员质量五个方面专门构建了全民健身基本公共服务质量评估指标体系，并对宁波市进行了评估[③]；还有研究专门对社会保障服务质量进行了研究，如有研究从微观居民满意度模型和宏观整体绩效评价模型对基本住房保障服务质量进行了评估[④]；还有研究试图基于微博大数据从价值维度、功能维度、过程维度和结果维度对上海市住房保障服务质量进行评估[⑤]。这些评估维度、评估方法、评估指标和评估模型等都为进一步研究公共服务质量奠定了重要基础。

三 基本公共服务质量的影响因素

近年来，公共服务质量的相关研究越来越深入，很多研究并不满足于简单的公共服务质量概念界定和评估模型构建等层面，其越来越关注作为自变量或因变量的公共服务质量对其他变量产生影响或受其他变量影响的情况。从作为自变量的公共服务质量角度而言，有研究在运用熵权法测算我国公共服务质量的基础上，利用 Probit 模型分析其对二孩生育行为的影响

---

① 李冬：《京津冀地区公共服务质量评价》，《地域研究与开发》2018 年第 2 期。
② 张新成、高楠、何旭明、王琳艳：《乡村旅游公共服务质量评价及提升模式研究》，《干旱区资源与环境》2020 年第 10 期。
③ 章世梁：《基于服务质量的宁波市全民健身基本公共服务质量评价体系构建与研究》，《广州体育学院学报》2021 年第 2 期。
④ 谢星全、朱筱屿：《基本公共服务质量评价研究——以基本住房保障服务为例》，《软科学》2018 年第 3 期。
⑤ 魏程瑞、王郁：《基于微博数据分析的公共服务质量研究——以上海市住房保障为例》，《东北大学学报》（社会科学版）2021 年第 5 期。

及其机制发现，公共服务质量能显著提高二孩生育意愿及转化行为，其主要通过增加工资收入和居民幸福感显著提升二孩生育意愿。[1] 有研究也分析了公共服务与城乡收入差距之间的关系，发现公共服务质量提升不仅对缩小城乡差距具有直接效应，而且其还通过人力资本和城镇化比例间接缩小城乡差距。[2] 还有研究专门分析了科技公共服务质量对区域创新水平的影响，通过对30个省份2008—2017年的面板数据分析发现，科技公共服务质量对区域创新水平存在基于人力资本的单门槛效应，以及基于制度环境和产业结构的双门槛效应。[3] 甚至还有研究专门分析了社区公共文化服务质量与居民参与之间的关系，其发现社区公共文化服务质量是影响居民文化参与的外生驱动因素，而居民自身的公共服务动机是非常重要的内生驱动因素。[4] 由此，未来以公共服务质量作为自变量的研究将会越来越多。

从作为因变量的公共服务质量角度而言，有研究在测度中国229个地级市公共服务质量和财政压力的基础上，构建GMM模型分析发现地方财政压力对公共服务质量具有非线性影响，当地方政府承压超过一定限度时，财政压力将显著降低辖区公共服务质量[5]；有研究基于中国286个城市2011—2019年面板数据，构建面板联立方程模型与中介效应模型进行实证分析发现，财政纵向失衡降低了城市公共服务质量，其主要通过降低地方政府税收努力与财政支出偏向的间接效应进而放大了其负向影响效果[6]；有研究基于中国一般社会调查微观数据与省级宏观数据嵌套分析发现，收入不平等对公

---

[1] 肖涵、葛伟：《公共服务质量对二孩生育行为的影响及机制研究》，《经济科学》2022年第1期。

[2] 于井远：《公共服务质量与城乡收入差距：机制分析及中国经验》，《云南财经大学学报》2021年第4期。

[3] 刘琼、郭俊华、徐倪妮：《科技公共服务质量对区域创新水平的影响——基于吸收能力的门槛效应分析》，《中国科技论坛》2021年第6期。

[4] 熊婉彤、周永康：《社区公共文化服务的居民参与：公共服务质量与动机的双重驱动》，《图书馆建设》2021年第3期。

[5] 詹新宇、王蓉蓉：《财政压力、支出结构与公共服务质量——基于中国229个地级市面板数据的实证分析》，《改革》2022年第2期。

[6] 张嘉紫煜、张仁杰、冯曦明：《财政纵向失衡何以降低公共服务质量？——理论分析与机制检验》，《财政科学》2022年第5期。

共服务质量会产生先促进后抑制的倒 U 形影响，而且这种影响还具有显著的地区异质性①；也有研究基于熵权法和主成分分析法测度了 28 个省的公共服务质量与数字经济发展水平发现，数字经济发展可以显著提升公共服务质量，但提升效应随数字经济发展水平的提高而递减②；还有研究基于 fsQCA 分析方法对政务公开与公共服务质量之间的关系进行了探索，发现政务公开可以缓解委托代理中的信息不对称，增强外部监督的有效性，还可以降低公众获取公共服务的行政负担，进而提高公众对公共服务质量的主观满意度③；甚至还有研究基于个案扎根研究分析了治理重心下移对公共服务质量的影响④。总之，随着该议题研究的不断深化，未来该领域探索因果机制的相关研究将会越来越多。

四　研究评述与推进空间

已有研究极富启发性、思想性和专业性，为本书奠定了重要基础，但在已有研究基础上该议题仍有推进空间。

（一）基于"大都市"的基本公共服务绩效评估仍有待加强

虽然目前关于城市绩效评估的研究已经出现了不少，但专门针对"大都市"进行基本公共服务绩效评估的研究还比较缺乏。"大都市"不同于一般的城市，其在人口规模、人口密度、行政区划、职业构成、城市功能和通勤时长等方面都有其特殊性。城市规模对公共服务环境、公共服务需求、

---

① 李振、吴柏钧、王丹阳：《收入不平等与公共服务质量——基于 CGSS 数据的经验分析》，《云南财经大学学报》2020 年第 9 期。
② 惠宁、宁楠：《数字经济驱动公共服务质量提升的效应与机制研究》，《北京工业大学学报》（社会科学版）2023 年第 1 期。
③ 董新宇、鞠逸飞：《政务公开对基层公共服务质量的影响路径研究——以人民调解为例》，《管理现代化》2022 年第 2 期。
④ 容志、邢怡青：《治理重心下移如何提高社区公共服务质量？——基于 S 新区"家门口"服务体系案例的分析》，《宏观质量研究》2022 年第 3 期。

公共服务成本、公共服务方式和公共服务内容等方面都会产生"质"的影响。我国未来十几年人口总体上还将往城市流动的主流趋势仍然难以改变，很多人将在大都市中度过其一生，而且大都市也是未来社会就业和社会创新的集聚地。对大都市基本公共服务绩效进行评估不仅有助于城市政府认清自身的"长短"，而且能够为城市政府做好公共决策和战略规划提供参考和依据。

（二）大都市基本公共服务绩效评估的维度视角仍有待创新

从城市基本公共服务评价维度上而言，目前的研究主要存在三种维度。一种是基于某个理论而提炼的维度；另一种是基于公共服务内容而直接构建的维度；还有一种是基于理论和公共服务内容相嵌的双重维度。第一种和第二种主要用于一定情境下的因果关系分析，因而构建起来比较简略，往往选择几个核心代理指标进行测量。第三种则主要用于专门的城市基本公共服务绩效测量。目前专门针对大都市基本公共服务绩效评估的维度构建还比较少，尤其是缺乏从大都市整体角度构建一个具有系统性和层次性的指标维度。本书将大都市看作一个"生命体"，从生产、生活和生态的维度来构建一个基本公共服务绩效评价维度，以期在研究视角上有进一步的推进和突破。

（三）大都市基本公共服务绩效评估的主体视角仍有待拓展

由于不同评估主体的专业知识、实践经历、文化水平、社会地位、受益程度等不同，因而不同主体眼中的基本公共服务绩效结果也不同。作为基本公共服务的供给者、基本公共服务的需求者、基本公共服务的研究者等，在看待基本公共服务各组成部分的重要性上存在较大差别，这些差别主要体现在指标选择上。差别的幅度大不大，以及背后可能的原因是什么，这些都值得深入探究和分析，也能为改善城市基本公共服务供给提供有益启发。但目前已有的基本公共服务绩效评估研究缺乏这样新奇的探索。本书试图选择政府官员、专家学者和普通群众三类评估主体进行权重调查，并对三类人群权重视角下的评估结果进行比较分析，以为大都市基本公共服务改善提供启示和参考。

第三节 研究框架与技术路线

大都市基本公共服务绩效评估由多个评估环节组成，每一个环节都受到前一个环节的影响，如评估概念的界定、价值取向的选择、评估方法的选择、指标维度的构建、评估指标的筛选、指标权重的确定、评估结果的呈现等环节，都是一个相互影响的流程结构，因此在正式操作之前必须要有系统科学的研究设计。本部分将简要介绍本书的研究框架、研究思路、研究内容、研究方法和技术路线。

一 研究框架与研究思路

本书遵循"引出问题—界定问题—描述问题—分析问题—解决问题"的逻辑进路，如图1—1所示。第一，从逻辑上逐渐递进的三个问题引出大都市基本公共服务绩效评估议题，以体现大都市基本公共服务绩效评估的重大现实意义；第二，对研究中的"大都市"、"基本公共服务"和"绩效评估"三个核心概念进行界定，并在此基础上厘定本书的问题边界和评估指向；第三，在大量政策文献和理论推理下提出大都市基本公共服务绩效评估的共同富裕、人民至上和均衡可及的价值导向；第四，根据易于操作、程序透明、多元参与、便于区分原则选择了层次分析法作为本书的核心评估方法；第五，根据系统全面、精确简洁、可比可测、导向明确、独立协调原则，通过四轮维度筛选和四轮指标筛选，确定了大都市基本公共服务绩效评估的生产性服务、生活性服务和生态性服务维度、12个子准则层以及39项评估指标；第六，通过对政府官员、专家学者和普通群众三类群体进行问卷调查，确定了三类群体眼中的评估权重；第七，结合2010—2019年十年间的数据对105个大城市的基本公共服务绩效进行分内容、分年份和分主体的呈现；第八，从保稳、提质和促优三个逻辑上依次推进的层次提出了优化大都市基本公共服务可及性、均等化和获得感的建议。

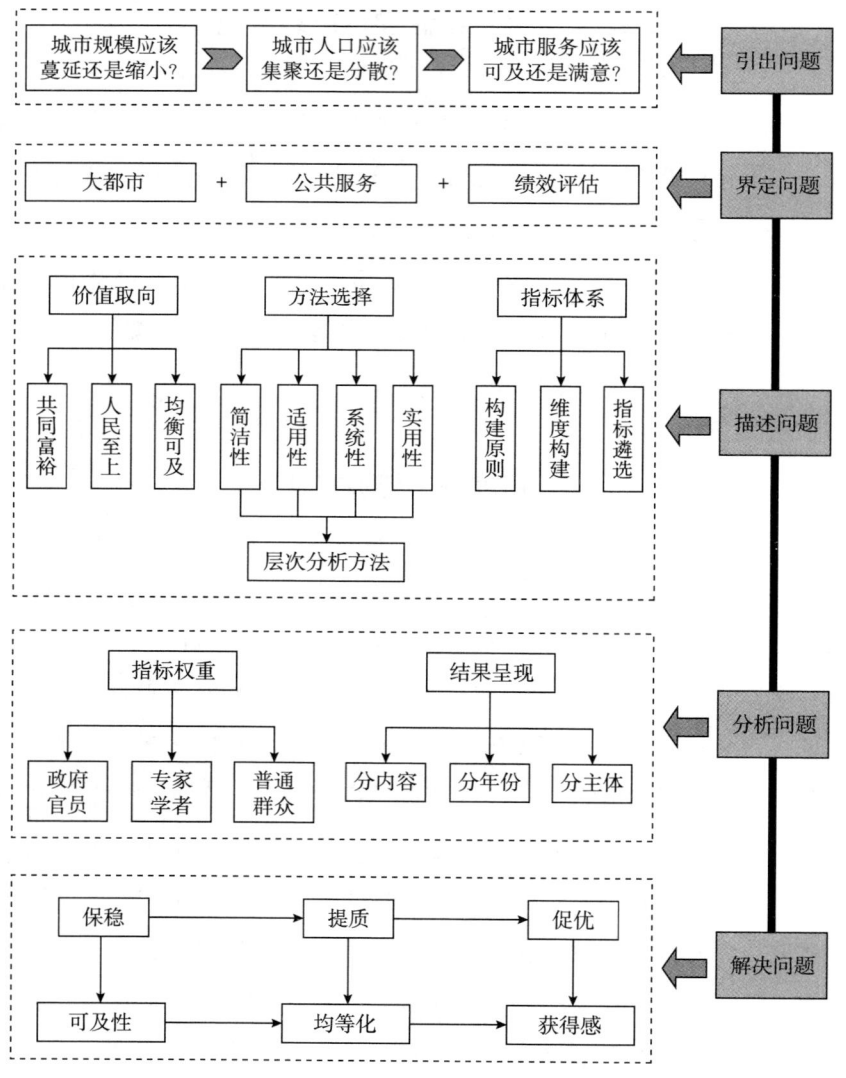

图1—1　本书整体框架设计

二 研究方法与技术路线

本书沿着"发现问题—分析问题—解决问题"和"理论演绎—实证分析"两个脉络维度方向发展。本书的逻辑起点是逻辑上相互嵌套的时代之问、人民之问,为解决这一问题开启了后续的一系列研究流程:界定核心概念—确定价值取向—确定评估方法—确定指标体系—确定指标权重—结果呈现,本书的逻辑归宿是提出一套促进大都市基本公共服务高质量供给的优化对策。在整个研究推进过程中不同环节分别用到了文献分析法、历史分析法、德尔菲法、层次分析法、问卷调查法和比较分析法,如图1—2所示。

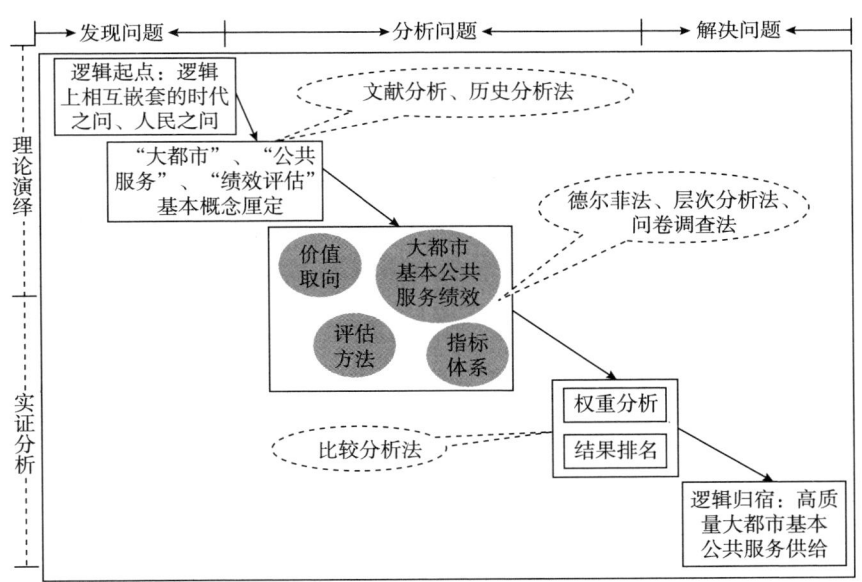

图1—2 研究技术路线图

第二章
大都市基本公共服务绩效评估的基本概念

概念界定是开启研究的第一步，本书中涉及的三个核心概念分别是"大都市""基本公共服务"和"绩效评估"。"大都市"的界定标准具有多样性，可以从人口规模、人口密度、行政区划、职业构成、城市功能和通勤时间等角度进行界定。"基本公共服务"的类型划分也具有多样性，可以从服务功能、服务范围、服务水平、服务层次、服务内容、服务性质等标准进行划分。"绩效评估"的内涵更是十分丰富，其既可以是一个过程，也可以是一种结果，还可以是一种行为。不同学科视角下的"绩效评估"侧重点也各不相同。不同视角、不同学科、不同标准下的概念内涵各不相同，本章将对这个三个基本概念的内涵和外延进行厘定，以保证后续流程环节分析的稳定性和可靠性。

第一节 大都市的界定标准及其内涵特征

芒福德在其所著的《城市发展史：起源、演变和前景》中曾指出："城市的发展，从其胚胎时期的社会核心到它成熟期的复杂形式，以及衰老期的分崩离析，总之，发展阶段应有尽有，很难用一种解释来说明。"[①] 这一句话至少包含三层含义：第一是城市的发展是一个从村庄、城镇、县城、小城市到大城市、大都市、特大城市、超大城市，甚至到大都市圈、大都市区、大都市带、城市连绵带的持续过程；第二是世界上不同城市因地理、气候、政治、文化、经济等各种因素影响，发展步调并不一致，也许一些地方已经迈入了国际性大都市，而另一些地方则仍然是经济落后的小城镇；第三是城市像人的生命周期一样也是一个遵循特定规律的过程，城市从诞生、成长到成熟、衰老，每一个过程都会遵循特定的发展规律。《2022年世界城市报告：展望城市未来》中指出："全球快速城镇化进程只是暂时被新冠肺炎疫情所耽误，全球城镇人口的增长正重回正轨，据估计到2050年，世界城市化率将从2021年的56%提高到68%。"未来大都市的数量将进一步增加，而大都市的规模发展也会对城市公共服务供给及其绩效评估产生重要影响。

一 大都市的界定标准

大都市是城市发展到一定阶段的产物，这一"特定阶段"从不同角度有不同的界定标准，比如人口达到一定规模就会产生完全不同的规模效应、人口密度达到一定程度就会带来完全不同的社会效应、城市面积达到一定规模就会产生不同的政治效果等，因此在厘清大都市概念之前首先必须对

[①] ［美］刘易斯·芒福德：《城市发展史：起源、演变和前景》，宋俊岭、倪文彦译，中国建筑工业出版社2004年版，第1页。

大都市的界定标准进行系统认识，这里将从最常见的六个角度来界定大都市的认定标准。

（一）人口规模标准

人口规模是衡量城市大小的一个重要参考指标，城市人口越多也意味着与人口相关的产业、交通、居住、消费等规模也越大。不同人口规模的城市在医疗、教育、基础设施等配套公共服务上的要求也不同，人口规模越大的城市对这些要求一般越高。世界各国也将人口规模作为划分城市类型的重要依据和标准，但由于各国所面临的环境、制度、文化、经济等条件不同，因而在具体的划分标准上也各有差异，而且随着社会变迁和经济发展，城市人口规模等级的标准也在不断变化。国务院在2014年发布了《关于调整城市规模划分标准的通知》，其以城区常住人口为统计口径将我国城市划分为五类七档，如表2—1所示。值得注意的是这次城市统计的人口标准是城区常住人口，而不是城市行政区划范围内的人口。城区常住人口主要是指市辖区和不设区的市的常住人口，这一人口统计口径相比于行政区划范围内的常住人口而言，人口数量会要少一些，因为行政区划范围内的常住人口不仅包括城区人口还包括部分纳入城市的县域人口，因此这一统计标准也更加严格。

表2—1　　　　　　　我国城市划分标准

城市类型	城市档次	人口数量（人）
小城市	Ⅱ型小城市	20万以下
	Ⅰ型小城市	20万—50万
中等城市	中等城市	50万—100万
大城市	Ⅱ型大城市	100万—300万
	Ⅰ型大城市	300万—500万
特大城市	特大城市	500万—1000万
超大城市	超大城市	1000万以上

资料来源：根据国务院：《国务院关于调整城市规模划分标准的通知》（国发〔2014〕51号），2014年10月29日资料整理而得。

第二章 大都市基本公共服务绩效评估的基本概念

大都市有时候等同于"大城市",从人口规模角度而言,超过100万的城市即可称为大城市,但在现实生活中我们很少将人口规模为100万的城市称为大都市,因为大都市除了具有人口"大"的属性,还要满足其他条件才能真正称得上大都市。根据国务院第七次全国人口普查领导小组办公室编制的《中国人口普查分县资料2020》显示,我国共有105个大城市,包括7个超大城市、14个特大城市、14个Ⅰ型大城市以及70个Ⅱ型大城市,如表2—2所示。常住人口一般要大于户籍人口,主要是指经常居住在某地的人口,其判断的时间标准为半年,空间标准为乡、镇、街道。常住人口主要包括四种情况:一是居住在某地户口也在某地;二是户口不在某地但居住在某地满半年;三是居住在某地但尚未办理常住户口;四是户口在某地但居住在港澳台或国外。常住人口是制定国民经济和社会发展规划的重要参考依据,如教育投资、医疗投资、文化投资、住宅建设、城市建设、道路建设等公共事业和公用事业都需要依据常住人口进行核算。

表2—2　　　　　　　　　特大城市与超大城市情况

城市	省份	常住人口（万人）	城区人口（万人）	规模等级	城市类型
上海市	上海	2487.09	1987.31	超大城市	直辖市
北京市	北京	2189.31	1775.17	超大城市	直辖市
深圳市	广东	1749.44	1743.83	超大城市	计划单列市
重庆市	重庆	3205.42	1634.4	超大城市	直辖市
广州市	广东	1867.66	1487.84	超大城市	省会城市
成都市	四川	2093.78	1334.03	超大城市	省会城市
天津市	天津	1386.6	1093.31	超大城市	直辖市
武汉市	湖北	1244.77	995.3	特大城市	省会城市
东莞市	广东	1046.66	955.76	特大城市	地级市
西安市	陕西	1218.33	928.37	特大城市	省会城市
杭州市	浙江	1193.6	874.17	特大城市	省会城市
佛山市	广东	949.89	853.89	特大城市	地级市

续表

城市	省份	常住人口（万人）	城区人口（万人）	规模等级	城市类型
南京市	江苏	931.47	791.46	特大城市	省会城市
沈阳市	辽宁	907.01	706.72	特大城市	省会城市
青岛市	山东	1007.17	600.77	特大城市	计划单列市
济南市	山东	920.24	587.8	特大城市	省会城市
长沙市	湖南	1004.79	554.64	特大城市	省会城市
哈尔滨市	黑龙江	1000.99	549.93	特大城市	省会城市
郑州市	河南	1260.06	534.48	特大城市	省会城市
昆明市	云南	846.01	534.09	特大城市	省会城市
大连市	辽宁	745.08	520.83	特大城市	计划单列市

资料来源：根据国务院第七次全国人口普查领导小组办公室：《中国人口普查分县资料（2020）》，中国统计出版社2022年版，以及各城市网站数据整理而得。

（二）人口密度标准

城市密度主要是指单位面积或地域空间内聚居人口的密度，其相比于人口规模指标而言，更能够反映大都市的社会经济特征。一些城市人口规模很大，但人口密度并不一定大，人口规模和人口密度之间并不完全是正相关关系。人口密度越大城市规模效应则可能越强，但人口密度越大带来的城市问题和城市风险也可能越多。对比表2—1和表2—3可以明显看到城市人口规模和城市人口密度两者之间并非完全的正相关关系，在人口规模上上海大于深圳，但在人口密度上深圳大于上海。从人口密度的极度上可以将世界分为人口密集区（大于100人/平方千米）、人口中等区（25—100人/平方千米）、人口稀少区（1—25人/平方千米）和人口极稀区（小于1人/平方千米）。世界各国人口密度也不一样，受地形、气候、经济、文化、政治等因素影响，人口密度在世界的分布极不平衡。我国如果按照960万平方千米土地面积和14亿人口计算，平均人口密度为145人/平方千米。世界陆地面积为14800万平方千米，如果按照世界80亿人口计算，世界人口密度为54人/平方千米。

表 2—3　　　　　　　部分城市人口密度情况（2022 年）

城市	常住人口（万人）	面积（平方公里）	人口密度（人/平方公里）
深圳	1768.16	2465	7173
东莞	1053.68	2474	4259
上海	2489.43	6340.5	3926
厦门	528	1700.61	3105
佛山	961.26	3797.72	2531
广州	1881.06	7434.4	2530
中山	446.69	1783.67	2504
汕头	553.04	2245	2463
郑州	1274.2	7567	1684
无锡	747.95	4650	1608
武汉	1364.89	8569.15	1593
苏州	1284.78	8657.32	1484
成都	2119.2	14335	1478
南京	942.34	6587.02	1431
珠海	246.67	1725	1430
嘉兴	551.6	3915	1409
北京	2188.6	16410	1334
西安	1316.3	10108	1302
常州	534.96	4372	1224
天津	1373	11966.45	1147
揭阳	561.68	5240	1072

资料来源：根据国家统计局：《中国统计年鉴（2022）》，中国统计出版社 2022 年版整理而得。

目前各国依据城市人口密度来界定城市大小的标准差异性较大，比如美国规定只要达到 400 人/平方千米的地区为城市，而日本规定为 4000 人/平方千米，澳大利亚则规定为 90 人/平方千米。[1] 可见，各个国家从人口密度的角度界定城市门槛的标准差异性较大，有些国家本来就地广人稀，如果标准太高则会导致城市数量稀少，而有些国家一直是地少人多，如果标准太低则会导致城市数量剧增，因此，各个国家和地区会根据自身的特点

---

[1] 陈双、贺文：《城市规划概论（修订版）》，科学出版社 2016 年版，第 5 页。

来界定城市标准。单纯依据城市人口密度来界定城市等级和档次的标准目前比较少见，但当相关学术文献谈到特大城市、超大城市或者大都市的时候，其中一般隐含着一层假设，即该特大城市或超大城市人口密度较高，至少应该比一般的中小城市人口密度要高。值得注意的是，大都市内部的人口密度也不是均匀分布的，一般也会呈现驼峰和极化的分布状态。大都市内部的人流一般围绕着商圈、高校、地铁、工业区、大型社区等分布，这些潜在的人口分布密度规律也会对城市公共服务布局和城市基层治理产生深刻影响。

（三）行政区划标准

行政区划是国家为了便于行政管理而分级划分的区域，城市分类中的行政区划标准是指以国家或政府划定或立法宣布的边界作为划分城市的标准。行政区划下的面积一般大于城市实际功能面积，例如，广州市的行政区划面积包括越秀区、海珠区、荔湾区、天河区、番禺区、白云区等11个市辖区，而广州市的主城区功能主要集中在越秀、天河、荔湾、海珠等几个区，像从化区、增城区、花都区、南沙区等都属于边缘城区，其覆盖的范围大多为农村和小城镇。按照行政区划标准可以将我国城市划分为中央直辖市、计划单列市、地级市和县级市四类，不同类型的城市具有不同的行政级别，不同的行政级别意味着具有不同的政治经济特权，如表2—4所示。例如，计划单列市拥有相当于省一级政府的经济管理权限，而且计划单列市还有税收优惠和更多的财政自主权。截至2020年底，我国有394个县级市，县级市拥有的经济管理权限也比普通的区县更多，这在一定程度上有利于县级市的经济社会发展，也成为近年来行政区划改革的重要内容之一。

行政区划对城市发展具有重要影响，城市行政等级越高意味着政府给予的资源越多，包括权力、资金和制度等方面的倾斜。资源越多的城市也越容易吸引人才进入，而人才的进入又会进一步促进城市高质量发展，最终形成螺旋式强化上升效应。一般而言，城市行政等级越高，城市规模越大，

表 2—4　　　　　　　　　行政区划与城市类型

类型	行政等级	具体城市
中央直辖市	省级	北京、上海、天津、重庆
计划单列市	副省级	大连、青岛、宁波、厦门、深圳
地级市	厅级	保定、石家庄、沈阳、营口、福州
县级市	处级	沙河、开原、福安、邵东、浏阳

资料来源：根据各城市网站数据整理而得。

城市影响力也越大。在我国城市行政层级模式下，城市行政虹吸效应也呈现等级式特点，即省级城市和计划单列市吸纳省会城市的人口，省会城市吸纳地级市的人口，地级市吸纳县级市的人口，县级市则吸纳乡镇的人口。城市人口的流动基本上按照城市行政等级的高低来进行流动，目前很少出现城市人口在行政等级上逆流的现象。大都市一般处于行政等级的金字塔尖，对行政层级较低的城市人口具有"虹吸效应"，但一些特殊情况除外。比如，国家出台相关政策限制特大城市人口规模、城市高房价排斥低收入人群进入、城市人才的政策门槛限制等。总之，按照行政区划标准来看，一般行政层级较高、处于国家战略中心位置、属于国家计划单列的城市属于典型意义上的大都市。

（四）职业构成标准

根据人口的职业特征可以将其划分为农业人口和非农业人口，农业人口主要是指直接从事农林牧渔等生产活动的在业人口，而非农业人口是指城市常住人口中除直接从事农林牧渔等产业活动以外的非农业劳动者及其赡养人口。非农业人口主要是指企事业单位从业人口、商业和服务业从业人口，以及从事生产、运输等有关行业的人口。[①] 在 1990 年之前的统计学领域喜欢用非农业人口，而在之后的统计中逐渐将非农业人口改为城镇人口，城镇人口也主要是从职业构成角度进行界定的，是指从事非农生产性产业为主

---

① 晏森、王高社：《再谈农业人口与非农业人口的统计问题》，《陕西行政学院学报》2007 年第 1 期。

的人群及其家庭。一般认为，城镇人口或非农业人口占总人口的比例直接反映了一个地区工业化、城镇化和商业化的水平，因此城市城镇化率水平直接反映了城市的工业化、服务化和商业化水平。城镇化率主要是指城镇人口占总人口的比重。2022 年我国城镇化率为 65.22%，国外发达国家的城镇化率平均达到 80% 左右[①]，但分城市来看，我国一些城市的城镇化率也达到和超过了 80%，深圳市的城镇化率甚至达到 100%，如表 2—5 所示。

表 2—5　　　　　　　部分城市城镇化率

城市	城镇化率（%）	2020 年总人口（万人）	城市	城镇化率（%）	2020 年总人口（万人）
深圳	100	1756.01	兰州	83.1	435.94
佛山	95.2	949.89	无锡	82.79	746.21
东莞	92.15	1046.66	长沙	82.6	1004.79
珠海	90.47	243.96	大连	82.35	745.08
乌鲁木齐	90.2	405.44	合肥	82.3	936.99
厦门	89.41	516.4	海口	81.76	287.34
上海	89.3	2487.09	苏州	81.72	1274.83
太原	89.06	530.41	银川	80.22	285.91
北京	87.5	2189.3	贵阳	80.07	598.7
中山	86.96	441.81	昆明	79.67	846.01
南京	86.8	931.47	镇江	79.45	321.04
广州	86.19	1867.66	西安	79.2	1295.29
包头	86.16	270.94	成都	78.77	2093.78
天津	84.7	1386.6	郑州	78.4	1260.06
沈阳	84.52	907.01	南昌	78.08	625.5
武汉	84.31	1232.65	宁波	78	940.43
杭州	83.29	1193.6	青岛	76.34	1007.17

资料来源：根据国务院第七次全国人口普查领导小组办公室：《中国人口普查分县资料 2020》，中国统计出版社 2022 年版；国家统计局城市社会经济调查司：《中国城市统计年鉴（2020）》，中国统计出版社 2021 年版以及各城市网站数据整理而得。

---

① 王德蓉：《努力促进国际宏观经济政策协调》，《瞭望》2023 年第 26 期。

城镇化率是判断一个城市发展程度的重要指标，也是区分不同等级城市的重要参考依据，但在现实中城镇化率只能作为参考指标之一，因为该指标也存在一定的统计缺陷。首先，中国的城镇化具有土地城镇化快于人口城镇化的特征。由于受土地财政的影响，地方政府倾向于扩大城市土地面积，但随着征收和拆迁而来的大量农村人口却不能很快适应城市化的生产和生活；其次，中国城市具有户籍人口和常住人口不同的城镇化率。2021年，我国常住人口城镇化率为64.72%，而户籍人口城镇化率仅为46.7%，全国大约有2.5亿人口常住城镇但没有城市户口。最后是中国的城镇化滞后于工业化。一般而言，工业化能够带动城镇化，工业集聚生产能够带动人口安家落户，促使农民身份的转变。但由于我国改革开放以来的这几十年中虽然农民进城参与了工业化建设，但农民却在城市无法扎根落户，相关的农民工公共服务、社会保障、医疗教育等配套设施也没跟上，进而导致工业化过程没有带动相应的城镇化发展。

（五）城市功能标准

城市功能也是影响城市界定的重要依据，其主要是指城市这一特定的组织在社会经济生活中所产生的影响和所发挥的作用。城市功能具有一定的整体性、结构性、层次性和开放性，因此城市并不是单一功能的独立展现，而是多重功能相互作用产生的结果。城市形象在一定程度上与城市功能也密切相关，城市所展现出的外在形象与其核心功能密不可分。城市一般具有一些共同的功能，如维持城市发展的基本生产生活等，但城市也有其处于突出地位的主导功能或者其特有的特殊功能，比如马鞍山市是以钢铁为主的工业城市、大理市是以旅游业为主的旅游城市、景德镇市是以陶瓷为主的瓷器之都等。单纯以某一种功能为主的城市是很难产生巨大的吸引力和影响力的，而大都市一般同时具有多种城市主导功能，这几种主导功能相互加持产生更大的社会影响力和国际影响力。如表2—6所示，北京市是中国的首都、国家中心城市、直辖市、历史文化名城和古都，其也是国务院批复确定的中国政治中心、文化中心、国际交往中心和科技创新中心，是多种核心功能相互叠加的国际性大都市。

表2—6　　　　　　　　　　部分城市的功能定位

城市	功能定位
北京	中国政治中心、文化中心、国际交往中心、科技创新中心
上海	中国国际经济、金融、贸易、航运、科技创新中心
广州	中国重要的中心城市、国际商贸中心和综合交通枢纽
深圳	中国经济特区、国际化城市、科技创新中心、区域金融中心、商贸物流中心
武汉	全国重要的工业基地、科教基地和综合交通枢纽
南京	中国东部地区重要的中心城市、全国重要的科研教育基地和综合交通枢纽
成都	国家重要的高新技术产业基地、商贸物流中心和综合交通枢纽
西安	中国西部地区重要的中心城市、国家重要的科研、教育和工业基地
重庆	国家重要先进制造业中心、西部金融中心、西部国际综合交通枢纽和国际门户枢纽
大连	中国北方沿海重要的中心城市、港口及风景旅游城市，辽宁沿海经济带中心城市

资料来源：根据各城市网站数据整理而得。

大都市的功能一般具有综合性，大都市是各种人流、物流、资金流、信息流的汇集地，经过城市这个"容器"的集聚和放大，从而产生独特的城市功能和城市形象。从城市功能角度而言，大都市界定应该达到以下几个基本条件：一是城市功能的综合性，即要求城市不是依赖单一的功能进行生存和发展，而是依赖多种功能相互支撑、相互叠加而产生城市能量。城市的综合性也体现在其是多种中心的叠加，如政治中心、文化中心、经济中心、旅游中心、物流中心、交通中心等；二是城市文化的影响力，即依托城市功能产生的城市文化具有足够的吸引力和影响力，大都市的城市文化影响力不应该只停留在市域或省域范围，至少应该辐射区域或全国，甚至达到国际影响。这种影响表现在消费、形象、交流等方方面面的认同上；三是城市特色的鲜明性，即城市应该拥有独特的城市名片和城市形象，当不同的人提到时能够激发其对城市的独特印象，比如当人们提到北京时想到的是国家首都，当人们提到上海时想到的是经济繁荣，当人们提到广州时浮现在脑海的是"贸易之都"等。

（六）通勤时长标准

通勤率和通勤时长是界定城市的标准之一，通勤率主要是指通勤人数占本地参与工作总人数的百分比，通勤时间则主要反映通勤人员从住宅到上班地点的距离。通勤率这一指标具有较强的动态性，其一般用于大都市区中划分外围县的范围[①]，有研究认为我国大都市区中外围县到中心城市的通勤率应该不小于其本身人口的15%[②]，但不同国家、不同地区由于受地理条件、非农化水平等因素影响，通勤率指标实际上差距较大。因此，在我国很少采用通勤率来进行统计，而更多的是对通勤时长和通勤距离的统计。例如，住房和城乡建设部城市交通基础设施监测与治理实验室、中国城市规划设计研究院、百度地图联合发布了《2022年度中国主要城市通勤监测报告》，该报告中选取的44个样本显示，2021年主要城市的平均通勤时耗为36分钟，5公里以内的幸福通勤距离比例有所下降，而60分钟以上的极端通勤距离比例有所上升，如表2—7所示。同时从抽选的44个城市样本统计发现超大城市、特大城市、Ⅰ型大城市和Ⅱ型大城市的通勤时间分别为41分钟、38分钟、34分钟和33分钟。

表2—7　　　主要城市单程平均通勤距离与时耗（2022年）

城市	平均距离（千米）	平均时耗（分钟）	城市	平均距离（千米）	平均时耗（分钟）
深圳市	8	36	东莞市	9	34
广州市	9.1	39	合肥市	7.6	34

---

① 张欣炜、宁越敏：《中国大都市区的界定和发展研究——基于第六次人口普查数据的研究》，《地理科学》2015年第6期。

② 张沛、王超深：《大都市区空间范围的界定标准——基于通勤率指标的讨论》，《城市问题》2019年第2期。

续表

城市	平均距离（千米）	平均时耗（分钟）	城市	平均距离（千米）	平均时耗（分钟）
上海市	9.5	40	苏州市	8.4	34
北京市	11.3	48	乌鲁木齐市	7.6	34
杭州市	7.8	35	哈尔滨市	7.5	35
西安市	8.6	35	济南市	8.1	35
郑州市	8.9	36	石家庄市	8.2	35
南京市	8.9	37	徐州市	8.7	35
沈阳市	7.8	37	长春市	8	37
武汉市	8.5	38	大连市	7.7	37
成都市	9.5	39	海口市	7.2	30
青岛市	8.6	39	宁波市	7.1	31
天津市	8.7	39	呼和浩特市	6.8	32
重庆市	9.5	40	兰州市	7.7	32
常州市	7	30	银川市	8.6	32
温州市	6.8	30	绍兴市	7.8	33
昆明市	7.6	32	福州市	7.1	34
无锡市	7.4	32	贵阳市	7.8	34
厦门市	7.1	32	洛阳市	7.7	34
佛山市	8.3	33	南宁市	7.3	34
太原市	7.3	33	南昌市	7.6	35
长沙市	8.6	34	西宁市	8.9	35

资料来源：根据住房和城乡建设部城市交通基础设施监测与治理实验室、中国城市规划设计研究院、百度地图：《2022年度中国主要城市通勤监测报告》，2022年7月资料整理而得。

一般而言，城市规模越大城市通勤距离和时间则可能越长。在我国以下几个因素加剧了职住分离：一是城市中心和外围房价的差别。中心城市房价过高挤压了大批刚进入城市工作的年轻人，城市"外环"的租房或购房成本较低，因此很多年轻人不得不将城市"外环"作为平衡住房成本和通勤时间的最优解；二是城市中心和外围基础设施新旧差别。城市中心大多基础设施老化，住宅区也相对较旧，而外围区域由于地价便宜、房屋较新，这对一些对居住品质要求较高的年轻人而言，其更加愿意选择外围居住和往返通勤；三是日益稳定便利的交通基础设施。随着城市基础设施的不断完善，外围地区和城市中心一样，基本的公共服务、便民服务、政务服务等需求都能得到较好的满足，而且具有地铁、公交和网约车等便利的交通条件，这些都促使年轻人往城市"外环"迁移。目前，虽然没有明确根据通勤距离来划分城市等级的做法，但一般而言，大都市的通勤距离和通勤时间比中小城市的通勤距离和通勤时间要长。因此，通勤距离或通勤时间也可作为一个负向的大都市界定标准。

二　大都市基本公共服务特征

大都市在人口规模、人口密度、行政区划、职业构成、城市功能和通勤时间六个方面对城市政治、经济和社会产生深刻影响，凸显了与其他城市类型不同的规模影响，这种规模影响也对城市基本公共服务供给产生深刻影响，型塑着基本公共服务供给的特征。

（一）公共服务环境：复杂化

由于大都市的城市规模要比普通城市大很多，而这种城市规模带来了复杂的公共服务环境，其主要体现在以下几个方面：一是城市风险的不确定性。城市中潜在的自然灾害、事故灾难、公共卫生事件和社会安全事件具有较强的不确定性，随着城市规模扩大，一旦这些突发事件爆发则会带来更大范围的社会灾难和城市破坏。尤其是当多灾种、次生灾害和级联灾害发生时可能会增加城市救援难度，也给城市基本公共服务有效供给带来困难。城市风险的不确定性加剧了城市公共服务环境的复杂性，要求城市基本公共服务供给做好更加系统的公共服务供给方案。二是城市服务的脆弱性。城市公共服务功能具有一定的承载力，一旦达到服务承载的临界值则可能导致整个服务系统的崩溃，并且这种崩溃难以进行弥补或重建，这就是城市服务的脆弱性。城市服务脆弱性的表现往往是隐藏的，难以被预测或监测，这给城市公共服务环境增加了复杂性。比如，城市政府在应对突发公共卫生事件时，城市公共卫生服务的承载能力很难进行预测，一旦突发卫生事件不受控，整个城市的卫生服务系统很容易崩溃。三是城市信息的不对称性。大都市中的人流、物流、财流、事件流、信息流等十分复杂，随着城市规模的扩大，这些信息变得更加难以辨认，这些信息的隐藏、放大或扭曲等都可能给公共服务决策造成巨大的负面影响，因此，城市政府在爆炸化的碎片化信息中提炼和筛选有效信息进行决策也愈加困难，这也加剧了公共服务环境的复杂性。

（二）公共服务需求：多样化

城市规模扩大加剧了城市社会分化，而城市社会分化衍化出多元化城市主体，这些城市主体则会表现出多样化的公共服务需求，这种公共服务需求的多样化主要表现在以下几个方面。一是不同阶层人群公共服务需求。城市规模扩大放大了不同阶层人群之间的边界，而不同阶层人群的公共服务需求存在较大差距。在财富上处于优势地位的社会阶层对教育、医疗和卫生等公共服务有更高质量的要求，而处于社会底层的人群对基本公共服务的要求更多地体现在可及性层面。从不同维度看处于不同社会阶层的城市居民群体，其对公共服务具有不同要求，这也强化了公共服务需求的多样性。二是不同社区的公共服务需求。由于大都市的城市规模一般较大，其在城市空间形态上呈现出不同特征，比如在城市中心、城市近郊和城市远郊等空间会表现出不同的公共服务需求。城市中心区医疗、教育、卫生、文化和体育等基本公共服务往往比较充足和优质，而在城市近郊或远郊的教育、医疗和文化等基本公共服务往往配套不足，这就会造成公共服务需求呈现出多样化的特征。三是不同身份人群的公共服务需求。城市规模扩大，不同身份的人群数量也会随之增加，进而形成碎片化的公共服务诉求。诸如党员群体、女性群体、老年人群体、农民工群体、少数民族群体等具有不同身份特征的人群对公共服务提出不同诉求，城市政府则需要在考虑这种多样性的服务诉求的基础上，尽可能地提供高质量的基本公共服务。

（三）公共服务成本：递增化

相比于中小城市而言，大都市在公共服务上支出的直接成本或间接成本将会更大，并且呈现出递增化的特征，具体表现在以下几个方面：一是城市规模扩大带来的公共服务支出规模扩大。随着大都市规模的逐渐扩大以及人口的不断流入，这就需要城市政府支付更多的公共服务开支，以满足新增人口的公共服务需求。如果公共服务支出不随人口流入而及时调整，则会导致公共服务供给不足，城市居民的公共服务可及性、获得感和安全感会受到很大影响，城市政府应该及时根据城市规模的变化提供与需求相匹配的公共服务。二是对高质量基本公共服务追求所带来的成本递增。随着我国社会主要矛盾已经转化为人民日益增长的美好生活需要和不平衡不充分的发展之间的矛盾，大都市内部居民相较于中小城市的居民在物质层面的需求得到了更好的满足，这就导致其在精神层面的需求更多，进而也提高了基本公共服务供给的要求。这一因素将导致城市政府为提升和改善公共服务不断进行探索和创新，进而间接引发公共服务成本逐年上升。三是处理城市复杂性所带来的公共服务成本。大都市面临的公共服务需求更加多样、公共服务环境更加不确定，处理这些多样性和不确定性将会导致公共服务成本上升。比如，在提供基本教育服务时如果要逐一考虑残障人士、农民工群体、优抚军人子女、少数民族群体等不同人群的教育需求，则会需要城市政府支出更多的教育服务支出来应对这种多样化的需求。另外，诸如社会群体性事件、突发公共卫生事件以及特大暴雨自然灾害等不确定事件也会大幅增加公共服务开支。

（四）公共服务方式：合作化

由于大都市公共服务需求数量多、标准多、要求多，因而很多大都市政府感觉到单独由政府部门来提供公共服务显得力不从心，因而其在不断探索合作化的方式来供给公共服务。一是通过政府与社会合作供给公共服务。由于很多公共服务交给社会组织来提供具有更多优势，因此目前大都市中的很多公共服务项目通过政府向社会组织购买服务的形式来供给。尤其是在一些具体的公共事务中，政府无力事无巨细地从事每一项公共服务的供给，将一些公共服务通过项目购买的形式外包给社会组织能够实现更好的服务效果，因为社会组织在某些细分的公共服务领域更加具有专业性，比如流动人口服务、社区戒毒服务、残疾人服务、社区康复服务、社区心理服务等。二是通过政府与市场合作供给公共服务。由于政府财力有限，很多公共服务需要巨额支出，政府财政难以负担，因此借助市场的力量来提供公共服务能够弥补这一缺陷。比如，城市中修建垃圾焚烧厂、修建高速公路、修建医疗卫生机构等，这些项目需要巨额政府投资，政府无力承担，如果运用PPP模式引入市场力量实现政府与市场合作，能够在一定程度上解决政府资金不足问题，而且引入市场机制还可以改善公共服务效率。三是通过政府与市民合作供给公共服务。社区内部涉及居民切身利益的公共服务供给是一个极其琐碎的事情，需要消耗政府大量的精力来处理，如果在这些服务领域能够有效加强政府与市民之间的合作则能达到事半功倍的效果，如老旧社区中的加装电梯服务、邻里纠纷调解服务等。

（五）公共服务内容：精细化

大都市公共服务环境的复杂化和公共服务需求的多样化特征决定了公共服务内容具有精细化特征，一个负责任的大都市政府应该为城市居民提供精准细致的公共服务。目前许多大都市的精细化服务内容主要体现在以下几个方面：一是推行网格化管理。目前我国几乎所有大都市都采用了网格化管理模式，网格化管理最大的特点是将城市社区基层管理单元网格化，然后再在网格里配备相应的网格员，网格员肩负起网格内部的管理、服务等功能。网格化管理将政府服务的触角延伸至社区基层，使得城市政府的服务内容更加精细化。二是采用大数据进行管理。越来越多的大都市在探索运用大数据、人工智能、区块链等现代信息技术实现公共服务的有效供给。通过大数据搜集和分析大都市基本公共服务的需求情况，然后根据大都市的资源情况对公共服务进行精准配置和供给。这不仅可以减少资源浪费，而且可以在最大程度上实现公共服务的精细化供给。三是推行多层次的责任包干制度。很多大都市在不同职能维度和治理层次上实行责任包干的制度创新以实现公共服务的精细化供给，如城市环境治理方面的街长制、院长制、路长制；城市水域治理方面有湖长制、河长制；在公共卫生治理方面有党员责任片区、应急责任单元、对口帮扶责任人等。通过这种多维度、多层次的责任包干将公共服务内容精细化并落到实处，这是目前大都市基层公共服务供给创新的重要内容，也是大都市公共服务内容精细化的重要体现。

第二节 基本公共服务的界定视角及其政策变迁

博克斯曾在探讨社区公民治理议题时指出："公共服务供给总体环境的复杂性，社区政策导向的变异性，以及社区和总体环境二者变化的速率，使得我们很难概括今天公共服务的性质。"[1] 这句话中至少包含三层意思，一是公共服务的边界和范围随着外部环境的变化而变化；二是公共服务的内涵和特质根据不同人的认识而有所差异；三是公共服务的核心和重心随着政策意蕴的改变而变动。基本公共服务又称为核心公共服务，在国家治理体系和国家治理能力现代化中起着重要作用。基本公共服务体系建设是国家治理体系建设的一个重要组成部分，而公共服务能力则是国家治理能力的典型体现。国家要实现真正以人民为中心的高质量发展，就必须紧紧

---

[1] [美]理查德·C.博克斯：《公民治理：引领21世纪的美国社区》，孙柏瑛等译，中国人民大学出版社2012年版，第78页。

围绕幼有所育、学有所教、劳有所得、病有所医、老有所养、住有所居、弱有所扶等方面提供高质量的基本公共服务，使人民的获得感、安全感和幸福感更加充实和持续，这样才能真正实现共同富裕和中国式现代化。因此，基本公共服务是未来城市政府的重要发力点和依托点，厘清基本公共服务的理解视角、政策变迁和概念边界对更加科学、合理、系统地评估基本公共服务绩效具有重要的基础性作用。

一　公共服务的理解视角与基本类型

公共服务在不同视角下有不同的内涵特性，不同划分标准下也会呈现出不同的公共服务类型，从理论上进行梳理，对基本公共服务绩效评估具有重要的指导作用。

（一）公共服务的理解视角

公共服务的内涵十分丰富，不同视角、不同实证领域和不同研究目标下的公共服务可能存在完全不同的边界和内涵。目前，就公共管理学科视角而言，对公共服务的理解主要存在行政伦理学视角、公共经济学视角和政府管理学视角三种主流认知路径。

1. 行政伦理学视角下的公共服务：公共价值色彩

行政伦理学视角主要强调公共服务的公共价值色彩，认为公共服务是一种能够对政府的行为、架构和制度等方面具有重要引导功能的意识形态层面的公共价值。弗雷德里克森认为："广义的公共行政，除了重视管理的价值之外，还强调公民精神、公正、公平、正义、伦理、回应性和爱国主义等价值。"[①] 公共服务价值在很大程度上与公民精神、公正、公平、正义、伦理、回应性和爱国主义等价值相吻合。公共服务是对市场效率的一种弥

[①] ［美］H. 乔治·弗雷德里克森：《公共行政的精神》，张成福等译，中国人民大学出版社2012年版，第3页。

补，市场强调物竞天择的理性竞争，而公共服务强调对弱者的扶持，公共服务强调对普通公民的服务兜底。登哈特也认为："公共服务理念对于理解公务员怎样才能成功地做好自己的工作至关重要。"① 公职人员作为政府职能岗位上的工作人员，其所要履行的是要能够反映政府意识的职责，而政府部门最重要的作用是履行人民的意识、做好服务广大人民的工作，因此公共服务的理念是指导公职人员履行其职责的重要依据。

在这一层面上，公共服务具有以下几个特征：一是价值引领性。公共服务作为一种行政价值，其饱含着公平、正义、回应、责任、公民精神等价值色彩，与理性的、残酷的、具有工具性的市场价值不同。公共服务是引导政府职能部门和政府公务人员设定目标和履行职能的重要价值参考，其是一种看不见摸不着却实实在在地起着重要指引功能的公共价值。二是评判标准性。公共服务是政府部门绩效评估的重要参考标准，评判一个政府好不好、人民满意不满意、人民点赞不点赞最重要的一个标准维度是政府公共服务价值的履行情况如何，这里的公共服务价值涉及的范围比较笼统，不仅仅是科教文卫体等具体的公共服务的提供，还是一种价值层面的整体感知。三是想象功能性。"随着现代性的自足领域的爆炸，随着美学、科学和规范丧失了其排他的内部逻辑，想象成为新的思维和行动动力的主导方面"②，人民和政府对公共服务的想象将成为政府实践创新的重要价值引领。

2. 公共经济学视角下的公共服务：公共物品色彩

公共经济学视角将公共服务等同于公共物品，主要从萨缪尔森提出的非竞争性和非排他性角度来对公共物品进行分类，并研究不同类型公共物品供给的条件和范围。非竞争性主要是指一个人使用该物品不会影响另一个使用该物品，非排他性主要是指一个人不能够被排除在使用该物品的范

---

① [美]珍妮特·V. 登哈特、[美]罗伯特·B. 登哈特：《新公共服务：服务，而不是掌舵》，丁煌译，中国人民大学出版社2010年版，第2页。

② [美]戴维·约翰·法默尔：《公共行政的语言：官僚制、现代性和后现代性》，吴琼译，中国人民大学出版社2005年版，第249页。

围之外。目前很多研究都继承了公共财政学的这一分类方法，对公共服务的细分类别进行研究。例如奥斯特罗姆等根据非竞争性和非排他性维度将公共物品划分为公益物品、公共池塘资源、使用者付费物品和私益物品①，而其主要研究了具有竞争性和非排他性的公共池塘资源。其通过很多案例来研究一群相互依赖的委托人如何把自治组织起来、进行自主治理，从而能够在所有人都面对搭便车、规避责任或其他机会主义行为诱惑的情况下，取得持久的共同利益。② 这种研究视角本质上是将公共服务等同于公共产品进行研究，主要从经济学视角看到了公共服务的产品性质和市场维度。

从这一层面上而言，公共服务具有以下几个典型特征：一是分层支出。根据公共产品理论，在不同层次和不同范围上的公共服务具有不同程度的公共性，分属不同的公共服务类别，而针对不同的公共服务类别需要采取不同的供给策略。因此，就政府层级来看，公共服务可以划分为国家层面、地方层面和基层层面等多层次的类别，不同层面上的支出责任分属不同的政府部门。二是项目外包。将公共服务视为公共产品，用市场的思维来看待公共服务，这就导致项目制在公共服务供给中的普遍使用。无论是国家层面的公共服务，还是地方层面的公共服务，甚至是社区层面的公共服务，都通过项目打包以招投标的形式来实现公共服务供给，把公共服务当成产品来进行运营。三是顾客满意。在公共服务供给过程中追求的是顾客满意而不是公民满意，顾客满意的重要评价维度是产品质量如何，而公民满意的重要评价维度是作为公共服务提供主体的政府的行为，两者之间的评价重心存在明显区别。

3. 政府管理学视角下的公共服务：公共职能色彩

政府管理学、公共管理学和公共组织学等在研究政府部门时往往将公共服务作为其应该履行的职能或职责，强调政府部门应该承担的义务和责

---

① ［美］埃莉诺·奥斯特罗姆、［美］罗伊·加德纳、［美］詹姆斯·沃克：《规则、博弈与公共池塘资源》，王巧玲、任睿译，陕西人民出版社2010年版，第6页。

② ［美］埃莉诺·奥斯特罗姆：《公共事务的治理之道：集体行动制度的演进》，余逊达、陈旭东译，上海译文出版社2012年版，第35页。

任。安德森提出了七项被视为"一般角色"的政府的基本职能,包括提供经济基础、提供各种公共物品或服务、解决与协调团体冲突、维持竞争、保护自然资源、确定个人获得商品和服务的最低条件、保持经济稳定。[①] 其中提供公共物品和服务是政府一项非常重要的职能。世界银行在1997年的《世界发展报告》中也明确指出政府具有五种基本角色:确立法律基础、保持一个健康的经济环境、投资于基本的社会服务和社会基础设施、保护弱势群体以及保护环境。这些角色在很大程度上也是公共服务的集中体现。我国十届人大三次会议政府工作报告与十六大报告中也明确提出:政府的职能包括经济调节、市场监管、社会管理和公共服务。近年来,随着我国社会主要矛盾的转换,公共服务作为政府的四大职能之一受到越来越多的重视。

从政府职能角度而言,公共服务具有以下几个特征:一是一种责任。公共管理职能是在特定环境下,公共管理部门在社会公共产品与服务的管理过程中所承担的基本职责与所具有的功能作用的统一体。因而提供国防、公安、教育、医疗、卫生、体育、环保、文化等公共服务是政府部门应该承担的一种职责。二是一种权力。责任与权力往往是对等的,承担相应的责任就应该赋予相应的权力。只有赋予相应的权力,政府才能够顺利地履行相关责任。公共服务作为政府的一种重要职责必然衍生出相应的政府权力,因而公共服务在这一视角而言也是一种公共权力。三是一种分工。公共服务职能也是社会分工发展到一定程度的结果,市场在整个社会分工中主要起着基础性的分配作用,但市场机制在进行社会资源分配过程中容易产生贫富分化,进而造成阶级不平等和社会秩序失衡等问题,因而政府充分发挥其兜底功能,承担起提供公共服务的职责,是社会分工的一种体现。

(二) 公共服务的基本类型

厘清公共服务的基本类型有助于对公共服务结构有更加立体化的认识,

[①] [澳] 欧文·E. 休斯:《公共管理导论》,张成福、王学东译,中国人民大学出版社2007年版,第104—106页。

也能够为科学合理的公共服务绩效评估奠定坚实的基础。目前不同学者从公共服务功能、公共服务范围、公共服务水平、公共服务层次、公共服务内容和公共服务性质等角度对公共服务进行了类型划分，这些不同类型的公共服务划分具有不同的目的和意义，如表2—8所示。在目前的分类体系中使用比较多的分类标准主要有三种。

表 2—8　　　　　　　　　公共服务的分类

划分标准	划分类别	典型样例
公共服务功能	维持性公共服务	国防、外交、司法、警察、公共行政服务等
	经济性公共服务	城乡公共基础设施投资、各类公共补贴等
	社会性公共服务	教育、医疗、社保、环保、就业等
公共服务范围	全国性公共服务	国防、外交、环保、交通等
	地方性公共服务	地方性教育、医疗、环保等
	社区性公共服务	社区性教育、医疗、环保等
公共服务水平	基本公共服务	义务教育、计划生育、社会救助、扶残助残等
	普惠性非基本公共服务	普惠托育服务、普惠型养老、优质医疗服务等
公共服务层次	保障性公共服务	义务教育、社会救助、扶残助残等
	发展性公共服务	社区教育、优质物业、法律专业服务等
公共服务内容	政权性公共服务	国防、外交、立法、司法、行政等
	社会性公共服务	科教文卫体等公共事业类服务
	经营性公共服务	电力、交通、邮政、通信等公用事业类服务
公共服务性质	基本公共服务	国防、外交、教育、医疗、就业等
	混合型公共服务	通信、邮政、文化等公用事业和公共事业类服务
	管制性公共服务	政府对企业的质量、卫生、技术、安全等的规制

资料来源：根据王海龙：《公共服务的分类框架：反思与重构》，《东南学术》2008年第6期；范逢春、田昭：《城乡基本公共服务均等化：历史、现实与未来》，中国社会科学出版社2021年版等资料整理而得。

一是公共服务功能视角下的服务类型。从公共服务的支出功能视角可以将公共服务划分为维持性公共服务、经济性公共服务和社会性公共服务。① 维持性公共服务主要是指维持国家安全、行政管理正常运转的公共服务，主要包括国防、司法、行政、立法、警察等相关公共服务。经济性公共服务主要是指为促进经济发展而进行的各类经济投资的服务，主要包括城乡基础设施建设的投资以及为促进相关产业发展而进行的各类公共补贴等。社会性公共服务主要是指为促进社会发展而提供的各类公共服务，包括医疗、教育、社保、环保、就业等公共服务。维持性公共服务主要是维持国家机器运转而出现的公共服务，而经济性公共服务和社会性公共服务则主要是为促进经济发展和社会发展而提供的公共服务。维持性公共服务支出比重过高则说明政府自身运转的成本比较大，而经济性公共服务支出比重比较大说明政府国家处于发展阶段，需要大量的公用事业投资，社会性公共服务支出比较大则说明国家发展已经上升到一个比较新的高度，人民对医疗、社保、教育等公共服务的质量要求越来越高。国家在不同发展阶段，不同类型的公共服务支出占比不一样，比如在国家建设初期，维持性公共服务和经济性公共服务支出所占比重应该会更大一些，一旦国家发展趋向成熟，则社会性公共服务支出的比例就会有所增加。但在一些特殊时期或特殊事件的影响下，这些公共服务支出结构也会有所变化，例如，在自然灾害、群体性事件等影响下，维持性公共服务或经济性公共服务的支出比例则会有所扩大。

二是公共服务范围视角下的服务类型。从公共服务支出范围视角可以将公共服务划分为全国性公共服务、地方性公共服务和社区性公共服务，全国性公共服务的支出责任主体是中央政府，地方性公共服务的支出责任主体是省市县地方政府，而社区性公共服务的支出主体是基层政府或基层自治单元。中央和地方政府在财权和事权上的划分是确定公共服务范围的重要依据，财权是指各级政府为履行公共服务职能而拥有的筹集资金的权力和分配资金的权力，包括税权、产权和债权。事权则是指政府管理公共事务和提供公共服务的职权。由于我国实行的是分级治理的结构，因此在

---

① 李军鹏：《论中国政府公共服务职能》，《国家行政学院学报》2003年第4期。

不同政府层级上配备有不同的财权和事权,也就是说不同层级的政府承担着不同的公共服务。比如具有强公共性的全国性公共服务一般由中央政府来予以支出,包括国防、警察、外交等公共服务。在地方政府行政区划范围内的一些基本公共服务一般由相应层级的地方政府来予以提供,除非这些公共服务超过该行政区划并造成了空间外溢效应。合理划分不同层级政府之间的公共服务职能,明确不同层级政府的支出责任,使得各级政府在公共服务供给中各司其职,避免各级政府之间因边界模糊而产生的推诿和恶性竞争,就需要遵循外部性、信息复杂性和激励相容三项原则[1],即公共服务范围与受益范围相一致、更了解自身辖区的政府来提供公共服务以及各层级做好自身范围内的激励。总之,在我国分层治理的政治架构和财政体制之下,公共服务的类型也可以据此划分为受益范围不同的公共服务类别。

三是公共服务水平视角下的服务类型。《"十四五"公共服务规划》中明确指出:从服务供给的权责分类来看,公共服务包括基本公共服务、普惠性非基本公共服务两大类。基本公共服务主要是指保障全体人民生存和发展基本需要、与经济社会发展水平相适应的公共服务,而非基本公共服务是指为满足公民更高层次需求、保障社会整体福利水平所必须但市场自发供给不足的公共服务。从公共服务水平角度而言,非基本公共服务的水平比基本公共服务的水平更高,后者是在当前进入新发展阶段下对前者的重要补充。公共服务水平视角下的服务类型划分是我国当前国家政策和地方治理实践中采用最多的类型划分方式,因为该方式划分直接简单、清晰、易操作,而且容易与国家其他相关政策进行衔接。非基本公共服务是为满足公民多样化、个性化和高品质化的生活需求而提供的一种公共服务,其供给方式与基本公共服务的供给方式应该有所差别。基本公共服务的供给大部分应该由政府主体来完成,而且公民支付的费用应该是非常低,甚至是免费的,而非基本公共服务的供给可以是政府部门也可以是市

---

[1] 刘尚希、赵福昌、孙维:《中国财政体制:探索与展望》,《经济研究》2022年第7期。

场组织、社会组织等多元化的主体，其消费一般是需要支付一定的费用的。作为一种普惠性的非基本公共服务具有准公共产品的特性，虽然其不是严格意义上的公共产品，但其在某种程度上具有一定的非竞争性和非排他性，因此政府部门在这些公共服务供给上也需要提供相应的监管措施，保证其有效供给。但是在提供这些公共服务时一定要区分好普惠性非基本服务和生活服务之间的边界，生活服务是一种私有产品，应该交由市场运作。

二 政策文件变迁中的基本公共服务

基本公共服务的定位、范围、建设重点等随着外部环境的变化而不断变化，"十二五"以来，我国已经推出了三版公共服务规划，三版公共服务规划的重点任务、制度框架、标准清单等都随着我国政治、经济和社会环境的变化而不断调整。各地方政府根据这三版公共服务规划也进行了各层级的公共服务规划，地方政府的公共服务以此为蓝本，结合当地的经济、社会和文化状况构建符合自身发展水平的公共服务规划。国务院先后在2012年、2017年和2021年发布了《国家基本公共服务体系"十二五"规划》、《"十三五"推进基本公共服务均等化规划》和《"十四五"公共服务规划》。三个规划分别从公共服务的可及性、均等化和获得感维度构建制度体系和部署安排，为解决好人民群众急难愁盼问题、健全基本公共服务体系、提高公共服务水平、增强均衡性和可及性以及扎实推进共同富裕奠定了重要基础。

（一）"十二五"时期：基本公共服务体系

《国家基本公共服务体系"十二五"规划》根据《中华人民共和国国民经济和社会发展第十二个五年规划纲要》进行编制，该文件是"十二五"期间（2011—2015年）国家基本公共服务体系的综合性、基础性和指导性文件。"十二五"时期处于全面建设小康社会的关键期、深化改革和转变经济发展方式的攻坚期，建立健全基本公共服务体系对保障和改善民生、加快经济方式转变、扩大消费需求具有重要作用。"十二五"时期国家经济实力、综合国力和国际地位显著提高，城乡免费义务教育全面实施、公共就业服务体系初步建立、城乡社会救助体系和社会福利体系基本形成、城乡基层医疗卫生服务体系逐步健全、基本住房保障制度初步形成、文化馆图书馆县县覆盖，但我国基本公共服务供给不足、发展不平衡的矛盾仍然十分突出，比如公共服务规模和质量与人民群众需求不匹配、弱势群体的基本公共服务供给不足、城乡间公共服务制度不衔接、基层政府财权与事权不匹配、服务主体和方式比较单一等。因此，"十二五"时期公共服务的核心是建立健全基本公共服务体系，即要构建一套由基本公共服务范围和标准、资源配置、管理运行、供给方式以及绩效评价等所构成的系统性、整体性的制度安排。在"十二五"的攻坚期、转型期、关键期要抓住工业化、信息化、城镇化、市场化和国际化的重要战略机遇，在国家经济持续平稳增长和财政收入不断增加的良好背景下，以及在教育、卫生、文化等社会事业改革深入推进背景下，建立健全基本公共服务体系。

"十二五"时期基本公共服务规划的范围涵盖广大人民群众生存和发展的基本需求，如图2—1所示，从人生的不同阶段来看，主要涵盖出生、教育、劳动和养老等基本公共服务，从贯穿人的一生角度来看，主要涵盖衣食、居住、健康和文体等方面的基本公共服务。这些基本公共服务既是公民权利的体现，也是政府责任的体现，公民有获得基本公共服务的权利，而政府的职责是保障人人享有基本公共服务。公共服务的涵盖范围还可以从狭义和广义的角度进行划分，从狭义的角度，"十二五"时期的基本公共服务主要包括基本公共教育、劳动就业服务、社会保险、基本社会服务、基本医疗卫生、人口和计划生育、基本住房保障、公共文化体育、残疾人基本公共服务九大类。从广义的角度，除了狭义上的这九大类，其还包括与人民生活紧密相关的公共服务和保障安全需要的公共服务，如表2—9所示。服务规划中还为每类基本公共服务划定了重点任务、基本标准和保障措施。"十二五"公共服务规划的重点是建立健全基本公共服务体系，其将基本公共服务制度作为公共产品向全民提供，强调通过制度设计、系统规划和整体推进来建立健全基本公共服务体系。该时期的基本公共服务体系的框架搭建最重要的是解决基本公共服务战略规划中的可及性问题，即解决基本公共服务全网络覆盖，通过服务标准化、专业化和信息化等方式推动基本公共服务在全国范围内方便可及，只有这个基本性问题得到解决，基本公共服务的质量才具有提升的可能性。

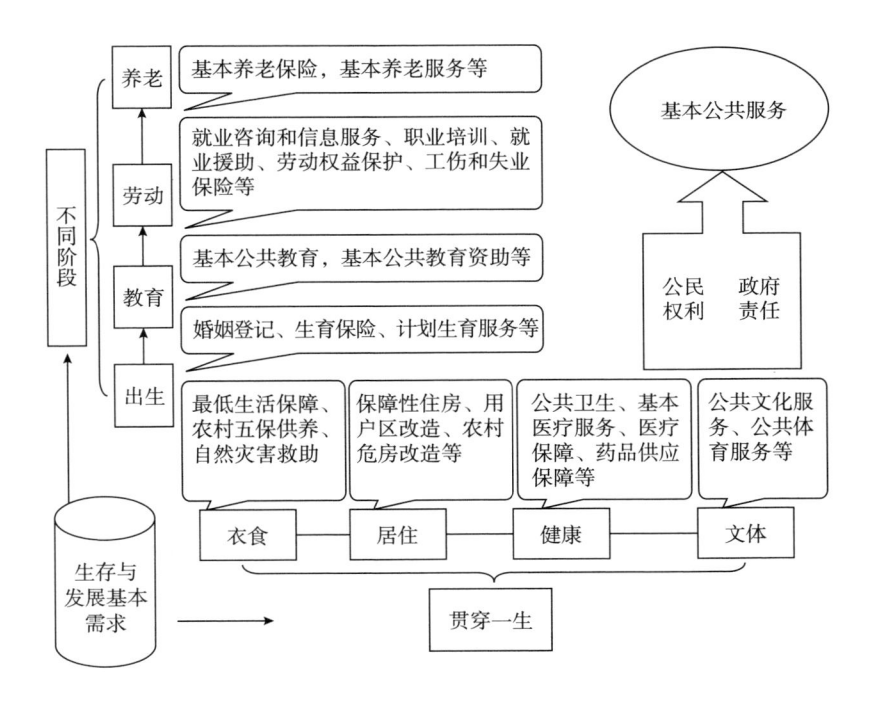

图 2—1　国家"十二五"基本公共服务范围内涵

资料来源：根据国务院：《国务院关于印发国家基本公共服务体系"十二五"规划的通知》（国发〔2012〕29号），2012年7月19日整理而得。

表 2—9　　　　　　　　国家"十二五"基本公共服务体系框架

层次		覆盖领域	重点任务
广义	狭义	基本公共教育	九年义务教育、高中阶段教育、普惠性学前教育
		劳动就业服务	就业服务和管理、职业技能培训、劳动关系协调和劳动权益保护
		社会保险	基本养老保险、基本医疗保险、工伤、失业和生育保险
		基本社会服务	社会救助、社会福利、基本养老服务、优抚安置
		基本医疗卫生	公共卫生服务、医疗服务、药品供应和安全保障
		人口和计划生育	计划生育服务、计划生育奖励扶助、
		基本住房保障	廉租住房和公共租赁住房、棚户区改造、农村危房改造、保障性住房管理
		公共文化体育	公益性文化、广播影视、新闻出版、群众体育
		残疾人基本公共服务	残疾人社会保障、残疾人基本服务
	与人民生活环境紧密相关的公共服务		交通、通信、公用设施、环境保护等
	保障安全需要的公共服务		公共安全、消费安全、国防安全等

资料来源：根据国务院：《国务院关于印发国家基本公共服务体系"十二五"规划的通知》，（国发〔2012〕29 号），2012 年 7 月 19 日整理而得。

（二）"十三五"时期：基本公共服务均等化

"十二五"时期我国初步构建起了覆盖全民的国家基本公共服务制度体系，各级各类基本公共服务设施得到不断改善，义务教育均衡发展深入推进、就业优先战略得到有效实施、覆盖城乡的社保体系得到进一步健全、基本卫生公共服务项目得到扩充、城镇安居工程和危房改造力度加大、公共文化服务体系建设得到积极推进。但该时期基本公共服务仍然面临规模不足、质量不高、发展不平衡等问题。"十三五"时期是全面建成小康社会的决胜阶段，基本公共服务体系建设面临很多新的挑战，比如经济增长进入从高速转向中高速的新常态、人口形成劳动人口减少的老龄化加速的新结构、社会呈现出人民群众公平民主权利意识不断增强的新特征、消费体现出提高生活水平和改善生活质量的多层支持多样化的新需求、科技孕育出公共服务新业态和新模式。在这种宏观大背景下，国家在公共服务战略规划上做出了适当调整，该时期将基本公共服务在城乡、区域、人群中的均等化作为发展主线，强调全体公民能够公平可及地获得大致均等的基本公共服务，尤其是要促进基本公共服务的机会均等，保障人民群众得到基本公共服务的机会。

"十三五"时期，基本公共制度框架与"十二五"时期相比发生了三个变化：一是建设重心的变化。"十二五"时期，基本公共服务建设的重心是建立健全基本公共服务体系，经过五年的建设，我国基本公共服务体系基本搭建。"十三五"时期，基本公共服务建设向着更高层次的目标迈进，其将建设的重心调整到基本公共服务均等化层面，强调促进城乡、区域、人群基本公共服务均等化。二是覆盖领域的变化。"十二五"时期，基本公共服务覆盖九大类，而"十三五"时期，基本公共服务合并为八大类，其中"人口和计划生育"类别合并到"基本医疗卫生"类别中，这主要与我国的生育政策变迁有关，如表2—10所示。为积极应对老龄化问题，2011年，我国各地实施"双独二孩"政策；2013年实施"单独二孩"政策；2015年实施"全面二孩"政策；2021年实施"三孩生育政策"。这些政策的变化也影响了基本公共服务范围的调整。三是制度形式的变化。"十三五"时期，基本公共服务规划除了列明八类基本公共服务的重点任务和保障措施外，还单独以附件的形式编制了《"十三五"国家基本公共服务清单》，该清单明确了八类基本公共服务81个项目的服务对象、服务指导标准、支出责任和牵头单位等信息。如图2—2所示，相比于"十二五"时期，基本公共服务制度体系在服务清单、重点任务、保障措施和实施机制等方面更加清晰、指导性更强、操作性也更强，其在人民群众最关心、最直接、最现实的利益问题上调整了制度结构，体现了普惠性、保基本、均等化和可持续的发展方向，对提升人民群众的获得感、公平感、安全感和幸福感具有重要意义。

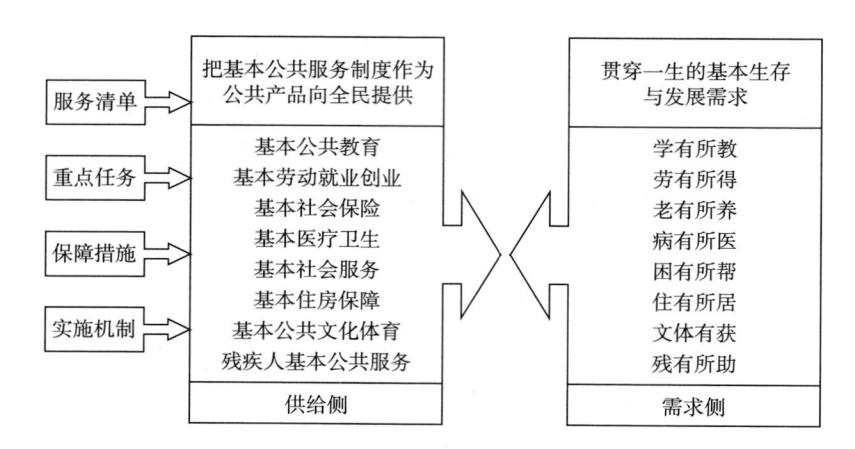

```
                               ┌─────────────────────┐              ┌─────────────────┐
┌──────────┐                   │把基本公共服务制度作为│              │贯穿一生的基本生存│
│ 服务清单 │──►                │  公共产品向全民提供 │              │   与发展需求    │
└──────────┘                   ├─────────────────────┤              ├─────────────────┤
┌──────────┐                   │   基本公共教育      │              │   学有所教      │
│ 重点任务 │──►                │ 基本劳动就业创业    │              │   劳有所得      │
└──────────┘                   │   基本社会保险      │              │   老有所养      │
┌──────────┐                   │   基本医疗卫生      │   ╲  ╱       │   病有所医      │
│ 保障措施 │──►                │   基本社会服务      │    ╳         │   困有所帮      │
└──────────┘                   │   基本住房保障      │   ╱  ╲       │   住有所居      │
┌──────────┐                   │ 基本公共文化体育    │              │   文体有获      │
│ 实施机制 │──►                │ 残疾人基本公共服务  │              │   残有所助      │
└──────────┘                   ├─────────────────────┤              ├─────────────────┤
                               │       供给侧        │              │     需求侧      │
                               └─────────────────────┘              └─────────────────┘
```

图2—2　国家"十三五"基本公共服务制度框架

资料来源：根据国务院：《"十三五"推进基本公共服务均等化规划》（国发〔2017〕9号），2017年1月23日整理而得。

表2—10　　　　　　　国家"十三五"基本公共服务体系框架

覆盖领域	重点任务
基本公共教育	义务教育、高中阶段教育、普惠性学前教育、继续教育
基本劳动就业创业	公共就业服务、创业服务、职业培训、劳动关系协调和劳动权益保护
基本社会保险	社会保险政策制度、社会保险关系转续
基本医疗卫生	重大疾病防治和基本公共卫生服务、医疗卫生服务、妇幼健康和计划生育服务管理、食品药品安全
基本社会服务	社会救助、社会福利、社会事务、优抚安置
基本住房保障	公共租赁住房、城镇棚户区住房改造、农村危房改造
公共文化体育	公共文化、广播影视、新闻出版、群众体育
残疾人基本公共服务	残疾人基本生活、残疾人就业创业和社保服务、残疾人康复、教育、文体和无障碍服务

资料来源：根据国务院：《"十三五"推进基本公共服务均等化规划》（国发〔2017〕9号），2017年1月23日整理而得。

（三）"十四五"时期：基本公共服务质量

《"十四五"公共服务规划》根据《中华人民共和国国民经济和社会发展第十四个五年规划纲要》进行编制，该规划是"十四五"时期（2021—2025年）乃至更长时期我国促进公共服务发展的综合性、基础性、指导性文件。该规划是在我国进入新发展阶段和公共服务发展基础更加坚实的背景下编制的,经过"十二五"、"十三五"两个五年建设,我国城乡区域基本公共服务均等化水平不断提高、公共服务供给保障能力全面提升、生活服务快速发展、人民生活得到显著改善,但"十四五"时期是我国全面建成小康社会、实现第一个百年奋斗目标之后,乘势而上开启全面建设社会主义现代化国家新征程、向第二个百年奋斗目标进军的第一个五年。在当世界百年未有之大变局的背景下,人民群众日益增长的美好生活需要对公共服务质量提出了新的更高要求。我国社会主要矛盾已经转化、经济发展已经转向高质量发展阶段、人口老龄化问题进一步加深、家庭结构小型化趋势明显、人员流动更加频繁、新型现代技术不断涌现,这些新形势既是机遇,也是挑战。相比于"十二五"和"十三五"时期,"十四五"时期公共服务体系的建设重心逐渐从可及性转向均等化再转向获得感,获得感是一个对公共服务要求更高的阶段,其需要建立在公共服务可及性和均等化的基础上。"十四五"时期的公共服务发展要回应的是高质量发展的问题,也是以"人民为中心"的问题,还是公平正义与共同富裕的问题,更是中国式现代化的核心问题。

如图 2—3 所示,"十四五"时期公共服务制度框架与"十三五"时期相比发生了几个重大变化:一是公共服务类型的扩容。"十四五"公共服务规划的类别从基本公共服务扩大到普惠性非基本公共服务和生活服务,这主要体现了社会矛盾转型、经济发展转型和人口结构转型给公共服务规划带来的变化。高质量的公共服务无法仅仅通过政府提供的基本公共服务得以满足,还需要扩大普惠性非基本公共服务供给、推动生活服务为公共服务提档升级拓展空间。因此"十四五"公共服务规划对重点领域非基本公共服务扩容和重点行业创新融合发展都进行了规划和部署。二是基本公共服务范围的优化。"十四五"公共服务规划对基本公共服务进行了进一步规范和整合,从"十三五"时期的 8 类基本公共服务扩展为 9 类,增加了"幼有所育"类别,将"困有所帮"、"残有所助"整合为"弱有所扶"和

"优军优抚保障",如表2—11所示。此外,《国家基本公共服务标准（2021年版）》对基本公共服务具体项目的服务对象、服务内容、服务标准、支出责任和牵头负责单位进行了更加科学细致的规范,明确了基本公共服务的底线标准。三是更加注重系统提升公共服务效能。《"十四五"公共服务规划》从统筹规划公共服务设施布局、构建公共服务多元供给格局、提高公共服务便利共享水平、健全公共服务要素保障体系和强化服务国家重大战略能力五个方面系统规划提升公共服务效能。这说明公共服务体系建设进入到一个综合性、高质量发展阶段,需要更多的辅助措施和支撑措施来健全和完善基本公共服务体系。

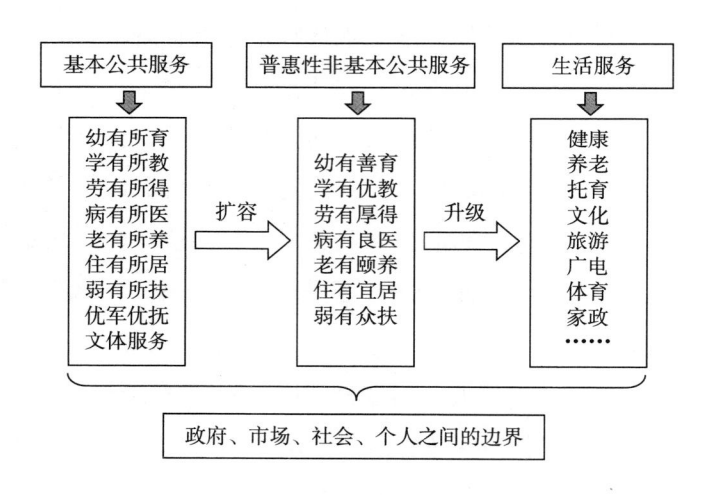

图2—3 国家"十四五"基本公共服务制度框架

资料来源：根据国家发展改革委、中宣部、教育部等：《"十四五"公共服务规划》（发改社会〔2021〕1946号），2021年12月28日整理而得。

表2—11　　　　国家"十四五"基本公共服务体系框架

覆盖领域	清单任务
幼有所育	优孕优生服务、儿童健康服务、儿童关爱服务
学有所教	学前教育助学服务、义务教育服务、普通高中助学服务、中等职业教育助学服务
劳有所得	就业创业服务、工伤失业保险服务

续表

覆盖领域	清单任务
病有所医	公共卫生服务、医疗保险服务、计划生育扶助服务
老有所养	养老助老服务、养老保险服务
住有所居	公租房服务、住房改造服务
弱有所扶	社会救助服务、公共法律服务、扶残助残服务
优军优抚保障	优军优抚服务
文体服务保障	公共文化服务、公共体育服务

资料来源：根据国家发展改革委、中宣部、教育部等：《"十四五"公共服务规划》（发改社会〔2021〕1946号），2021年12月28日整理而得。

三 基本公共服务的再界定及其特征

2012年，《国家基本公共服务体系"十二五"规划》中明确指出：基本公共服务是指建立在一定社会共识基础上，由政府主导提供的，与经济社会发展水平和阶段相适应，旨在保障全体公民生存和发展基本需求的公共服务。《"十三五"推进基本公共服务均等化规划》中也明确指出：基本公共服务是由政府主导、保障全体公民生存和发展基本需要、与经济社会发展水平相适应的公共服务。《"十四五"公共服务规划》中再次指出：基本公共服务是保障全体人民生存和发展基本需要、与经济社会发展水平相适应的公共服务。三版概念界定虽然在表述上略有用词和语序上的差别，但在基本公共服务概念界定上都具备三个共同的要素：一是基本公共服务的目标是保障全体人民生存和发展的基本需要，这决定了公共服务具有基础性的特征；二是基本公共服务的供给主体是政府，政府需要负责保障基本公共服务供给的数量和质量，引导市场主体和公益性社会机构补充供给，这决定了基本公共服务具有普惠性特征；三是公共服务供给的标准和范围应该与经济社会发展阶段相适应，在不同阶段和不同发展水平下可以调整公共服务的供给标准和范围，这决定了基本公共服务具有动态性。综上，基本公共服务在再界定过程中至少应该包含上述三个基本要素。

第一，基本公共服务具有基础性。基本公共服务的核心目标是保障全体人民生存和发展需要，这决定了基本公共服务的基础性特征，这种特征主要体现在以下几方面：一是先行"资本"。基本公共服务是社会经济运行的一种先行资本，对整个社会经济发展和公众基本生活而言是必不可少的，是其他生产生活的基础性条件。基本公共服务需要满足人民的基本生存和发展的需要，是人民生产、生活的前期成本，对整个社会具有基础性影响。二是沉淀"资本"。基本公共服务的投入是巨大的，普通的个体和企业无法负担巨大的费用。政府的这种前期公共服务投资主要是为了社会经济能够更好地运转，是社会运转的重要基础。三是弱增"资本"。基本公共服务供给往往具有规模性，而这种规模性决定了公共服务的成本弱增性，即随着公共服务供给范围的扩大，公共服务的成本增长很低。这也意味着公共服务供给规模越大，所带来的正外部性也越大，如义务教育服务、儿童健康服务、就业信息服务、公共体育服务、公共文化服务等。总之，基本公共服务的基础性决定了基本公共服务在人民生存和发展需要中处于最基础的层级。

第二，基本公共服务具有普惠性。政府应该负责基本公共服务供给的数量和质量，这决定了基本公共服务具有普惠性特征，这种特征与政府追求的以下价值目标相吻合：一是公平正义。在我国城乡之间、区域之间、人群之间的差距虽然在逐步缩小，但仍然是没有克服的治理难题。二是人民至上。基本公共服务是我们党践行"以人民为中心"的发展理念，保障改善民生的重要制度安排。① "以人民为中心"强调关心每一个生命体，关注每一个生命体从出生到死亡的每一个阶段上的生存和发展，关心个体是否能够实现幼有所育、学有所教、劳有所得、病有所医、老有所养、住有所居、弱有所扶。这种"人民至上"的理念也与基本公共服务普惠性特征相辅相成、互嵌互构。三是共同富裕。共同富裕是全体人民的共同富裕，

---

① 姜晓萍、吴宝家：《人民至上：党的十八大以来我国完善基本公共服务的历程、成就与经验》，《管理世界》2022年第10期。

这就需要建设一套面向全体人民的基本公共服务制度，保障社会成员的基本生存、基本发展和基本尊严。① 基本公共服务是实现共同富裕的重要基础，只有人的基本需求得到解决，共同富裕才有可能实现。共同富裕的前提是要解决所有人的基本公共服务问题，为所有人提供最基本的兜底性公共服务，因而这也决定了公共服务具有普惠性的特征。

第三，基本公共服务具有动态性。公共服务供给的标准和范围应该与经济社会发展阶段相适应，这决定了基本公共服务具有动态性特征。纵向而言，从"十二五"到"十四五"期间，我国政治、经济、社会、技术等环境不断发生变化，基本公共服务的标准和范围也在不断调整。那些与时代特征不相适应的基本公共服务逐渐淘汰出清单范围，而那些与时代特征紧密相关的基本公共服务逐个被纳入清单列表。基本公共服务中具体项目的服务对象、服务内容、服务标准、支出责任和牵头负责单位等也根据国内外环境变化而不断调整；横向而言，不同地方基本公共服务的范围和内容在参照国家制定的基本公共服务标准的基础上，结合地方的经济社会发展情况，进行调整和变动。从表2—12中可以发现，北京、上海、广东、四川和陕西在基本公共服务大类和小类的数量和设计上基本与国家基本公共服务标准保持一致，都是9大类和22小类，但在具体项目上则呈现出差异，这种差异主要是不同地方经济社会发展程度不同造成的。在六个地方政府中，只有广东省与国家标准保持一致，其他地方政府或多或少都进行了调整。北京市比国家标准多9个项目，其中幼有所育多3个、病有所医多4个、老有所养多1个、弱有所扶多1个；上海市比国家标准多15个项目，其中幼有所育多3个、病有所医多2个、老有所养多5个、住有所居多1个、弱有所扶多5个、文体服务少1个。总之，从纵向时间和横向空间上，基本公共服务的范围和标准都是一个不断调整、不断优化的过程，具有典型的动态性特征。

---

① 何文炯：《共同富裕视角下的基本公共服务制度优化》，《中国人口科学》2022年第1期。

表 2—12　　　　　　不同地方基本公共服务数量结构　　　　　　单位：个

	国家		北京市		上海市		广东省		四川省		陕西省	
	小类	项目	小类	项目	小类	项目	小类	项目	小类	项目	小类	项目
幼有所育	3	9	3	12	3	12	3	9	3	9	3	9
学有所教	4	9	4	9	4	9	4	9	4	11	4	9
劳有所得	2	12	2	12	2	12	2	12	2	12	2	12
病有所医	3	16	3	20	3	18	3	16	3	17	3	16
老有所养	2	4	2	5	2	9	2	4	2	4	2	4
住有所居	2	3	2	3	2	4	2	3	2	3	2	3
弱有所扶	3	14	3	15	3	19	3	14	3	14	3	14
优军服务	1	4	1	4	1	4	1	4	1	4	1	4
文体服务	2	9	2	9	2	8	2	9	2	9	2	8
合计	22	80	22	89	22	95	22	80	22	83	22	79

资料来源：根据国家发展改革委、中宣部、教育部等：《"十四五"公共服务规划》（发改社会〔2021〕1946 号），2021 年 12 月 28 日，以及北京市、上海市、广东省、四川省和陕西省的《"十四五"公共服务规划》整理而得。

第三节　绩效评估的基本类型及其评估重心变迁

"新公共管理者对绩效的强调可能成为公共行政关注的永恒焦点，绩效导向最起码有两个重要的发展渊源：其一是自 20 世纪 70 年代开始的税制改革运动；其二是全球化的压力使得政府要提高效率。"[1] 在大环境影响下，新公共管理者不仅关注公共行政活动的公平价值，而且同样重视公共行政的效率价值。新公共管理者在政策制定和执行过程中、在行政事务和行政决策中以及在公共服务生产和提供中，其表现的效率如何，这是基层老百姓比较关心的。绩效评估成为新公共管理者的重要工具，其对政府履行公共决策、社会监督和公共服务等职能的效率进行评判，以在最大程度上实现绩效改善和过程监督。大都市公共服务绩效评估是一个复杂的系统工程，

---

[1]　［美］戴维·H. 罗森布鲁姆、［美］罗伯特·S. 克拉夫丘克：《公共行政学：管理、政治和法律的途径（第五版）》，张成福等译，中国人民大学出版社 2002 年版，第 592 页。

大都市的公共服务绩效是否一定比小城市的公共服务绩效水平更高呢？"关键问题不在于是规模小更好还是大更好，而在于怎样将不同规模的组织结合起来，哪种组织间安排类型对哪种特定的服务集群来说绩效最好，就采用哪种安排。"① 因此，大都市公共服务绩效与组织间结构安排密切相关，大都市的效率不一定比小城市的公共服务效率更高，这就需要对大都市公共服务绩效进行评估，以从整体上把握大都市公共服务供给的基本情况。

一 绩效评估的基本内涵与类型划分

厘清绩效的内涵以及绩效的基本类型是进行绩效评估的重要前提基础，也才能选择合适的形式和方法对大都市基本公共服务进行绩效评价。

（一）绩效与绩效评估

绩效是一个可以从多维度观察的变量，其可以是一种过程，也可以是一种结果，还可以是一种行为。从不同学科角度来看，绩效所体现的内涵也各不相同。从管理学角度而言，绩效主要是指组织期望的结果，这种结果表现为组织绩效和个人绩效两个方面；从政治学角度而言，绩效主要体现为政客代表人民利益并为之努力的结果；从经济学角度而言，绩效主要是指员工对组织的承诺；从社会学角度而言，绩效主要是指每一个社会成员按照社会分工所确定的角色承担他的那一份职责。范柏乃通过对各种绩效定义进行分析，将绩效的特征归纳为以下几点：一是绩效是人们行为的后果，是目标的完成程度，是客观存在的，而不是观念中的东西；二是绩效必须具有实际的效果，无效劳动的结果不能称为绩效；三是绩效是一定的主体作用于一定的客体所表现出来的效用，即它是在工作过程中产生的；四是绩效应当体现投入与产出的对比关系；五是绩效应当有一定的可度量

---

① [美] 文森特·奥斯特罗姆、[美] 罗伯特·比什、[美] 埃莉诺·奥斯特罗姆：《美国地方政府》，井敏、陈幽泓译，北京大学出版社2004年版，第186页。

性。① 也有研究认为绩效是效率和效能的总和，其中效率主要是指投入和产出之间的比率，而效能主要是指实际结果与预期成果之间的比较。一个侧重从投入和收益视角进行界定，一个则侧重从目标和结果视角进行界定，两者的绩效在不同场景和情境中有不同的体现。"在行政科学中（不管是公共组织还是私人组织的行政），最基本的'善'就是效率。"② 效率视角也是考察公共服务供给的一个重要维度，已经引起政府部门高度重视。

从不同角度可以将绩效划分为不同类型，根据绩效层面可以将其划分为宏观绩效、中观绩效和微观绩效，宏观绩效主要是指整个部门的绩效，而微观绩效主要是指个体的绩效，中观绩效则是指介于其中的组成机构的绩效；根据时间跨度可以分为近期绩效、中期绩效和远期绩效，近期绩效是指在短期产生的影响，而远期绩效是指经过较长时期产生的绩效，中期绩效则介于其中；根据内容和范围可以将绩效划分为政治绩效、经济绩效、社会绩效，政治绩效主要表现为政府声誉、群众支持度等，经济绩效主要表现为经济增长、财政收入等，社会绩效则主要体现为社会福利水平、公共就业状况等；根据效益方向可以划分为正面绩效和负面绩效，正面绩效是指产生积极影响的绩效，而负面绩效则是指产生消极影响的绩效，一项绩效活动可能既产生正面绩效也同时产生负面绩效；根据人们的认知程度，可以将绩效划分为显性绩效和隐性绩效，显性绩效主要是指可以能够被直接认知和观察得到的绩效，而隐性绩效主要是指由于处于隐蔽状态而无法直接观察得到的绩效，很多政府绩效在短时间内是无法观察得到的，只有通过时间的发酵，一些隐藏的负面绩效才会慢慢释放出来；根据可测量性，可以将绩效划分为可测量的绩效和无法测量的绩效，可测量的绩效是指能够通过成本收入等方式进行测量的绩效，而不可测量的绩效则是指无法将其转化为可读的数字的绩效，政府部门绩效很多都具有不可测量的特征。

---

① 范柏乃：《政府绩效管理》，复旦大学出版社 2012 年版，第 6 页。
② ［美］罗伯特·B. 登哈特：《公共组织理论（第五版）》，扶松茂、丁力译，中国人民大学出版社 2011 年版，第 51 页。

有学者认为绩效手段有八种目的，分别是：评估，即探知机构的绩效水平；控制，即确保下属正在做正确的事情；预算，即决定公共行政人员应该在什么项目和计划上花费公共资金；动力，即激励所有的利益主体，从工作人员到公民，去从事改善绩效所必须的事情；推销，即让上司、政治家、记者以及其他人相信行政人员的机构正在做一件好事情；庆祝，即认可成功；学习，即确定什么有效，什么无效并了解其中的原因；改进，即确定谁应该采取怎样不同的方式提升绩效。[①] 绩效评估主要是指基于一定的事实和证据，有组织地、客观地、系统地对组织及其成员的业绩、能力、态度、习惯、资质等情况进行评定和记录的过程。绩效评估是一个复杂概念，具有一定的情境性，即在不同的情境中绩效评估的特点会有所不同。例如，根据评估目标、评估层次、评估主体、评估对象、评估内容、评估方法等不同，绩效评估的特征也会有所差异。值得注意的是需要区分好绩效评估和绩效管理两个概念，首先，绩效管理是一个包括计划、组织、控制、领导和创新的完整管理过程，而绩效评估只是管理过程中的局部环节；其次，绩效管理侧重信息沟通与绩效提高，而绩效评估则侧重绩效判断和评估；再次，绩效管理侧重管理活动的全过程，而绩效评估只出现在特定时期；最后，绩效管理是一种事先的沟通与承诺，而绩效评估是一种事后的评估。因此，绩效评估的内涵比绩效管理更窄，是绩效管理的一个组成部分。

（二）绩效评估的类型划分

不同视角下绩效评估可以划分为不同类型，从评估机构的地位和性质角度可以划分为内部评估和外部评估，从评估对象角度可以划分为个人绩效评估和组织绩效评估，从评估的目的维度可以划分为评估性评估和发展性评估，从评估组织活动的形式可以划分为正式评估和非正式评估。

[①] [美] 尼古拉斯·亨利：《公共行政与公共事务（第十版）》，孙迎春译，中国人民大学出版社 2011 年版，第 73—74 页。

1. 内部评估与外部评估

内部评估主要是组织内部人员作为评估者完成的评估，而外部评估则是组织外部人员作为评估者完成的评估。内部评估和外部评估各有优劣势，就内部评估而言，评估者对内部情况更加了解，但由于受利益关系的影响，可能导致评估中掺杂个人利益。而外部评估主要是站在第三方角度进行评估，相对客观公正，但第三方评估由于需要重新了解组织情况，可能造成评估成本上升等问题。内部评估和外部评估各有优劣势，在政府绩效评估中往往会同时采取两种评估方式，但外部评估的模式越来越受到地方政府重视。外部评估的创新形式包括委托非营利性组织、学术团体、咨询机构、智囊机构、专业评估公司、大专院校等进行评估，外部评估还可以通过现代互联网、大数据、自媒体等方式进行投票和打分的方式进行。比如万人投票、大众点评、电视问政等都属于外部评估的形式，外部评估具有较强的公信力，但其实施的一个重要前提是需要排除利益因素的干扰，否则也会引发巨大的舆论风波。

2. 个体绩效评估与组织绩效评估

个体绩效评估主要是针对个体的能力、态度、业务等做的评估，而组织绩效评估主要是针对组织的绩效水平所做的评估。个体绩效评估是常见的评估类型，如，对企业员工绩效水平的考核、对政府雇员的服务态度的测评、对基层公务员的心态的评估以及对公务员晋升能力的评价，等等。个体绩效评估因为具体到人、责任到人，因而其评估结果对个体具有较大影响，容易引起个体的重视。近年来，组织绩效评估的应用也越来越多，如基层创新团队建设评估、最具贡献性组织评选、最具协调性团队评估，等等。由于组织绩效在衡量上比个体更加困难，因而对组织的绩效评价相对更加困难。比如，地方政府治理创新中需要评价出最具创新性的基层政府组织，这一评价就会体现出评估的难度，需要考虑评估的层次（社区、乡镇、区县等）、评估的内容（公共服务、社会治理、公共决策、公共安全等）、评估的方法（内外部评估所占的权重、定性还是定量评估等）诸多因素,这样评估的结果才具有公信力。

3. 评估性评估与发展性评估

评估性评估将着眼点放在对被评估对象做出判断上,而发展性评估则将重心放在对被评估对象的潜力挖掘上。评估性评估往往与资源分配、奖金分配、绩效分配等密切挂钩,主要是期望通过基于客观的数据评价来分配资源,保证资源分配的相对公平性。发展性评估则往往与潜力的开发、知识的改进、社会的进步等密切联系,其主要是期望通过绩效评估来发现个体或组织发展中需要重点培养和挖掘的核心关键因素,以达到精准培育和快速发展的目的。两种评估类型的目的差异性,决定了两者不同的评估指标、评估方式和评估应用。在政府部门中,针对个体以评估性评估为主,而针对组织则更多地以发展性评估为主。在进行评估性评估时往往有一套比较正式的制度规则,这可以防止评估过程中的走样,保证最大的公平公正性。评估性评估在某种程度上也是给个体或组织贴标签的过程,因而其结果的公开性和应用程度也需要慎重考虑。

二 公共服务政策变迁中的绩效评估

21世纪以来,我国基本公共服务建设经历了一个逐渐深入发展的过程,尤其是随着社会主要矛盾转换、国际国内形势不确定性增强以及人民生活水平不断提高,基本公共服务的绩效评估着眼点发生相应的重心转移。在"十五"时期和"十一五"时期,基本公共服务的关注点主要集中在可及性层面,即主要关心基本公共服务的数量是否满足基本需要的问题。在"十二五"时期和"十三五"时期,主要关注点开始转移至"均等化"层面,即主要关心基本公共服务在城乡之间、人群之间和地区之间是否大致均等的问题。在"十四五"时期,主要关注点则进一步转移至"获得感"层面,即主要关心人民对基本公共服务供给的整体感受和整体评价。三个阶段的建设重心转移决定了公共服务绩效评估的重心变迁。

(一) 公共服务绩效评估：可及性

在"十五"时期和"十一五"时期，公共服务体系尚未正式建立，国家努力的方向是构建一个基本公共服务体制，这一时期基本公共服务供给的重要任务是达到地区最基本的公共服务需求，尽可能大范围地普及基本公共服务，比如九年制义务教育、基本医疗保险、基本的就业服务、社会救助和社会福利等。这一时期很多偏远地区连最基本的公共服务也无法完全覆盖，或者由于地方政府或基层政府财政上无法支付公共服务配套经费，导致公共服务供给范围压缩或供给数量短缺。这一时期基本公共服务供给整体上呈现以下几个特征：一是数量上的短缺性。1993年分税制改革以来，财权向上集中，事权向下下移，中央与地方之间的基本经济关系没有大的变动，而这一时期基本的公共服务需求不断扩大，尤其是需要地方政府支出的基本公共服务开支不断扩大。在一些偏远地区，随着农业税费的进一步取消，基层政府的财政收入减少，转移支付又无法惠及这些区域，导致基层政府负债运行，不得不减少公共服务供给数量。二是服务上的不到位。基本公共服务供给上还未形成较好的供给体制，容易产生推诿扯皮、"九龙治水"的困境。基本公共服务在支出责任、支出标准和支出主体等方面的制度性建设还不强，导致各地公共服务供给中的标准差异较大，服务上不到位的情况时有发生。三是政府任务重心还未实现实质转移。该时期虽然国家政策开始宣传要注重处理好发展与保护之间的关系，但地方政府的重心仍然落脚于发展当地经济，公共服务方面的建设受到一定程度挤压，影响公共服务供给的整体水平。

这一时期，关于公共服务的绩效评估虽然也有满意度和均等化等方面的评价，但整体而言，其评估的重心主要集中在从数量角度考虑公共服务的可及性，即每个地方是否提供了大致数量的公共服务。该时期的评估主要有以下几个特征：一是从政府绩效评估转向公共服务绩效评估。受国家政策导向影响，这一时期将服务型政府作为行政体制改革的重要目标，政府绩效评估的重心开始转移至公共服务绩效评估。政府绩效评估的范围比公共服务绩效评估的范围更加宽泛，指标种类更加丰富，而公共服务绩效评估的指标相对更加纯粹。公共服务绩效评估也是在这一时期开始逐渐兴起，逐渐受到重视，并且将评估视角从政府侧转向了需求侧。二是注重公共服务投入成本评估。这一时期的公共服务绩效评估主要从财政投入、提供的数量等比较粗糙的角度来评估公共服务供给的基本情况。由于这一时期公共服务供给具有数量上短缺和供给不到位等问题，再加之又处于公共服务评估的早期阶段，因而在公共服务评估上主要侧重公共服务的数量是否达到基本标准，指标设置上也没有追求精致化和个性化。三是缺少专门性的公共服务绩效评估。这一时期专门针对某个具体的公共服务类型进行评估的研究还比较少，公共服务体系还处于待构建的阶段，因此评估侧重于整体上的公共服务供给状况。

（二）公共服务绩效评估：均等化

在"十五"时期和"十一五"时期，公共服务非均等化问题已经开始提出来，但这一时期政策关注的重心是公共服务供给的数量达标问题。随着公共服务供给数量的基本达标以及人们对公共服务要求的不断提高，公共服务均等性受到越来越多的关注。从"十一五"时期到"十二五"时期和"十三五"时期，公共服务供给的政策和实践环境发生了较大变化，这些变化主要体现在以下三个方面：一是从党的十六大提出"统筹城乡协调发展"，到十六届六中全会提出"基本实现公共服务均等化"，再到十七大报告进一步要求"围绕推进基本公共服务均等化和主体功能区建设，完善公共财政体系"。这些都体现了公共服务均等化的要素，在"十二五"规划和"十三五"规划中，推进基本公共服务均等化的政策表述仍然不断受到强调，这说明国家一直在努力推进基本公共服务均等化，但基本公共服务均等化推进依然十分困难，需要凝聚更多力量和资源来予以突破。二是这一时期处于我国经济社会结构深刻转型时期，我国的价值观、社会结构和经济基础等都在无形之中发生了巨大变化，公平、正义、共享等价值观念已经成为社会的主流价值观，民生诉求、以民为本和民间疾苦成为政府部门关注的重点，城乡之间、地区之间和人群之间的各种差距正在慢慢凸显，甚至有些已经引起了剧烈矛盾，这些迫使国家必须关注公共服务均等化议题。三是城乡基本公共服务不均等问题是转型期中国社会治理的关键问题，这一时期表现出的各种社会问题都指向基本公共服务均等化。

该时期公共服务绩效评估受政策导向影响，重心主要集中在公共服务均等化评估方面，具体而言主要有以下几个特征：一是基本公共服务均等化评估指标体系开发呈现白热化趋势。由于受到国家政策因素的影响，这一时期对基本公共服务均等化评估不仅停留在探索阶段，而且开始大量研究和编制基本公共服务绩效评估的指标体系，这些指标体系有些借鉴基尼系数、泰勒系数等，有些则直接构建主观评估指标对基本公共服务充足度、便利度、普惠度和均衡度等进行评价。尤其是2017年国务院印发《"十三五"推进基本公共服务均等化规划》以来，基本公共服务绩效评估的广度、深度和精度进一步加深。二是基本公共服务均等化研究呈现跨学科的趋势。这一时期，基本公共服务均等化成为各个学科研究的热点，除了公共管理学外，经济学、财政学、政治学、社会学、新闻学、法学、金融学等社会学科都对基本公共服务均等化进行了深入研究，不同学科在研究过程中也呈现出不同特点，如财政学、经济学和管理学等学科更加倾向构建一个评估体系对公共服务均等化进行评估，甚至探索作为因变量或自变量的基本公共服务均等化对其他变量的影响或受到哪些因素影响。三是基本公共服务均等化评估的细分领域凸显。这一时期基本公共均等化评估已经细化到基本公共服务的各个类别，"七有两保障"领域的均等化评估基本覆盖，有些研究甚至覆盖到更加精细化的层次。

（三）公共服务绩效评估：获得感

"十三五"时期和"十四五"时期，公共服务的政策重心又发生了逐步

第二章 大都市基本公共服务绩效评估的基本概念

转移,随着我国基本公共服务覆盖面和供给水平的不断提高,以及社会主要矛盾的转换,人们不仅仅关注公共服务获取的数量和质量,更关注公共服务带来的感受或者从公共服务中获取的感受。这相比于第一阶段和第二阶段,对公共服务供给有了更高的要求,其将需求侧的感受纳入政策反馈之中,对公共服务供给提出了更高挑战。早在2015年2月27日,习近平总书记就在中央全面深化改革领导小组第十次会议上强调:"把改革方案的含金量充分展示出来,让人民群众有更多获得感。"[1] 这是首次从政治会议的角度提出"获得感"的表述。2016年习近平总书记在视察重庆时再次强调:"在整个发展过程中,都要注重民生、保障民生、改善民生,让改革发展成果更多更公平惠及广大人民群众,使人民群众在共建共享发展中有更多获得感。"[2] 在随后的多种场合和多种会议中,"获得感"不断受到强调。获得感是一种主观上的感受,但这种主观上的感受是建立在客观的获得即基础之上的,只有个体实实在在地获得了较高质量的基本公共服务,公共服务的需求方才会给出较高的获得感的评价。虽然公共服务均等化也可以从主观和客观两个角度进行评估,但基本公共服务均等化相比于起点均等和结果均等,其更加强调过程的均等,强调过程中的相对剥夺感消除。获得感比均等化的要求进一步提高,其强调服务数量感、服务质量感、便利可及感、服务公平感、服务持续感和服务支持感。总之,近年来,公共服务的获得感逐渐成为政策话语的核心词汇。

受政策导向影响,公共服务绩效评估的重心也在逐渐转移至公共服务获得感评价方面,具体而言主要呈现出以下几个特征:一是不只是单纯关注公共服务的客观绩效评估。由于客观上供给多少数量和质量的基本公共服务与公共服务的个体感受之间的关系不一定具有强相关关系,比如,虽然一个地区的基本公共服务供给数量和质量比较充足,但该地区的个体的公共服务获得感并不强烈。因此,基本公共服务的客观评估只是构成高质

---

[1] 习近平:《习近平谈治国理政》第2卷,外文出版社2017年版,第102页。
[2] 杨宝、李万亮:《公共服务的获得感效应:逻辑结构与释放路径的实证研究》,《中国行政管理》2022年第10期。

量公共服务供给的一个充分非必要条件，公共服务的获得感也十分重要，尤其是在客观获得实实在在的服务基础上的主观感受。近几年，关于公共服务获得感的研究也越来越多，不同研究从不同视角和维度构建了公共服务获得感的评价指标体系。二是将公共服务的绩效评价作为中介变量或调节变量进行分析。随着公共服务绩效评估研究的不断深入，越来越多的研究将公共服务绩效作为中介变量或调节变量进行分析，而不是将公共服务绩效作为因变量进行评估。这些研究的核心目的是发现因果机制，即探索公共服务绩效在这些因果机制中发挥的中介作用或调节作用。三是评估框架受价值导向影响较强。不同目标导向下的公共服务绩效评估的指标体系存在较大差异，评估的结果也呈现分化之势。比如，在公共服务质量、公共服务能力、公共服务均等化、公共服务满意度、公共服务获得感等层面进行的绩效评估会呈现较大差别，但这也从侧面说明公共服务绩效评估的视角、内容和体系更加细化和深化。

三 大都市基本公共服务绩效评估

大都市基本公共服务绩效评估是指基于一定的事实和依据，有组织地、客观地、系统地对具有一定规模人口、密度和功能的城市的基本公共服务的供给情况进行评定和记录的过程。大都市基本公共服务绩效评估在评估对象上的特殊性决定了与其他绩效评估的区别，具体而言，其主要特征体现在以下几个方面。

（一）大都市基本公共服务绩效评估的评估对象

大都市基本公共服务服务绩效评估的评估对象主要是大都市基本公共服务，大都市基本公共服务绩效评估的评估对象决定了大都市基本公共服务绩效评估的特殊性。这种特殊性也是本书区别于其他研究的重要地方，具体主要体现在以下几个方面：一是大都市基本公共服务绩效评估的评估对象是大都市，而不是一般的普通城市。大都市在城市人口规模、人口密度、行政区划、职业构成、城市功能和通勤时间等方面不同于中小城市，大都市的这些特征对公共服务也会产生深刻影响。大都市公共服务环境具有复杂性、公共服务需求具有多样性、公共服务成本具有递增性、公共服务方式具有合作性以及公共服务内容具有精细化特征，这决定了大都市基本公共服务绩效评估会呈现出与普通城市基本公共服务绩效评估上的差异。二是大都市基本公共服务绩效评估的评估对象是基本公共服务，而不是所有公共服务。公共服务至少包括核心基本公共服务、普惠性非基本公共服务和生活服务三大类型，三种类型公共服务表现出不同的基础性、普惠性和公共性特征，国家、市场与社会分别在不同类型公共服务供给中充当不同的角色。本书指向的是基本公共服务，而不是其他类型的公共服务，这决定了评估对象的范围和边界。三是大都市基本公共服务绩效评估的评估对象具有动态性，而不是一成不变的。虽然"大都市"和"基本公共服务"有其明确内涵边界，但两个概念的实际内涵随着社会变迁而不断变动，大都市的标签在不断调整，基本公共服务的边界也在不断调整，因此大都市基本公共服务绩效评估对象实际上也在不断发生微小变动。

（二）大都市基本公共服务绩效评估的评估主体

大都市基本公共服务绩效评估的评估主体具有多元化的特征，即在评估过程中允许不同利益群体站在不同角度对公共服务绩效进行评价，这种主体包容性更加能够反映绩效评估中饱含的价值色彩和多元观点。在大都市基本公共服务绩效评估中涉及三类非常典型的评估主体。一是专家学者。大都市基本公共服务绩效评估涉及一定的专业性问题，这些问题咨询相关专业人士具有较大的参考价值，如大都市基本公共服务指标体系应该覆盖的范围、指标体系构建中的权重确定、绩效评估中的数据处理等。大都市基本公共服务绩效评估涉及的专家学者至少包括两大类，一类是与大都市基本公共服务研究有关的专家学者；另一类是与绩效评估研究有关的相关专业人士。这些专业人士可以是智库机构、研究机构、高校、社会团体、非营利性组织、行业协会等。值得注意的是在咨询多位专家之后可能出现观点相互冲突的情况，这就需要研究者对其进行判断并做出抉择。二是政府官员。政府官员是大都市基本公共服务政策制定和落实的重要实践群体，其对公共服务供给状况和运行困境等都有比较长期的实践观察，因而理解问题时能够看到更多细节和隐藏知识。大都市基本公共服务绩效评价的指标设置、指标权重以及数据搜集等方面都需要征求大都市基层官员的意见和建议，这样可以最大限度避免理论与实践相冲突的局面。三是普通群众。普通群众作为基本公共服务的最终受体，其在某种程度上最有发言权，也最能代表公共服务的需求特征。但在评估过程中要注意适度区分普通群众意见，因为站在其位置的认知可能存在一定局限。

（三）大都市基本公共服务绩效评估的价值取向

大都市基本公共服务绩效评估的价值取向是指导其评估指标体系和评估方法使用的重要引导因素，其不仅在理论上需要具有一定的逻辑支撑，在实践中也要符合现实逻辑，因此大都市基本公共服务绩效评估至少需要满足以下三个方面的要求：一是符合大都市建设的理论逻辑和政策要求。城市规模越大，城市公共服务供给因规模效应带来的公共服务要求越多元。在大都市基本公共服务绩效评估时需要处理好质量与数量、集中与分散、统一与多元之间的关系。《国家新型城镇化规划（2021—2035）》指出要坚持把推进农业转移人口市民化作为新型城镇化的首要任务，存量优先、带动增量，稳妥有序推进户籍制度改革，推动城镇基本公共服务均等化，健全配套政策体系，提高农业转移人口市民化质量。《2022年新型城镇化和城乡融合发展重点任务》进一步指出：鼓励人口集中流入城市，区分中心城区和新区郊区等区域，制定差异化落户政策。这些都是政策的相关要求，需要具体落实到价值取向上去。二是符合基本公共服务建设的理论逻辑和政策要求。公共服务建设与经济发展的推进逻辑不一样，公共服务是"花钱"的逻辑，而经济发展是"赚钱"的逻辑，因而在具体的绩效评价导向上不一致。另外《"十四五"公共服务规划》明确要推进基本公共服务均等化、扩大普惠性非基本公共服务供给以及推动生活服务为公共服务提档升级拓展空间，这些政策要求也要具化到价值导向中去。三是符合绩效评估的理论逻辑和操作要求。大都市基本公共服务绩效评估的价值导向中也要体现绩效评估理论的基本要求，不能违背绩效评估的基本操作要求。

（四）大都市基本公共服务绩效评估的指标体系

大都市基本公共服务绩效评估的指标体系是影响大都市基本公共服务评价结果的重要影响因素，合理的指标体系能够帮助人们认识公共服务供给中存在的问题和矛盾，并基于此给出具有针对性的建设意见。在大都市基本公共服务绩效评估指标体系建设中需要重点注意以下几个问题：一是指标体系建设不能太超前。大都市基本公共服务指标体系建设应该结合当前的实际选择合适的评价指标，这些指标一方面不能太落后；另一方面也不能太前卫。太落后的指标不能反映最新的大都市基本公共服务供给状况，不能起到预测、警示和指导的作用；太超前的指标则可能难以捕捉到当前大都市基本公共服务的实际绩效，起不到监测和预警的作用。二是指标内容建设不能扩大化。由于基本公共服务涉及范围比较大，包含的具体公共服务类型比较多，指标设置也可以从不同层面予以体现，但在指标遴选过程中一定要选择核心指标，而不能将所有指标、所有角度纳入进来。指标需要简洁但具有代表性，能够以最少的指标反映最大范围的大都市公共服务供给状况是最优的选择，因此，指标筛选是一个具有高度复杂性、专业性和智慧性的活动。三是指标结构存在逻辑性。大都市基本公共服务绩效评估的指标体系需要反馈出几个维度的价值理念以及需要体现出几个层次的内在逻辑关系，这些需要提前进行理论设计并反复斟酌。有些指标之间存在内在冲突、有些指标在层次上只能二选一，有些则是不同维度下的同一测量，有些还存在包含关系等。这些指标体系的逻辑关系需要在大都市基本公共服务绩效评估中予以厘清。

(五) 大都市基本公共服务绩效评估的评估方法

大都市基本公共服务绩效评估的评估方法具有多样性，随着绩效评估研究的不断深入，各种各样的评估工具和评估手段不断出现，可以选择的方法也越来越多，但在选择评估方法过程中要坚持以下几个原则：一是绩效评估方法的合适性原则。评估方法的选择一定要与评估目标、评估对象和评估内容相契合。如果盲目采用某种并不与主题相契合的复杂评估方法对其进行评估，则可能起到适得其反的效果，因此，评估目标与评估方法相匹配是开展评估的第一原则。二是绩效评估方法的简洁性原则。越是复杂的评估的对象越应采取简单的评估方法进行评估，简单的评估方法并不意味着评估结果的不准确或者评估信度效度不高。简单的评估方法原理往往简单，操作过程中出现误差的风险较小，收集的数据更加简单直接，这些反而会提高绩效评估的信度和效度。尤其是大都市基本公共服务绩效评估中，由于评估对象的复杂性和评估环境的变动性，采取过于复杂的评估方法，反而容易造成失误。三是绩效评估方法的公正性。评估方法的选择一定要体现公平公正性，评估方法虽然只是一种工具，但其本质受到价值取向的影响，内含着某种"偏见"，一旦采用某种评估方法就意味着可能"偏袒"某一方。因此，在选择具体的评估方法过程中应该全面权衡各种评估方法的优缺点，并在此基础上尽量选择一种能够最大程度上保障公平公正的评估方法。

第三章
大都市基本公共服务绩效评估的价值取向

价值取向是大都市基本公共服务绩效评估的逻辑起点。大都市基本公共服务绩效评估的价值取向直接影响绩效评估指标体系构建和绩效评估结果呈现。价值取向是一种看不见、摸不着的力量，往往被管理者和实践者所忽视，但这只"隐形的手"却在大都市基本公共服务绩效评估中起着重要作用，深刻地影响和制约着基本公共服务供给的发展方向。正如公共行政发展史中的效率与公平价值观的平衡与博弈一样，大都市基本公共服务绩效评估的价值取向也深深地影响着大都市基本公共服务供给的状态和实践。本章首先从理论上明确绩效评估中价值取向确定的意义；其次指出目前绩效评估中价值取向构建的三类实现方法；最后在此基础上明确大都市基本公共服务绩效评估的价值取向。

第三章 大都市基本公共服务绩效评估的价值取向

第一节 绩效评估中价值取向确定的意义

任何绩效评估的开展都是基于一定的目标，而引导这一目标的重要力量就是价值取向。有些价值取向表现较为张扬和明显，有些则表现较为含蓄和隐蔽。价值取向无形中引导着绩效目标的设定，而绩效目标进一步诱导着评估维度和指标体系的构建，指标体系的结构和分布则决定着绩效评估的结果和偏向。绩效评估中的价值取向在一定程度上决定了评估的偏向，也在一定程度上形塑着评价对象的发展方向，更在深层次引导着各种社会关系，因此绩效评估中价值取向确定具有重要的理论和实践意义。

一 价值取向是绩效评估的牵引方向

价值取向对绩效评估具有重要牵引作用，这种牵引作用主要体现在两个方面。一方面，价值取向表现为一定的价值追求和价值倾向，凝结和聚集为一定的价值目标，成为牵引社会行为的重要力量；另一方面，价值取向表现为一定的价值尺度和价值准则，转化和变换为判断事物价值大小的评价标准，成为评价社会行为的重要力量。

（一）作为价值目标的价值取向

价值取向凝结和聚集为一定的价值目标，价值目标则有形或无形地牵引着绩效评估方向的发展，这种牵引具体体现在以下三个方面：一是以目标为中心的牵引。目标价值确定之后，绩效管理的一切活动都围绕该目标进行计划和组织。围绕目标制定绩效评估的指标体系、选择绩效评估的方法、确定绩效指标的权重、配置绩效评估的人员、设立绩效评估的规章制度等。使得绩效管理中的计划、组织、领导、控制和创新等活动都围绕该绩效目标而活动，使得绩效管理中的人员、物资和财政都围绕该绩效目标而流动。最终通过绩效目标的牵引，使得组织系统内的人财物往一个方向发展、往一个着力点上使劲。二是以成果为中心的牵引。价值目标如何反映出来，其中一个较好的方式是通过成果的形式反映出来。正如德鲁克的目标管理理论所强调的：目标的内容应该具体明确，体现出应取得的具体成果。将目标按照成果进行管理的好处至少表现在两个方面：一方面，成果容易衡量、容易观察、容易区分，这样更便于进行比较；另一方面，成果更有目标感、物质感和抓手感，这样更容易找到发力点和着力点。因此，以成果为中心的牵引实际上无形中引导着人财物的有序流动和发展。三是以人员为中心的牵引。目标的实现最终需要依靠人的参与，如果缺少人的参与，则绩效目标很难真正实现。在绩效管理中，目标价值的实现需要动员每一个人员的参与，通过目标系统的设置启迪每一个参与者，激励其成就感、荣誉感和动力感，使其自主发挥能动作用。总之，作为价值目标的价值取向可以通过以目标为中心、以成果为中心和以人员为中心的方式来带动和牵引绩效评估方向的发展。

（二）作为评价标准的价值取向

价值取向转变和幻化为一种评价标准，这种评价标准也在有形或无形地牵引着绩效评估方向的发展，这种牵引具体体现在以下三个方面：一是以评判功能为核心的价值尺度对绩效评估的牵引。评判一件事的性质、一个人的修养以及一个组织的成功都需要依据一定价值标准，缺少价值标准的评判和讨论是缺乏依据的，也是难以让人信服的。价值标准的评判功能决定了价值标准具有一定的引导和牵引功能。在绩效评估中，如果评价的指标体系和评价方式予以确定，则被评估对象的一切活动将自动围绕着这些指标体系和评价方式进行运转，这些指标体系和评价方式成为被评估对象的重要指挥棒。评判具有对结果的决定功能，被评估对象出于对结果的关心，因而也就会跟随评判的价值尺度而行动。二是以参照功能为核心的价值标准对绩效评估的牵引。作为评价标准的价值取向不只是有评判的功能，还有参照的功能。参照功能不同于评判功能，评判功能可以决定绩效结果，而参照功能只能影响绩效结果。参照标准既可以是比较高标准的设置，也可以是达标性的设置，关键是根据被评估对象的特征能够起到引导的作用。虽然参照标准不能决定最终的绩效结果，但其对绩效评估的整个流程具有重要的引导作用。三是以纠偏功能为核心的价值准则对绩效评估的牵引。价值标准还有一个重要的纠正功能，当绩效活动朝着与评价标准相异的方向发展时，价值准则在一定程度上能够提醒绩效评估者调整评估结构，使其与绩效评估的价值方向相适应，以达到纠正绩效评估行为的目标。总之，作为评价标准的价值取向可以通过价值标准的评判功能、参照功能和纠偏功能引导和牵引绩效评估的发展方向。

二 价值取向是绩效评估的核心灵魂

价值取向是一股无形的力量，影响和制约着大都市基本公共服务绩效评估，是大都市基本公共服务绩效评估的核心灵魂，其包含了理性和情感两个方面：一方面，价值理性对绩效评估体系具有型塑作用；另一方面，价值情感对绩效评估行为具有潜在支配作用。

（一）价值理性对绩效评估体系的潜在型塑作用

价值取向作为绩效评估的核心灵魂具有理性价值的意义，这种理性价值使得绩效评估体系能够发挥比较稳定的作用，并以潜在的形式型塑着绩效评估体系，这具体体现在以下三个方面：一是潜在地影响着绩效评估主体。在整个绩效评估过程中，绩效评估主体是直接或间接参与绩效评估的重要个人、团体或组织，他们绝不是绩效信息的简单"观察者"或者"收集者"，而是绩效信息的"加工者"或者"解读者"。绩效评估主体的认知方式、心理特点、情绪态度和价值倾向等都会对绩效评估结果产生强烈的影响。由此，价值理性对绩效评估主体具有重要影响，当绩效评估价值取向与绩效评估主体的价值倾向一致时，绩效评估的价值取向很容易内化为绩效评估主体的价值结构；而当绩效评估价值取向与绩效评估主体价值倾向不一致时，则会通过理性权衡引导绩效评估主体调整其价值倾向。二是潜在地影响着绩效评估的指标体系。价值取向潜在地影响着绩效评估指标体系的遴选和构建，使得价值倾向以一种有形的或无形的方式嵌入到评估指标体系之中，进而引导着绩效评估活动。在绩效指标遴选过程中，符合价值取向的绩效指标则优先遴选或者赋予较高的指标权重，而不符合价值取向的绩效指标则可能被剔除。三是潜在地影响着绩效评估方法。绩效评估方法也是绩效评估体系的重要组成部分，价值取向对绩效评估方法也具有潜在的影响。不同的价值取向决定了不同绩效评估方法的使用，比如，自上而下的评估方法和自下而上的评估方法背后就隐藏着不同的价值取向。总之，价值理性通过对绩效评估主体、评估指标和评估方法的影响潜在地型塑着绩效评估体系的结构。

（二）价值情感对绩效评估行为的潜在支配作用

价值取向作为绩效评估的核心灵魂还具有情感价值的意义，这种情感价值使得绩效评估行为充满感官色彩，并潜在地支配着绩效评估行为，具体体现在以下几个方面：一是对绩效评估创新的潜在影响。富含价值情感的价值取向对绩效评估改革创新具有重要影响，当某种价值情感得到社会高度认同，并且与社会大众产生高度共鸣，那么这种价值情感就会对绩效评估创新产生重要影响。绩效评估改革创新总是遵循淘汰落后的、过时的、不符合社会主流价值倾向的价值取向，融合和吸收先进的、科学的、与社会主流价值旋律相吻合的价值取向。在绩效评估改革创新中，新的评估制度的建立、新的评估指标的设置以及新的评估标准的构建等都无形中受到主流价值情感的影响，只有这样的绩效评估制度才是真正具有生命力的绩效评估制度。二是对绩效评估激励的影响。价值情感也会对绩效评估中的激励行为产生影响,当价值情感符合主流社会价值取向时,则这种绩效行为在绩效评估整个流程中会受到鼓励和支持,如果价值情感与主流价值观不符合时,则相应的绩效行为在绩效评估中会受到抑制和制约。价值情感是绩效评估激励机制的晴雨表,其对绩效评估激励机制具有很强的敏感性。三是对绩效评估文化的影响。价值情感还会对绩效评估文化产生深刻影响,当绩效管理体系中认同某一价值情感则绩效评估系统会自动识别和吸纳具有相应情感气质的文化价值,并将这些文化价值塑造为整个评估系统的主流文化。总之,价值情感通过绩效评估创新、绩效评估激励和绩效评估文化深刻地支配着绩效评估行为。

三 价值取向是绩效评估的深层结构

价值取向对大都市基本公共服务绩效评估的深层隐性结构和深层显性结构具有重要影响,在某种程度上甚至决定了大都市基本公共服务绩效评估的深层结构。[①] 一方面,价值取向塑造着显性的绩效评估制度结构;另一方面,价值取向支配着隐性的绩效评估文化。价值取向影响着绩效评估制度性和非制度性的层面。

(一) 价值取向对显性制度结构的塑造

正式制度是绩效评估深层结构的重要体现,价值取向在很大程度上塑造着这种制度结构,影响着绩效评估制度的建设和发展,具体体现在以下三个方面:第一,对绩效考评目标的影响。绩效考评的目标主要有两个作用,一是明确绩效考评最终要达到的目标。第二,评估绩效结果与绩效目标的差距。价值取向在很大程度上影响着绩效目标的设定,价值取向反映着绩效评估需要实现的价值目标、需要达到的状态以及需要达到的满意度。绩效目标又在很大程度上影响着绩效行为的反馈、绩效制度的调整和绩

[①] 彭国甫:《价值取向是地方政府绩效评估的深层结构》,《中国行政管理》2004年第7期。

目标的改进。因此，价值取向对绩效目标的设定具有重要影响，在很大程度上型塑着绩效评估的目标结构。二是对绩效考评内容的影响。绩效评估内容主要反映在绩效评估指标上，绩效评估指标并不是随意设定的，绩效评估指标受一定的价值取向引导和制约，同时指标体系本身的内容和结构也反映着价值取向的要求。价值取向不仅决定了绩效评估指标体系的构成，而且在指标体系的层次结构和权重分配方面也有重要影响。由于考评内容的变化直接牵扯到目标结构和程序流程，因此价值取向对绩效考评内容的影响在整个制度结构影响中居于核心地位。第三，对绩效考评程序的影响。程序上的先后顺序、节点设置和条件设置等都饱含着价值取向的影响，绩效评估程序的变化对考评结果和考评系统具有重要影响，在程序设计的每一个细节上都能体现价值取向的影响，而这种程序流程的塑造也是一种显性制度结构的塑造，是受价值取向支配和影响的。总之，价值取向通过对绩效考评目标、绩效考评内容和绩效考评程序深深地影响着绩效评估的显性制度结构。

（二）价值取向对隐性制度结构的支配

隐性制度也是绩效评估深层结构的重要体现，价值取向也在很大程度上塑造着这种制度结构，影响着绩效评估的发展方向，具体体现在以下几个方面：一是道德标准的影响。道德标准不同于法律制度、村规民约和制度协议等，而是一种没有明文规定但大家又不得不遵守的规则。如果要具体指出这种道德标准到底是什么，这从技术层面很难实现。道德标准只是在社会群体中的一个大致底线，而这条底线会随着具体的社会情境变化而变化，因此道德标准的具体形式很难确定，更难以通过文字的形式予以明确，但其又是实实在在存在的一种制度。它就像隐形的枷锁，束缚着各种不道德、不文明的行为。价值取向实际上对这种道德约束具有重要影响，在绩效评估过程中，评估主体必须遵守这种道德标准，否则可能引发评估失败的风险。二是潜规则的影响。潜规则是一种看不见、摸不着、没有明文规定的规则，但这种规则又为广大群众所接受或遵从。价值取向明确了一些正式的制度行为，但同时可能也在无形之中明确了若干潜规则。这些潜规则不易用文字表达出来，却深深地影响着绩效评估行为，甚至成为绩效评估中隐藏的深层制度结构。三是非正式制度的影响。非正式制度则是指那些没有用正式的文字或形式表达出来的制度，是那些私下达成的或约定俗成的制度。价值取向在很大程度上型塑着这样的非正式制度，囿于制度制定的成本，很多非正式制度以非正式的形式产生作用，节约了正式制度设立的制度成本，进而产生了较大的便利性，但这种非正式制度也影响着隐性制度结构的形成。总之，价值取向通过对道德标准、潜规则和非正式制度的影响进而深深地重塑着绩效评估的隐性制度结构。

第二节 绩效评估中价值取向的实现方法

价值取向只有通过一定的方式和手段转化为绩效评估框架，其影响才能在绩效评估中真正得以实现。由于价值取向既可以通过比较显性的方式得以实现，也可以通过比较隐蔽的方式得以实现，因而在价值取向转化过程中会呈现多种选择。价值取向转化的成功与否也直接决定了绩效评估的效果和质量，因为价值取向转化的评估框架质量直接传导到后续的绩效评估全流程。价值取向转化就如地基的建设，地基建设不牢固，后续的砖瓦堆砌很难有质的超越。在公共服务绩效评估中，价值取向如果不能客观、正确地转化为评估框架，则可能导致绩效评估价值扭曲的现象，比如人本主义价值缺失、公共利益导向偏差、公平正义原则扭曲等，这些扭曲行为直接影响评估结果的准确性和权威性。从另一个角度而言，价值取向也反映了一定的立场和站位，公共性、全局性和人民性等是公共服务绩效评估的基础取向，效率性、效能性和效果性等是公共服务绩效评估的生存取向，可及性、满意度和获得感等是公共服务绩效评估的发展取向。绩效评估需要通过一定的方式和手段来实现这些站位和目标。价值取向实现的方式和手段有很多，但大致可以归为三大类，分别是理论模型视角、方法复制视角和自主构建视角的方法和手段。理论模型视角强调基于广为共识的理论模型来确定绩效评估的价值取向，方法复制视角强调基于某种特定结构的评估方法来确定绩效评估的价值取向，而自主构建视角强调基于政策、理念和目标等导向自主构建一个模型来确定绩效评估的价值取向。三种方式和手段不仅包含了丰富的价值取向，而且这些方式和手段可以与具体的价值理念相结合创造性地发展出指向性更强的评估框架。

一　理论模型视角

理论模型视角强调通过广为共识的理论模型来确定绩效评估的价值取向。理论模型一般是基于比较成熟的理论构建起来的评估维度，这些维度按照一定的逻辑结构和理论原理组合在一起，形成一定的价值结构和价值倾向。因此，基于理论模型来构建评价维度实际上就已经选择了绩效评估的价值倾向，因为理论模型本身是通过实践和理论论证而构建起来的饱含价值目标的维度组合。比如4E价值模型是绩效评估中常用的价值维度，这里的4E分别是指经济（Economy）、效率（Efficiency）、效果（Effectiveness）和公平（Equity）。再如顾客满意度指数模型（CSI）是目前公共服务绩效评估中广为采用的一种模型，虽然通过几十年的不断改进和升级，但该模型的主要核心维度仍然被广泛认可。还比如物理—事理—人理的系统方法论（Wuli-Shili-Renli system approach，WSR）是中国科学院数学与系统科学研究院顾基发研究员在1994年访问英国霍尔大学时与朱志昌博士共同研讨提出的一种东方系统方法论。这些都是基于一定的理论共识来确定绩效评估价值取向的。

二 方法复制视角

方法复制视角强调基于某种特定结构的评估方法来确定绩效评估的价值取向。特定结构的绩效评估方法一般蕴含了特定的价值结构和价值倾向，任何方法的设计都是基于一定理论基础，而任何理论的发展都具有一定的价值倾向。工具与价值本身很难进行分割，价值的实现需要依托一定的工具，而工具的操作必定蕴含着内在的价值倾向，因此，在绩效评估中复制某种评估方法实际上就是在复制某种价值取向，使用某种方法也就意味着在某种程度上对方法中蕴含的价值取向的认同。绩效评估的定性评估方法主要帮助确定评估的价值维度，目前已经有大量的评估方法，如平衡计分卡、标杆管理和360度反馈评估法等。平衡计分卡的四个评估维度实际上是绩效评估的一个战略性评估框架，更是绩效评估的一种价值取向；标杆管理的核心思想是通过持续地、系统地、全面地将企业流程与世界上居于领先地位的企业进行比较，以获取帮助企业改善经营绩效的关键信息；360度反馈评估方法的核心思想是从不同层面的人员中收集评估信息，从多个视角对被评估对象进行综合反馈，以帮助被评估者及时认清自己、改变行为和提高绩效。

三 自主构建视角

自主构建视角强调基于政策、理念和目标等导向自主构建一个模型来确定绩效评估的价值取向。由于绩效评估出于各种目的，既有的理论模型和方法模型很难满足绩效评估的各种需求，因而很多时候需要研究者或实践者根据自身要求自主构建评估框架开展绩效评估。评估框架和评估体系构建的过程实际上就是价值取向的一个遴选过程。目前，自主构建绩效评估框架的模式主要有政策导向型、理念导向型和目标导向型。绩效评估价值取向确定的政策导向型自主构建方法主要是指在国家政策或地方政策的引导下而构建起来的绩效评估维度或评估指标体系。绩效评估价值取向确定的理念导向型自主构建方法主要是指在某种主导的价值理念引导下而构建起来的绩效评估维度或评估指标体系。绩效评估价值取向确定的目标导向型自主构建方法主要是在某种目标导向的牵引下而构建起来的绩效评估维度或评估指标体系。

第三节 大都市基本公共服务绩效评估的价值取向选择

城镇化是未来社会发展的必然趋势,是与全球化、信息化、数字化并行的世界自然趋势,也是现代化的重要标志,更是人们实现美好生活的重要路径。大都市处于城镇化建设体系的最高层,在国家建设和社会治理中处于重要核心地位,大都市的系列问题不仅牵扯到都市本身的生存与发展,而且还与农村治理与发展紧密相关。随着城乡要素流动加速,城乡之间的依存度和紧密性也不断提高。在很长一段时间内,我国城市发展偏重于增长的"硬性部分",而忽视了服务的"软性部分",进而诱发了一系列问题。党的十八大报告中明确提出新型城镇化的发展路径,党的二十大报告再次提出要通过新型城镇化战略促进高质量发展。新型城镇化战略强调以人为核心,推进农业转移人口市民化,稳步推进城镇基本公共服务常住人口全覆盖[1],进而推动城乡公共服务均等化和高质量发展。基本公共服务是大都市高质量发展的重要保障,对大都市基本公共服务进行绩效评估是掌握大都市公共服务供给基本情况的重要抓手,也为进一步促进大都市高质量发展提供依据,进而实现补短板、强弱项、堵漏洞。大都市基本公共服务绩

---

[1] 高红、黄恒学:《新型城镇化视域下公共服务治理模式研究》,《中国行政管理》2015年第7期。

效评估的价值取向选择是一个复杂的筛选过程，其不仅要符合大都市发展的基本规律要求，而且要符合基本公共服务供给的整体要求，还要满足绩效评估的可行性要求，更要符合服务国家重大战略能力的要求。基于以上考虑，本书认为大都市基本公共服务绩效评估的价值取向应该向着共同富裕、人民至上和均衡可及的方向发展。

一 共同富裕的价值取向

共同富裕是社会主义的本质规定和奋斗目标，包含着生产力和生产关系两方面特质，"共同"主要反映了富裕的实现范围，而"富裕"则主要反映了生活丰裕的程度。共同富裕不是同时富裕、同步富裕或同等富裕，其要允许一部分人先富起来，先富带动后富，从而逐步实现共同富裕。共同富裕是物质生活和精神生活的全面富裕，我国已经全面建成小康社会，物质生活得到大幅度改善，精神生活将占据更重要位置。大都市基本公共服务建设是满足人们物质和精神生活的重要基础，要实现共同富裕就必须供给好大都市的基本公共服务，因此大都市基本公共服务绩效评估需要坚持共同富裕的价值取向。

（一）服务均等化的必然要求

党的十九大报告中明确指出：从 2020 年到 2035 年人民生活更为宽裕，中等收入群体比例明显提高，城乡区域发展差距和居民生活水平差距显著缩小，基本公共服务均等化基本实现，全体人民共同富裕迈出坚实步伐。2021 年 8 月中央财经委员会第四次会议对共同富裕问题进行了专门研究，再次强调把促进基本公共服务均等化作为扎实推进共同富裕的重要任务。基本公共服务均等化是指全体公民都能公平可及地获得大致均等的基本公共服务，其核心是促进机会均等，重点是保障人民群众能够得到基本公共服务机会，而不是简单的平均化。基本公共服务均等化要促进城乡、人群和区域之间的公共服务均等化，而大都市基本公共服务是城乡、人群和区域之间公共服务均衡的重要影响变量，因而共同富裕导向下的基本公共服务均等化应该重点覆盖大都市基本公共服务。享有基本公共服务是公民的基本权利，保障人人享有基本公共服务是政府的重要职责。大都市基本公共服务均等化有助于促进社会公平正义、增进人民福祉和推进共建共享共荣，而这些必然指向共同富裕。

（二）高质量发展的内在要求

高质量发展是全面建设社会主义现代化国家的首要任务，高质量发展的重心既在于坚实的物质技术基础，也需要强有力的"软实力"做支撑，而"软实力"的典型体现便是基本公共服务。高质量发展的最终指向是实现共同富裕，没有共同富裕的高质量发展也将失去发展的意义。高质量发展是推动经济社会建设不断向高级形态迈进的过程，在过去几十年中，我国经济社会发展主要通过粗放的形式实现财富积累和社会发展，但这种粗放的发展道路带来的发展具有极大的风险隐患，因此要推动共同富裕就必须坚持走高质量发展道路。高质量发展不仅是化解未来风险的重要方式，而且是降低社会成本的重要方式，更是共同富裕走向高级阶段的内在要求。在全面建设小康社会阶段，我们重点解决的是量的问题，而现在我们已经全面建成小康社会，完成了脱贫攻坚的基本任务，国家进入全面建设社会主义现代化阶段，这要求我们更加注重质的提升。实现共同富裕的高级阶段需要推动高质量发展，推动高质量发展要求城市政府提供高质量的公共服务，而城市高质量的公共服务建设的重点是大都市基本公共服务。

（三）治理共同体的建设要求

党的二十大报告中明确指出要建设人人有责、人人尽责、人人享有的社会治理共同体。社会治理共同体是实现共同富裕的重要保障，这种保障主要体现在三个层面：一是社会治理共同体有助于保障社会和谐安定，进而为共同富裕提供外部环境支持。社会治理共同体是对共建共治共享社会治理制度的健全,其强调通过社会沟通、深化协商、创建共识、弱化争议来解决社会矛盾,进而促进社会和谐,为共同富裕提供保障。二是社会治理共同体强调人民的积极参与,进而为共同富裕提供人员参与支持。社会治理共同体注重人民的表达、人民的反馈、人民的知情、人民的监督、人民的参与,强调通过人民的参与将制度优势转化为治理效能,进而为共同富裕提供群众参与基础。三是社会治理共同体注重成果的共有共享,进而为共同富裕提供了分配机制支持。社会治理共同体注重人民所需所盼,注重"七有两保障",推动发展成果惠及全体人民,这也为共同富裕提供了分配保障。社会治理共同体建设是实现共同富裕的重要选择,而这种选择需要以基本公共服务为载体,尤其是以大都市基本公共服务供给为重要依托。

二 人民至上的价值取向

党的十九大报告中明确指出:"全党必须牢记,为什么人的问题,是检验一个政党、一个政权性质的试金石。带领人民创造美好生活,是我们党始终不渝的奋斗目标。必须始终把人民利益摆在至高无上的地位,让改革发展成果更多更公平惠及全体人民,朝着实现全体人民共同富裕不断迈进。"党的二十大报告中再次指出:"我们要实现好、维护好、发展好最广大人民根本利益,紧紧抓住人民最关心最直接最现实的利益问题,坚持尽力而为、量力而行。"这说明中国共产党始终将人民的利益放在首位,始终把为人民谋幸福作为第一任务,始终把人民群众对美好生活的向往放在中心位置。大都市基本公共服务绩效评估中也应该秉承这种价值取向,始终将人民至上作为大都市基本公共服务绩效评估的重要价值取向。

(一)以人民为中心的价值体现

治国有常,利民为本。习近平总书记指出:"要坚持把人民群众的小事当作自己的大事，从人民群众关心的事情做起，从让人民群众满意的事情做起，带领人民不断创造美好生活。"① 坚持以人民为中心的发展思想，是党的奋斗历程和实践经验的深刻总结。人民是决定党和国家前途命运的根本力量，必须始终坚持一切为了人民、一切依靠人民，必须永远保持同人民群众的血肉联系。江山就是人民、人民就是江山。在迈步新的征程，我们要坚持把人民拥护不拥护、赞成不赞成、高兴不高兴、答应不答应作为衡量一切工作得失的根本标准。以人民为中心的发展思想不只是停留在口头上的一个抽象、玄奥、务虚的概念，其还体现在增进民生福祉和人民生活品质的公共服务建设上。大都市基本公共服务供给是保障人民基本生活的重要基础，也是人民追求美好生活的基本保障，更是幸福感、安全感和获得感提升的重要依托。因此，大都市基本公共服务绩效评估应该始终坚持以人民为中心的价值取向，在绩效评估主体构建、指标设置、权重赋予和评估方法等方面体现更多以人民为中心的价值理念。

（二）中国式现代化的必然选择

中国式现代化是人口规模巨大的现代化，是全体人民共同富裕的现代化，是物质文明和精神文明相协调的现代化，是人与自然和谐共生的现代化，是走和平发展道路的现代化。在这五个"现代化"中，人的因素处于核心地位。我国人口规模巨大，尤其是大都市人口集中，如何处理好人口规模巨大的现代化是中国式现代化的重要内容。一部分人先富起来，先富带动后富，进而实现全民共同富裕，这也是中国式现代化必须面对的内容。我国社会主要矛盾发生转变，人民物质生活得到质的改善，而精神生活需求也不断增加，这就必须处理好物质文明与精神文明协调的现代化问题。过去的发展是以牺牲环境为代价的粗放式发展，生态环境遭到破坏，影响人与自然和谐相处，因而人与自然和谐共生也是中国式现代化的重要内容。

---

① 习近平：《决胜全面建成小康社会 夺取新时代中国特色社会主义伟大胜利——在中国共产党第十九次全国代表大会上的报告》，群众网，2017 年 10 月 18 日，http：//www.qunzh.com/pub/jsqzw/xxzt/xysjdjsxjs/tt_1995/201711/t20171101_34846.html，2023 年 8 月 28 日。

中国式现代化强调围绕人的活动、人的利益、人的参与、人的需求和人的发展而促进人类文明新形态。因此，中国共产党在团结带领全国各族人民全面建成社会主义现代化强国的过程中必然坚持人民至上的价值理念，在推动大都市基本公共服务高质量的现代化发展中也必然坚持人民至上的价值理念。

（三）人民主体地位的应有之义

党的二十大报告中指出：必须坚定不移走中国特色社会主义政治发展道路，坚持党的领导、人民当家做主、依法治国有机统一，坚持人民主体地位，充分体现人民意志、保障人民权益、激发人民创造力。坚持人民主体地位要扩大人民政治参与、推动协商民主、发展基层民主，让人民群众在各项事务中真正做到当家做主。以人民为中心就是要激发群众的积极性、主动性和创造性，让其在社会主义建设中发挥主人翁的作用。在大都市基本公共服务绩效评估中，一方面，要充分发挥人民群众的作用，让其充分参与到绩效评估的全过程；另一方面，要对人民群众的公共服务需求做出客观的判断和评估，充分尊重人民群众的需求，这样才能充分发挥人民主体地位的作用。大都市基本公共服务供给具有复杂性特征，需要城市政府在供给公共服务过程中充分征求人民群众的意见、调查人民群众的需求、让人民群众进行自我决策、让人民群众进行充分协商、让人民群众进行自我监督，这样才能体现人民的主体地位，才能真正实现以人民为中心。总之，全过程人民民主是最广泛、最真实、最管用的民主，其也应该在大都市基本公共服务绩效评估中予以体现。

三　均衡可及的价值取向

党的二十大报告中明确指出：着力解决好人民群众急难愁盼问题，健全基本公共服务体系，提高公共服务水平，增强均衡性和可及性，扎实推进共同富裕。党的十八大以来,我国公共服务体系经历了两个五年计划的建设,基本已经形成了比较健全的基本公共服务体系,基本公共服务已经能够覆盖绝大部分地区和人群。《"十四五"公共服务规划》也明确指出要扎实推动公共服务高质量发展。未来五年乃至更长时期应该坚持公共服务供给的均衡可及的价值取向,即公共服务供给既要注重均衡性又要注重可及性。大都市公共服务供给比乡村公共服务供给更加复杂,只有在供给公共服务过程中坚持均衡可及的价值取向,才能最大程度地增强人民的获得感、幸福感和安全感。

(一) 美好生活向往的必然要求

1981年,党的十一届六中全会指出:在社会主义改造基本完成以后,我国所要解决的主要矛盾,是人民日益增长的物质文化需要同落后的社会生产力之间的矛盾。当时的主要任务是发展生产力,尤其是在十一届三中全会以后,我国进入改革开放时期,经济发展受到高度重视。经过40多年的发展,我国物质文化发展飞速,社会主义主要矛盾已经发生转化。2017年党的十九大报告中强调:中国特色社会主义进入新时代,我国社会主要矛盾已经转化为人民日益增长的美好生活需要和不平衡不充分的发展之间的矛盾。实现人民对美好生活的向往,关键在于维护好、保障好、发展好人民的根本利益,在于要抓住人民最关心的问题、人民最急难愁盼的问题和最惠民生暖民心的问题,并帮助人民解决好、处理好这些问题,而解决和处理这些问题最大的依托就是基本公共服务的供给。基本公共服务关乎民生、连接民心,是人民权利实现的最基础、最重要和最根本的保障,因此大都市基本公共服务绩效评估应该重点聚焦是否同时兼顾了公共服务配置的宏观效率和微观效率,是否兼顾了基本公共服务供给的广度、深度与温度,是否实现了基本公共服务的均衡可及。

(二) 全民共建共享的内在要求

全民共治共享是强调政府、市场和社会的力量共同参与进来为实现公共利益、公共价值和公共目标而共同努力。"全民"主要是指由政府、社会和市场多元主体建立起来的治理结构；"共治"主要是指多元主体通过协商、参与、对话等方式形成的治理机制；"共享"则主要强调社会治理共同体共享公共利益、公共价值和公共精神等成果。由此可见，"全民"是治理的主体，"共治"是治理的方式，而"共享"是治理的目标。在大都市基本公共服务供给中也需要坚持全民共建共享的理念，传统上认为公共服务供给是政府部门的任务和职责，社会力量和市场力量在其中的作用并不突出，随着《"十四五"公共服务规划》将公共服务划分为基本公共服务、普惠性非基本公共服务和生活服务三大类，政府、市场和社会分别可以在不同类型公共服务中发挥作用。公共服务的供给并不只是政府的责任，其他社会力量和市场力量也应该承担相应的责任，在公共服务体系中明确其位置并发挥其作用，比如，大型企业应该承担相应的企业社会责任、社会组织应该发挥承接政府公共服务的重要职责等，只有这样，公共服务的供给才能真正实现均衡性和可及性。

（三）提质增效致远的本质要求

党的十八大以来，我国基本公共服务供给取得了长足进步，城乡区域基本公共服务均等化水平不断提高、公共服务供给保障能力全面提升、生活服务快速发展、人民生活得到显著改善。"十四五"时期是我国全面建成小康社会、实现第一个百年奋斗目标之后，乘势而上开启全面建设社会主义现代化国家新征程、向第二个百年奋斗目标进军的第一个五年。人民群众对美好生活的需要、对公共服务体系的要求、对公共服务供给的质量有了更高层次的要求。公共服务体系提质增效、提档升级、提标扩面的关键在于处理好基本公共服务的均衡性和可及性，均衡性和可及性的提升是公共服务质量改善的典型标志，更是人们对基本公共服务获得感和幸福感的重要反映。大都市基本公共服务绩效评估也应该坚持均衡可及的价值理念，以此为突破口推动大都市基本公共服务高质量供给和高质量发展。

第四章
大都市基本公共服务绩效评估的方法选择

为了科学地评估大都市基本公共服务绩效，提高评估结果的可靠性和有效性，大都市基本公共服务绩效评估必须选择一种合理的评估方法。目前，在公共服务绩效评估领域已经出现了十多种绩效评估方法，如主成分分析法、聚类分析法、熵权法、熵权 TOPSIS 分析法、数据包络分析、层次分析法、模糊综合评价法、因子分析法、行为量表法、BP 神经网络分析法、SOM 神经网络分析、基尼系数法、泰尔指数法、赫希曼指数法、变异系数法、洛伦兹曲线法等。每种方法都有其特点和优劣，在选取绩效评估方法的过程中并不是越前沿或越复杂的方法越好，而应该坚持合适性、简洁性和准确性三个基本原则。本章将首先介绍公共服务研究领域常用的三种基本评估方法；其次重点介绍本研究选择的层次分析方法的基本步骤；最后分析层次分析方法应用于大都市基本公共服务绩效评估领域的契合性。

第四章 大都市基本公共服务绩效评估的方法选择

第一节 大都市基本公共服务绩效评估的基本方法

绩效评估的方法种类很多，各有侧重。由于不同评估方法在绩效评估不同流程和环节具有各自的特点和优势，因此全面了解各种基本方法的特点和优劣是准确选择合适的绩效评估方法的重要前提。在绩效评估操作过程中，当价值取向确定之后，重要的步骤就是运用合适的方法选择评估的指标体系、对指标体系进行赋权以及对结果进行呈现和分析。每一个步骤都有多种方式可以实现，但在具体选择过程中要根据相应的特点和情境进行选择。本部分将对指标筛选、权重赋予和评价汇总三个环节的定量评估技术进行简要介绍，并重点介绍每个环节的一种基本的绩效评估方法。

一 指标缩减：主成分分析法

在绩效评估的价值维度确定之后，第二步就是根据价值维度对指标进行筛选和构建。在指标收集过程中，为了尽可能避免错过重要的关键指标，一般在粗筛时会对所有相关的指标进行全面筛选，这可能导致在第一轮指标收集之后，指标的数量非常多，可能超出了绩效评估方法的规定要求。收集的这些指标虽然很多，但有可能携带的信息并不都是一样有价值，有些指标的价值可能比较大，而有些指标的价值则可能比较弱，因而为了尽可能以较少的指标反映数据的更多有用的信息，就需要对指标进行缩减。[1]绩效评估中用于指标缩减的方法有很多，如主成分分析法、聚类分析法、因子分析法等。主成分分析法（Principal Component Analysis，PCA）是常用的缩减指标的方法，由英国著名心理学家、统计学家斯皮尔曼（Chales

---

[1] 卢纹岱主编：《SPSS 统计分析（第 4 版）》，电子工业大学出版社 2010 年版，第 472—500 页。

Spearman）于 1904 年发明，它是将多个变量通过线性变换以选出较少个数重要变量的一种多元统计方法。在科学研究中往往需要对反映事物的多个变量进行大量观测，收集大量数据进行分析寻求找规律。多变量、大样本无疑可以提供丰富的数据信息，但也在一定程度上增加数据采集和分析的复杂性，因为许多变量之间可能存在相关性。如果单独分析某个指标，分析又是孤立的，不是综合的。盲目删减指标容易导致信息损失，进而得出错误结论，因此需要寻找一种方法能够在减少指标的同时减少信息的损失。主成分分析法试图考虑各个指标之间的关系，利用降维的思想把多个指标转换为较少的、互不相关的综合指标，进而使整个研究变得简单。

二 权重确定：熵权 TOPSIS 法

绩效评估中确定指标权重的方法有很多，包括熵权法、层次分析法、熵权 TOPSIS 法等。熵权 TOPSIS 法本质上是两种方法的有机结合，可以避免单独使用一种方法时各自的缺陷，更好地发挥两种方法的优点。在绩效评估中指标确定后的工作就是要明确各指标相对于总目标之间的关系，只有厘清这层关系才能进行合理的绩效评估，而厘清这层关系本质上就是要确定好各指标的权重。熵权法是多指标综合评价中指标赋权的一种常用方法，该方法基于已有的数据信息进行客观计算，避免了指标权重分配过程的主观性。熵权法主要是利用信息熵这一概念进行操作，信息熵由 Shannon 在 1948 年提出的，主要反映了系统的无序程度。有效利用该理念可以消除不确定性，保证结果更加客观有效。[1] 一般而言，指标值的变异程度越大，信息熵则越小，说明该指标提供的信息量越大，该指标的权重也就应该越大；而如果某项指标值变异程度小，信息熵就越大，该指标提供的信息量就越小，指标的权重也就越小。熵权法主要是利用在客观条件下，由各评

---

[1] 任亮、张海涛、魏明珠、李题印：《基于熵权 TOPSIS 模型的智慧城市发展水平评价研究》，《情报理论与实践》2019 年第 7 期。

估指标的监测值所构成的判断矩阵来确定指标权重，避免了各因子赋权的主观性，因而评估结果能较好地反映客观情况。TOPSIS 分析方法（Technique for Order Preference by Similarity to Ideal Solution）的全称是逼近于理想值的排序方法，在 1981 年由 Hwang 和 Yoon 提出，主要适用于多指标、多方案进行比较选择时的情境。[①] TOPSIS 法又被称为双基点法，其通过构造多指标问题的正理想解（设想各指标都达到最满意的解）和负理想解（设想各指标都达到最不满意的解），并以靠近正负理想解两个基点作为评估各方案的依据。

三　绩效评价：数据包络分析

数据包络分析法（Data Envelopment Analysis，DEA）是美国著名运筹学家查恩斯（A. Charnes）于 1978 年提出来的用于评价具有多个投入和多个产出的一组决策单元（Decision Making Unit，DMU）的相对效率的评估方法。[②] DEA 是一种非参数化的评价方法，主要依赖线性规划技术来评估不同决策单元之间的相对绩效。DEA 以相对效率概念为基础，主要用于评价具有相同类型的多投入和多产出的决策单元是否有效。DEA 的基本原理是：把每一个被评价单位作为一个决策单元，再由众多决策单元构成被评价群体，在保持决策单元的输入和输出不变的基础上，借助数学规划和线性代数确定相对有效性的生产前沿面，并通过比较决策单元偏离决策前沿面的程度来评价它们的相对有效性。DEA 评价有两种导向：一种是投入导向，强调在产出水平既定的情况下每项要素的投入成本最小；另一种是产出导向，强调在既定的要素投入下每一项产出值最大。由于采用不同导向进行评价时，即使被评价的决策单元在同一参考集，评价结果很可能也不同，甚至

[①] 纪江明：《我国城市公共服务满意度指数研究——基于熵权 TOPSIS 法的分析》，《国家行政学院学报》2013 年第 2 期。

[②] 杨林、许敬轩：《基于 DEA 模型的山东省公共服务财政效率评价研究》，《中国海洋大学学报》（社会科学版）2013 年第 4 期。

得出结果差异较大的结论,因而采用 DEA 方法进行评价的时候一定要选择恰当的模型进行评价。总体而言,DEA 方法和 TOPSIS 方法、主成分分析法等不一样,其不需要预先估计参数,在避免主观因素、简化运算和减少误差方面具有不可低估的优越性,近年来在越来越多的领域受到重视。具体而言,第一,在涉及多维投入指标和产出指标时,分别进行加总的效率计算方式容易造成信息损失,而 DEA 方法可以弥补该缺陷。第二,多维投入指标和多维产出指标之间可能并不服从一定函数关系,而 DEA 方法采用线性规划方法求解,不需要设定函数形式,正好可以弥补该不足。

第二节 层次分析法评估的理论原理与基本步骤

层次分析法(Analytic Hierarchy Process,AHP)是美国著名运筹学家、匹兹堡大学教授 T. L. Saaty 在 20 世纪 70 年代中期提出的一种决策方法。其核心思想是通过层次结构将复杂的问题简单化,把评价问题按照目标层、准则层、子准则层、指标层的顺序分解为相互嵌套的层次结构,上一层元素对下一层元素起支配作用,下一层元素一般根据上一层元素的含义进行分解,然后通过求判断矩阵特征向量的办法,求得每一层的各元素对上一层次某元素的权重,再利用加权和的方法递阶归并,求出最低层次相对于最高层次的相对重要性,从而对最低各层次的元素进行赋权和排序。层次分析法的基本思路是:通过将评估目标进行决策树式的层层分解,将决策目标分解为多层次和多维度的子目标,然后对每一层和每一个子模块构建判断矩阵并计算判断矩阵的特征向量,接着按照层次结构自上而下地对每一层的指标权重进行递归分解,直至最底层指标的权重予以确定,最后根据最底层指标的权重排序和评价方案提供的具体数据确定有限范围内的最优解或最优方案。

层次分析法是一种多指标多层次综合评价方法,由于这种方法简单实用，其在企业决策、政府评估、人力资源、财政管理、项目管理、科技管理等领域有广泛应用。该方法一般有三个基础用途：一是构建指标体系。层次分析法操作的一个基础前提是将评估目标分解为层层嵌套的指标体系结构，这种层层分解的方式实际上是对既有评价目标的构建性认知，也是根据认知框架构建的一种独特的指标体系。二是确定指标权重。层次分析方法根据专家学者、政府官员和普通群众等多元价值立场群体的主观打分来进行客观的权重分配计算，是一种基于主观与客观相结合的指标权重确定方法。这种方法既体现了不同群体的利益立场，同时又通过量化方法客观计算了权重分配结果。相比于传统的通过经验估值法、专家直接赋值法以及平均赋权法等，层次分析法的赋权方式更加科学可靠。三是量化方案选择。层次分析法还可以根据赋予的指标权重对不同评价对象或评价方案进行打分和排序，从而以量化打分的形式确定方案的优劣，从而实现多指标多方案评价的量化评估。

目前层次分析方法可以通过多种统计工具和统计软件实现，比如 EXCEL、SPSS、SPSSPRO、STATA、R 等。虽然不同软件或工具在操作设计和模型可视化方面会有不同的区别，但其核心步骤主要包括以下五个步骤，如图4—1所示：一是确定指标体系。评估者根据对评估目标的理解将评估目标分解为层层嵌套的指标层次结构，并征求专家学者、政府官员和普通群众等群体的建议，根据实际情况进行调整。二是构建判断矩阵。根据指标的层次结构自上而下地对不同层次和不同模块的指标构建判断矩阵。三是计算单层权重向量。计算准则层、子准则层和指标层的指标权重，对每一个模块和单层进行一致性检验。四是计算总层权重向量。根据单层权重的结果对总层权重进行递归分解，确定每一个底层指标的权重分配。五是得出指标权重，根据指标权重以及评价方案提供的具体数据，对评价方案进行得分汇总和优劣排序。下面将对建立梯级层次结构模型、构造两两比较判断矩阵、单层排序和一致性检验、汇总排序和一致性检验和基于数据进行综合评价五个步骤进行详细介绍。

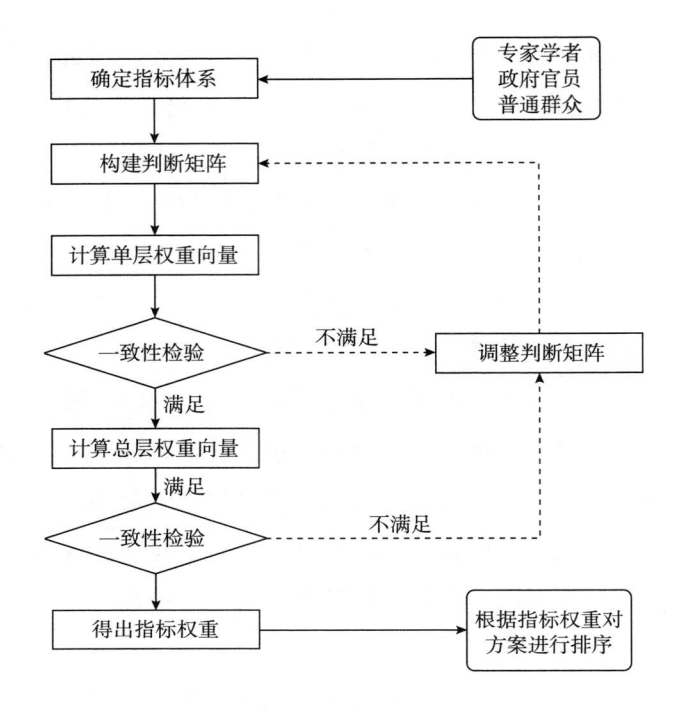

图 4—1　层次分析法的操作步骤

一　建立梯级层次结构模型

将决策目标条理化、清晰化和层次化是层次分析法的首要前提，在评估指标的层次结构模型中一般包括目标层、准则层、子准则层和方案层，如图 4—2 所示。就目标层而言，其主要任务是明确决策目标，决策目标可以是员工的表现、旅游目的地选择、天气预测、政府满意度、公共服务质量、财务状况等，决策目标层决定了评估的目标和导向，是整个评估的核心。准则层和子准则层在一些简单的层次结构模型中可能合并在一起，但在另一些复杂的层次结构中准则层可能包含多个子准则层。以两个准则层为例，第一个准则层一般是价值维度层，即按照一定的价值导向、理论依据和政策内涵等对决策目标进行初次分解的过程，准则层的分解一般较为

第四章 大都市基本公共服务绩效评估的方法选择 ·103·

宏大，很多指标仍是一种价值维度，无法实现定量数据的操作化。比如，政府绩效评估中的经济发展绩效、社会稳定绩效、生活质量绩效、生态环境绩效等。第二个准则层或者称为具体评估指标层则一般是能够进行具体数据量化评估的操作层，比如，经济发展绩效维度下的人均 GDP、企业上缴税收额度、第三产业比重等。方案层则是具体的评价对象或者评价方案，比如，对 30 个地方政府的公共服务绩效进行评估，每一个地方政府即是一个方案，或者在周边 5 个县区中选择一个进行基层治理创新试点，其中每个区县则构成一个评价方案。

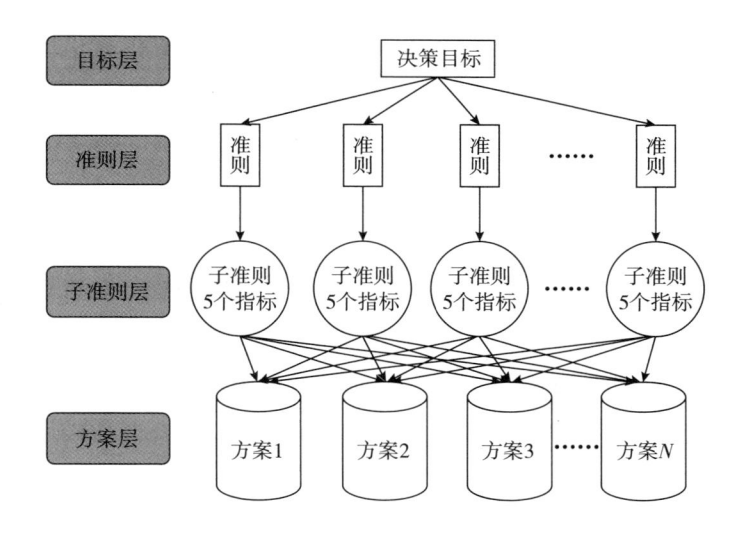

图 4—2 评估指标的层次结构模型

在目标分解和条理化过程中需要坚持三个基本原则：一是各层次指标需要服务于上一层次的支配目标。目标层次构建一般是自上而下一层层构建的，类似于科层制管理中的金字塔结构。下一层的指标根据上一层的指标进行分解，上一层的指标支配其所属的下一层的指标。这样每个指标都有一定的隶属度或者"管辖范围"，不至于造成指标层次和结构的混乱。如果下一层的目标不是根据上一层目标进行分解而得到的，则上一层目标无法支配下一层目标，将导致整个结构不稳定，并影响绩效评估的效度和信度。二是同一层次上的指标须具有独立性。同一层次上的指标需具有独立性和排斥性，即同一层次上的目标不应该存在相关关系，各指标之间应该是排斥的不相关关系，这样才能保证指标各维度上不交叉，不会出现重复评估、模棱两可、归属不清的评估指标。三是每个指标层次上的数量应该控制在一定幅度。一方面，每一层次和模块上的指标应该尽可能详尽，能够充分反映和覆盖上一级指标的内涵；另一方面，每一层次上的指标过多可能会导致后续判断矩阵计算比较的困难，因而一般各层次和模块支配的评估指标数量不宜超过 9 个。四是被评价的方案须具有同类性特征。通过构建的评估指标体系具有标准化特征，这种标准化意味着被评估对象应该是具有共同特征的事物，否则在具体评估过程中可能出现评估不公正的现象。

二 构造两两比较判断矩阵

目标层次结构模型构建好之后面临的一个重要问题是：各层次上的不同指标往往具有不同的重要程度，如果统一采用平均化的形式赋权或者基于个人经验赋权都会影响评估结果的准确性。在决策者或者实践者心里，每个评估指标具有不同的重要程度，不同群体甚至同一群体内的不同个体对评估指标重要程度的意见都是不统一的。在这种多层次多指标结构下，人类大脑在处理多个数据的比较时，容易产生顾此失彼、逻辑冲突和含混不清的现象。如果能够基于一定的定量手段将人们的主观想法转化为量化的数据，则会大大提高人们主观想法转化的准确率。层次分析法寄期望于构建一个两两比较的判断矩阵来进行重要程度的定量化估算。如果需要比较 n 个因子 B_1，B_2，…，B_n 对某因素 A 的影响大小，通常采用对因子进行两两比较的办法，建立两两比较矩阵。假设 a_{ij} 表示因子 B_i 和 B_j 对因素 F 的影响大小之比，再设矩阵 $A = (a_{ij})_{n \times n}$，则称 A 为判断矩阵或成对比较矩阵，矩阵 A 具有以下三条性质①：

（1）$a_{ij} > 0$

（2）$a_{ij} = \dfrac{1}{a_{ji}}$

（3）$a_{ii} = 1$

其中 $i, j = 1, 2, \cdots, n$。满足这三个性质的矩阵也成为正互反矩阵。具体而言，两两比较矩阵的形式如表 4—1 所示。横向第一排和纵向第一列分别是同一层级所有指标，通过这种 $n \times n$ 的方式实现所有指标的两两比较。

表 4—1　　　　　　　　　　两两比较判别矩阵

A_k	B_1	B_2	……	B_{n-1}	B_n
B_1	b_{11}	b_{12}	……	$b_{1(n-1)}$	b_{1n}
B_2	b_{21}	b_{22}	……	$b_{2(n-1)}$	b_{2n}
…	…	…	…	…	…
B_{n-1}	$b_{(n-1)1}$	$b_{(n-1)2}$	……	$b_{(n-1)(n-1)}$	$b_{(n-1)n}$
B_n	b_{n1}	b_{n2}	……	$b_{n(n-1)}$	b_{nn}

在这种两两比较的过程中需要坚持一定的标准，按照心理学相关研究，两两比较过程中如果分级太多，则容易超出人的判断能力，造成判断不准确的现象。一般采用 1—9 及其倒数作为矩阵 A 的标度，使用较多的是 Saaty 标度，如表 4—2 所示。Satty 将两个指标之间的比较分为 9 个等级，分别从同等重要、略重要、较重要到非常重要、绝对重要。这种比较方式一般容易被人接受和容易操作。判断矩阵中的数字指标数值主要包括两种方式：一种是基于客观的统计资料、调研数值、政府报告、行业数据等；另一种是基于专家咨询、政府官员咨询、普通群众咨询和行业人群咨询等方式。

表 4—2　　　　　　　　　　Saaty 标度说明

标度 a_{ij}	含义

---

① 许树柏编著：《实用决策方法——层次分析法原理》，天津大学出版社 1988 年版，第 1—35 页。

续表

标度 a_{ij}	含义
1	因子 B_i 和 B_j 同等重要
3	因子 B_i 比 B_j 略重要
5	因子 B_i 比 B_j 较重要
7	因子 B_i 比 B_j 非常重要
9	因子 B_i 比 B_j 绝对重要
2, 4, 6, 8	以上两判断的中间状态
倒数	因子 B_i 比 B_j 比较时, 标度为 $a_{ji}=1/a_{ij}$

三 单层排序和一致性检验

单层排序就是对每一层以及每一层的模块进行赋权排序的过程，比如 M 指标下有 S_1、S_2、S_3 三个指标，而 S_1 下面又隶属了 Q_1、Q_2、Q_3 三个指标，S_2 下面隶属了 M_1、M_2、M_3 三个指标，S_3 下面隶属了 F_1、F_2、F_3 三个指标，单层排序就是要对 S_1、S_2、S_3 层，以及 Q_1、Q_2、Q_3 层（模块）、M_1、M_2、M_3 层（模块）、F_1、F_2、F_3 层（模块）分别构建判断矩阵，对每个判断矩阵内的指标进行赋权排序。在对每个层级或模块进行赋权排序时主要通过计算判断矩阵的特征根和特征权向量的方式来实现。比如，对判断矩阵 A，计算满足 $AW=\lambda_{max}W$ 的特征根和特征权向量，并将特征权向量归一化。一般来说，判断矩阵 A 的关于最大特征值的 λ_{max} 归一化特征权向量 $W_i=(b_{i1}, b_{i2}, \cdots, b_{in})^T$ 反映了各因子对某因素的影响权，即各层次或模块的权值。由于受主客观因素的影响，判断矩阵很难出现一致的情况。比如人们在做判断时认为 A 大于 B，B 大于 C，但又认为 C 小于 A，这就会出现矛盾的现象。这时候就需要对得出的结果进行一致性判断，如果通过一致性判断才能被认为是可以接受的赋权排序。

假设 λ_{max} 为判断矩阵 A 的最大特征根值，当 A 是一致矩阵时，$\lambda_{max}=n$，

否则 $\lambda_{max}>n$，λ_{max} 比 n 大得越多则意味着判断矩阵 A 的非一致性程度越严重。矩阵的一致性检验判断步骤如下①：

（1）计算一致性指标 CI。

$$CI=\frac{\lambda_{max}-n}{n-1}$$

（2）根据 Satty 给出的 RI 值查找平均随机一致性指标，如表 4—3 所示。

表 4—3　　　　　　　　平均随机一致性指标值

n	1	2	3	4	5	6	7	8	9
RI	0	0	0.58	0.90	1.12	1.24	1.32	1.41	1.45

（3）计算一致性比例 CR。

$$CR=\frac{CI}{RI}$$

（4）判断一致性。一般认为当 $CR<0.1$ 时，判断矩阵的一致性是可以接受的。

四　汇总排序和一致性检验

层次分析中除了要对每一层次的判断矩阵做一致性检验，还需要做组合一致性检验和总体一致性检验。如表 4—4 所示，假设上一层次 A 层包含 A_1，A_2，…，A_m 共 m 个因素，它们的层次总排序权重分别为 a_1，a_2，…，a_m。A 层的下一层次 B 层包含 n 个因素 B_1，B_2，…，B_n，它们关于 A_j 层次单排序权重分别为 b_{1j}，b_{2j}，…，b_{nj}，当 B_i 与 A_j 无关联时，$b_{ij}=0$。现求 B 层中各因素关于总目标的权重，即求 B 层各因素的层次总排序权重 b_1，b_2，…，b_n。②

---

① 范柏乃：《政府绩效管理》，复旦大学出版社 2012 年版，第 257—270 页。
② 范柏乃、段忠贤：《政府绩效评估》，中国人民大学出版社 2012 年版，第 232—249 页。

表 4—4　　　　　　　　　　层次总排序计算方法

A 层 A 层 B 层	B_1	B_2	...	B_n
$A_1(a_1)$	b_{11}	b_{12}	...	b_{1n}
$A_2(a_2)$	b_{21}	b_{22}	...	b_{2n}
...	...	...	...	...
$A_m(a_m)$	b_{m1}	b_{m2}	...	b_{mn}
B 层对于目标的权重	$\sum_{i=1}^{m} a_i b_{i1}$	$\sum_{i=1}^{m} a_i b_{i2}$	...	$\sum_{i=1}^{m} a_i b_{in}$

组合一致性检验由上而下逐层进行。设第 $k-1$ 层有 t 个因素，共 s 层，第 k 层的各判断矩阵一致性指标分别为 $CI_1^{(k)}$，$CI_2^{(k)}$，…，$CI_t^{(k)}$，随机一致性指标分别 $RI_1^{(k)}$，$RI_2^{(k)}$，…，$RI_t^{(k)}$，第 $k-1$ 层对目标 O 的权向量为 $\omega^{(k-1)} = (a_1, a_2, \cdots, a_t)^T \omega^{(k-1)}$，则第 k 层组合一致性比率定义为：

$$CR^{(k)} = \frac{\sum_{j=1}^{t} a_j CI_j^{(k)}}{\sum_{j=1}^{t} a_j RI_j^{(k)}}, \quad k = 3, 4, \cdots, s$$

第 k 层通过组合一致性检验的条件一般为 $CR^{(k)} < 0.1$

总体一致性比率定义为：$CR^{总} = \sum_{k=2}^{t} CR^{(k)}$

只有当总体一致性比率 $CR^{总}$ 适当地小，才能认为通过总体一致性检验。

五　基于数据进行综合评价

通过领域层对指标层的权重，计算领域层中各因素的综合评价值，然后通过领域层中各因素的评价值和对总目标的权重，计算总目标最终评价值，具体计算公式如下：

$$F = \sum_{i=1}^{n} (W_i \cdot V_i)$$

其中 F 为决策目标的综合评价值，W_i 为第 i 个评价指标的权重；V_i 为第 i 个评价指标的增量值；n 为该项目绩效评价的指标个数。决策目标的综合评价本质上就是根据计算的指标的权重构建一个包含 n 个指标的函数，将每个评价方案的相应数据代入函数计算最终的得分。值得注意的是，综合评价得分可以分成不同模块进行计算和比较，也可以根据计算结果进行可视化展现。

第三节 绩效评估方法选择的基本原则及 AHP 的契合性分析

绩效评估方法多种多样，每种方法都有其自身优势和特点，适用于不同的评估主题和情境。方法选择也是绩效评估的关键一环，如果方法没有选择得当，即使评估过程严格遵循评估方法的操作步骤也可能导致评估的效度和信度不足。一些研究因为没有选择得当的方法甚至出与现实情况大相径庭的评估结果。针对不同问题选择合适的绩效评估方法进行评估，不仅容易使得绩效评估的内部效度得到提升，而且可以提高绩效评估的信度。但需要注意的是，在方法选择过程中没有绝对的好方法，也没有绝对的差方法。能够满足一项评估所有需求的方法基本很难找到，而一项差的方法在评估某个项目时也可能呈现若干亮点。这种好与差没有绝对的标准，找到最契合的方法才是最终的选择。因此，在选择一项评估方法之前需要在坚持评估方法选择的基本原则的基础上，对评估对象与评估方法的特点和契合性进行分析，以更好地比较不同方法的适合性。因此，本节将在介绍大都市基本公共服务绩效评估方法选择的四个基本原则基础上，对本书选择的层次分析法与大都市基本公共服务绩效评估的契合性进行分析。

一 大都市基本公共服务绩效评估方法选择的基本原则

基本原则主要是指绩效评估方法选择过程应该遵循的基本的价值原则，在大都市基本公共服务绩效评估方法的选择过程中至少应该遵循以下四条基本原则。

（一）易于操作原则

同一个议题或决策也许可以采用多种绩效评估方法进行评估，但在选择绩效评估方法过程中应该坚持易于操作的基本原则，即在两种方法评估效果差不多的情况下应该选择在操作上更加简单的方法。随着研究方法的开发和创新，一些新的研究方法虽然在针对特定问题上的测量精度有一定提升，但操作和计算极其复杂，这就增加了操作和计算过程中的失误概率，反而降低了绩效评估的效度和信度。绩效评估是一项复杂的系统工程，在评估实践中不能仅仅考虑方法上的精度更应该权衡以下四个因素：一是绩效评估的成本。复杂的方法往往需要更多的人力物力财力资源，这会给评估的实践部门增加负担。二是绩效评估的目的。有些绩效评估虽然追求过程的科学性和程序的规范性，但其并不追求数字上的绝对准确，而只是追求评估结果在定性上具有区分度，因此，不需要使用极其复杂的评估方法过度追求精确度。三是绩效评估的环境。由于很多绩效评估面临的是不断变化的复杂的外部环境，在这种复杂的外部环境中，复杂的政府绩效评估方法因为不确定性影响变量太多而容易导致测量误差，易于操作的简单的绩效评估方法反而因为测量误差减少而能够提高测量的准确率。四是绩效评估中的心理因素。根据心理学相关研究，人在复杂的操作步骤中很容易导致精力不集中，这种精力不集中又容易导致测量误差，而简单的操作步骤容易打消人的疲劳感和畏难感，更容易获得测量的准确率。总之，在绩效评估方法选择中应该坚持易于操作的基本原则，尤其是在评估效果差不多的情况下，简单易操作是选择绩效评估方法的首要标准。

（二）程序透明原则

由于绩效评估的整个过程都涉及"人"的因素，而"人"又是极具感情色彩和社会色彩的群体。在绩效评估中保持客观公正的评价立场极其重要，只有这样，评估的结果才具有公信力和接受度，否则绩效评估不仅不能达到有效预测和管理激励的作用，反而可能成为被评估群体批评和指责的对象。在绩效评估的方法选择中应该尽量选择能够展现程序透明性的评估方法，具体而言，采取程序透明的原则可以实现以下几个目的：一是相对客观公正。整个评估过程如果可以展现给被评估者，被评者会感受到自己处于一种相对公平的环境之中。一旦评估方法中的某些设计容易造成不公平的评估结果，被评估者也会发出自己的声音，这样也更加有利于改进评估工作。而且评估过程处于透明公开环境之下，评估操作者不容易产生寻租腐败，这也在最大程度上保障了评估结果的客观性。二是结果可以重复。处于程序透明下的绩效评估要求评估中的每一个步骤都是详细具体的、都能够说明操作的原理，因而整个过程具有可重复性的特点，这不仅保障了绩效评估的客观公正性，而且提高了绩效评估的科学性。更为重要的是，程序透明下的结果重复可以极大地提高评估结果的公信力和激励度。三是监督更加方便。程序透明也方便群众对评估工作的监管，防止越轨行为、不法行为和寻租行为的产生，进而在阳光公开的透明程序下保障评估的客观公正。总之，在绩效评估方法选择过程中应该尽量选择程序透明和可以重复复制的评估方法。

（三）多元参与原则

多元参与是绩效评估方法选择过程中需要坚持的基本原则之一，主要强调在绩效评估方法选择中应该选择那些能够让更多相关利益群体参与进来的评估方法，这样不仅可以增加评估结果的公信力和接受度，而且可以激发相关利益群体的主动性和积极性，让相关利益群体主动关心相关工作。多元参与原则是由以下几个方面的原因共同推动的。一是追求客观公正的体现。一项绩效评估往往涉及上下左右的多类利益群体，而绩效评估工作中能够参与进来的利益群体往往是非常少的，因而如果有一种绩效评估方法能够将不同利益主体纳入到绩效评估的整个程序中来，那么绩效评估的利益平衡和公正客观的价值将得到更多体现。一项决策或一项评估，其背后往往是多股利益集团的相互博弈，而评估结果的呈现往往是利益博弈中胜出一方利益的体现。在绩效评估中应该让更多的相关利益群体参与进来，表达他们的立场和观点，释放其矛盾和冲突，只有这样才能在最大程度上达到绩效评估的目的。二是实现管理激励的体现。评估主体、评估客体及相关利益者共同参与到绩效评估之中，开诚布公、沟通协商、讨论表达等能够在很大程度上激发参与者的主人翁精神，让其真正感受到自己参与组织决策之中，受到了尊重，是组织中重要的一员，使其更加具有办事的积极性和主动性。三是防止主观偏见的体现。多元主体参与不仅能够促进绩效评估过程的透明度，而且可以为绩效评估决策提供多元信息，防止绩效评估决策中的"主观偏见"。总之，在绩效评估过程中应该尽量选择能够让多元利益主体参与进来的评估方法。

（四）便于区分原则

绩效评估方法选择应该坚持便于区分的基本原则，即强调绩效评估方法选择时应该选择那些评估结果具有区分度的绩效评估方法，而不是那些看上去很先进但没有区分度的绩效评估方法。区分度应该是绩效评估的核心功能之一，如果一次评估没有区分度，那么其在绩效奖励、绩效惩罚和绩效激励等方面的作用就无法凸显。绩效评估方法应该坚持区分度原则，这是由以下几个原因决定的：一是防止平均主义。如果绩效评估结果没有区分度，就容易损害组织成员的积极性和上进精神，助长懒惰思想的形成，长期下去会导致整个组织精神涣散、绩效低迷、人心不稳，进而造成工作上不协调、不团结的行为。在政府部门中,平均主义容易造成不敢担当、得过且过、缺乏创新等行为,对整个行政生态产生极其不好的影响。二是防止形式主义。如果绩效评估结果不能显示区分度,容易导致出现形式上做足功夫、实质上却没有多大贡献的行为,进而导致激励错位的现象。此外,形式主义还容易导致内卷化困境。三是防止"搭便车"主义。绩效评估结果区分度不高还容易导致"搭便车"行为,因为评估区分度不高意味着正面激励或负面激励机制的缺失,在这种激励机制缺失的情况下,人们总是倾向于少做事、推诿事、不做事,并借着组织的名义坐享其成、滥竽充数。总之,绩效评估中选择的评估方法应该具有显示区分度的功能,只有这样才能使绩效管理的激励功能得到充分发挥。

二 层次分析法与大都市基本公共服务绩效评估的契合性

本书在坚持绩效评估方法选择的易于操作原则、程序透明原则、多元参与原则和便于区分原则基础上,将选择层次分析法来对大都市基本公共服务进行绩效评估。层次分析法与大都市基本公共服务绩效评估的契合性主要体现在以下四个方面。

(一)大都市基本公共服务绩效评估需要层次分析法的简洁性

层次分析法具有原理简单、操作方便、流程清晰、计算快捷、呈现形象等简洁化特征,在大都市基本公共服务绩效评估中选择该方法主要是出于以下几方面的原因:一是大都市的复杂性特征决定了需要具有简洁性的绩效评估方法。大都市在人口规模、人口密度、行政区划、职业构成、城市功能和通勤时间六个方面对城市政治、经济和社会产生深刻影响,凸显了与其他城市类型之间的不同规模影响。大都市的这种规模效应对公共服务供给也产生了重要影响,使得大都市基本公共服务具有环境的复杂性、需求的多样化、成本的递增化、方式的合作化和内容的精细化特征,而这些特征无疑增加了大都市基本公共服务绩效评估的复杂性和不确定性，这就要求在对其进行绩效评估时采取层次分析法这种原理简单、操作方便、流程清晰的评估方法。二是基本公共服务的三个特性决定了需要具有简洁性的绩效评估方法。基本公共服务具有基础性、普惠性和动态性，其中，基础性决定了公共服务绩效评估需要考虑公共服务的公共性功能；普惠性决定了公共服务绩效评估需要考虑惠及所有普通群众；动态性决定了公共服务绩效评估的核心内容应该随外部环境的变化而变化。这些复杂的要求需要一种简单的绩效评估方法来予以转化和落实，过度复杂的方法容易增加评估中的出错率。三是大都市基本公共服务绩效评估的价值取向决定了需要具有简洁性的绩效评估方法。大都市基本公共服务绩效评估的价值取向主要包括共同富裕、人民至上和均衡可及，要将这三个价值导向转化为绩效评估维度和绩效评估指标本身就存在一定的复杂性，如果再选择过度追求精度的复杂评估方法，则容易导致评估的差错率，反而制约了绩效评估的效果。因此，从这一角度而言，采取简单实用的层次分析法不失为一种良策。

（二）大都市基本公共服务绩效评估需要层次分析法的适应性

层次分析法作为一种定量与定性相结合、程序化与非程序化相结合以及主观与客观相结合的绩效评估方法，其在复杂评估对象和评估主题上具有较强的适应性。层次分析法在大都市基本公共服务绩效评估的适应性上主要体现为以下三个方面：一是定量与定性相结合的方式符合大都市基本公共服务绩效评估的需求。层次分析法在两两比较判断矩阵部分实际上融入了定性的步骤，即通过邀请专家学者、政府官员和普通群众等对判断矩阵进行打分和评价，这在某种程度上实际融入了各个群体的利益因素，能有效平衡各方利益。层次分析法的其他步骤完全按照既定的公式和程序进行计算，这体现了层次分析法的量化步骤。量化部分期望通过透明公开的评估程序体现评估的客观公正性，而且量化部分的操作可以通过规范化操作使得整个过程和结果可以重复。大都市基本公共服务绩效评估中不仅需要纳入代表城市中多方利益因素，而且要通过科学化、程序化、标准化的流程操作获取广大群众的认可和信任，因此层次分析法是一种较好的选择。二是程序化与非程序化相结合的方式符合大都市基本公共服务绩效评估的需求。层次分析法的主体流程是一种标准化的规范流程，只要输入相应的评估数据就可以按照标准化流程得出相应的结果，而在权重计算的"源数据"方面主要是通过非程序化的打分予以实现，这部分具有较强的主观色彩，但这正好能平衡现实社会中的利益冲突，起到利益和价值的调和作用。三是主观与客观相结合的方式符合大都市基本公共服务绩效评估的需求。大都市基本公共服务涉及大都市内的每一个公民，大家都有一定的发言权，但这种发言权又需要按照一定的程序转化为客观可测的数据进行综合权衡比较，因此采取主观与客观相结合的层次分析方法具有较好的适应性。

（三）大都市基本公共服务绩效评估需要层次分析法的系统性

层次分析法的原理是根据价值导向构建一个层次结构清晰的评估指标体系，然后邀请相关利益群体进行打分赋权，进而确定指标权重并构建评估函数进行评估的过程。层次分析法在指标体系、标准流程和纠错机制方面具有较强的系统性，这种系统性决定了其在整个评估中具有较好的稳定性和反脆弱性，当某个环节出了问题并不会导致整个评估系统的瘫痪，及时采取补救措施一般就不会对整个评估系统造成较大负面影响。因此，大都市基本公共服务绩效评估需要层次分析法的这种系统性，具体而言主要体现在以下三个方面：一是大都市基本公共服务绩效评估需要层次结构清晰的指标体系。大都市基本公共服务的内容覆盖面广、层次复杂、内容多样，需要一个层次结构清晰的指标体系来框定其内容，以完成整体评估流程。层次分析法是一种科层制"金字塔"式的指标结构设计，其不仅容易理解和操作，而且能够系统地锚定复杂的评估内容，将错综复杂的评估内容转化为层次和边界清晰的评估指标体系。二是大都市基本公共服务绩效评估需要操作方便简洁的标准流程。层次分析法的整个操作流程已经在学术界和实务界达成了比较一致的认可，形成了比较权威的评估流程和标准，而且层次分析法整个操作可以分解为系统的若干模块，使用非常灵活。更重要的是，该方法的理论原理容易理解，操作步骤清晰易实现。三是大都市基本公共服务绩效评估需要方向可控可调的纠错机制。由于层次分析法是一种系统思维、流程思维和模块化思维，因而通过系统的设计可以对整个评估的价值方向进行调控和引导，一旦某个环节出了问题，也可以通过比较小的成本及时进行纠正。总之，从层次分析法的系统性优势而言，大都市基本公共服务绩效评估适合采用此方法。

（四）大都市基本公共服务绩效评估需要层次分析法的实用性

一种评估方法如果只停留在"炫技术""求精度""提颜值"的形式化层面，那么其只是一种不讲求实际效用的"花架子"，在评估实战中很容易败下阵来。层次分析法虽然原理简单，且没有精细化的理论公式推导，但其之所以被管理者和实践者长期广泛采用的一个重要原因是其具有较强的实用性。具体而言，这种实用性主要体现在以下三个方面：一是层次分析法简单易操作的特点符合大都市基本公共服务绩效评估的需要。层次分析法原理简单，操作具有流程化特点，管理者或实践者进行简单的培训和案例训练后基本都能够较好地掌握并熟练地运用到评估实践中，而且层次分析法适用性强，在不同情境下不需要费尽脑筋进行框架的重新设计，方法流程基本已经标准化，因而符合大都市基本公共服务绩效评估的需要。二是层次分析法可控和易纠偏的特点符合大都市基本公共服务绩效评估的需要。很多其他绩效评估方法由于操作复杂且整个评估流程存在设计漏洞，一旦某个环节出现问题则需要将整个评估过程推倒重来，这样就会浪费大量的人力物力财力，不具有较好的实用性。层次分析法在一定程度上能够克服上述问题，具有较好的可控性和纠偏功能，这也适合大都市基本公共服务绩效评估的需要。三是层次分析法操作可视化的特点符合大都市基本公共服务绩效评估的需要。层次分析法的整个评估流程具有透明性，这种透明性建立在标准化的基础之上，透明性和标准化可以转化为操作的可视化，进而能够及时推动整个流程的沟通、反馈、纠偏等，因而其符合大都市基本公共服务绩效评估的需要。

第五章
大都市基本公共服务绩效评估的指标体系

　　指标体系是整个绩效评估体系的核心和关键，它犹如一根"指挥棒"，指挥着评估对象的发展方向和行动路径。指标体系有三个重要功能，即事前的预测功能、事中的调节功能和事后的分析功能。科学合理的绩效评估指标体系能够起到激励、监督、规范和引导的作用，而不合理的绩效评估指标体系可能对评估对象起到错误的激励、监督、规范和引导的作用。随着绩效评估的不断成熟和发展，绩效评估指标体系构建的方法和工具也更加系统和科学。本章将在现代绩效评估理念的方法指引下，首先，指出大都市基本公共服务绩效评估指标体系构建的五大原则；其次，通过四轮系统筛选来构建大都市基本公共服务绩效评估的维度；再次，在评估维度的基础上通过四轮筛选来构建大都市基本公共服务绩效评估的具体指标；最后，对构建的大都市基本公共服务绩效评估指标体系进行使用说明。

第一节　大都市基本公共服务绩效评估指标体系的构建原则

为了使绩效评估指标发挥其最大作用，在绩效评估指标体系构建过程中要遵循一些基本原则，这些基本原则不仅可以减小指标结构出现内在冲突的概率，而且可以提高指标后续使用的可操作性，更重要的是可以防止指标体系构建后出现基础性问题。在大都市基本公共服务绩效评估指标体系构建过程中应该坚持以下五个基本原则。

一　系统全面原则

系统全面原则主要强调指标体系应该以一定的层次和秩序反映评估对象的所有特征。系统全面原则是绩效评估指标体系构建的基本要求，如果绩效评估指标体系不能全面系统地反映被评估对象的基本特征，则评估的效度和信度将受到极大损害。系统全面原则主要体现为两个层面的内涵：一是全面性；二是系统性。就全面性角度而言，一方面，由于大都市基本公共服务覆盖的范围非常广泛，对其所覆盖的领域需要以一种全面框定指标内容的形式才能真正反映被评估对象的基本情况；另一方面，大都市基本公共服务内容处于不断地变迁和发展之中，评估的指标体系内容也需要随着外部变化而不断调整，这样才能在最大程度上反映绩效评估对象的真实情况。但需要注意的是，要真正做到对被评估对象的无缝隙覆盖是十分困难的，在实际的指标体系构建过程中只能追求从某一角度或某一层面全面覆盖评估的内容，如果要从各个视角和各个层面完全覆盖被评估对象的内容是不现实的，因此在评估指标体系构建过程中视角选择和层次选择十分重要，它决定了评估的方向、重点和重心。就系统性角度而言，一方面，由于评估内容是由多个相互独立的指标体系构成的一个指标集合,这些指标的排列组合和层次分布对整个评估的结果具有重要影响,为了使整个指标集合或指标群更加清晰易理解,这些指标需要以一定的秩序或方式进行排列和布置,以达到系统性呈现的目的;另一方面,系统地排列和布局能够更好地检验被评估的对象内容是否真正全面覆盖,是否以一种全视角、无缝隙的方式覆盖了要评估的对象,而且也更加便于对指标体系结构进行修正和调整。总之,大都市基本公共服务绩效评估的指标体系构建需要坚持系统全面的原则以确保整个评估指标体系的完整性和层次性。

二　精确简洁原则

绩效评估指标应该能够以关键的少数指标精确地反映被评估对象的基本特征。大都市基本公共服务绩效评估是一个复杂的操作过程,如果指标过于烦琐则容易增加操作难度和引发失误行为,因而甄选能够反映绩效评估对象特征的核心指标和关键指标进行评估,抓住主要矛盾和关键核心是实现评估精准简化的重要路径选择。精确简洁原则实际上包括两个层面的含义:一是精确性;二是简洁性。就精确性层面而言,一方面,反映绩效评估对象特征的指标非常多,但并不是所有指标都能够全面详细地反映被评估对象的主要特征,因此需要甄选那些能够较好地反映被评估对象核心特征的指标体系,以在最大程度上精确反映被评估对象的基本特征;另一方面,指标体系不能偏离被评估对象的核心特征,在不同视角下进行评估会体现出不同的评估指向,但评估指标一定要精确反映被评估对象的基本特征,不能偏离核心特征太远。值得注意的是,为确保绩效评估指标的精确性,有时候一个指标并不能全面有效地反映被评估维度的核心特征,因而一般需要几个核心指标进行组合绑定,这样才能更好地体现被评估对象的核心特征。就简洁性层面而言,一方面,反映被评估对象核心特征的指标应该采取宜简则简的原则,如果同时有两种选择,一种只有一个核心指标，而另一种有多个核心指标，在效度差不多的情况下应该选择指标较少的评估指标结构，这样可以减少工作量和失误概率；另一方面，精确性也在一定程度上内含着简洁性的特征，要精确地反映被评估对象的基本特征一般不需要很多指标进行综合体现，而是少量高质量的核心指标进行精准呈现，这样也体现了绩效评估的简洁性特征。总之，精确简洁的原则是确保在实现绩效评估效度和信度的同时减小操作的复杂性和失误率的重要选择。

三 可比可测原则

绩效评估指标体系在构建过程中应该充分考虑指标的可测量性和可比较性，如果绩效评估指标失去了这两个特性，则绩效评估指标的价值功能难以实现。就可测性层面而言，需要坚持以下三个层面的标准：一是指标数据容易量化。绩效评估的最终目标是对被评估对象进行打分和评估，如果数据不能转化为定量的数字，则无法对整个结果进行打分和评估。无论是定量指标还是定性指标，最终都需要转化为统一的量化数字进行整合打分，这样才能进行有效测算和评估。二是指标数据容易获取。评估指标所反映的数据内容能够较为方便地获取，这种方便主要体现为成本较低、没有政治排他性、易于整理等特征。可以通过访谈、政府统计年鉴、公开资料、问卷调查等方式获取。如果一个指标具有较好的代表性，但数据获取困难，这也难以被遴选为核心评估指标。三是指标数据容易统计。指标数据应该尽量以比较简单的方式整合和统计，而不要以多层次多指标的复杂结构形式进行统计，这样可以显著提高绩效评估的可操作性。值得注意的是，许多定性指标在一定条件下也可以转化为量化指标，但在这一转化过程中容易造成信息流失，这就需要根据不同评估情境进行转化。就可比较性层面而言，在指标体系设计过程中需要考虑以下三个层面的比较：一是横向层面与纵向层面。比如，在大都市基本公共服务绩效评估中需要考虑到不同地区城市横向比较和不同级别城市之间的纵向比较，这就需要在指标含义、统计口径、统计范围和统计地域等标准上做出特别限定，这样才能实现可比可测。二是过去和现在层面。即对评估对象的过去和现在进行比较，评估对象总是随着外部环境的变化而不断发生变化，这种变化呈现出怎样的轨迹，需要对过去和现在的状况进行比较。三是个体与整体层面。即个体指标维度和整体指标维度的评估，应该能够实现拆分和组合评估，以对评估对象的每个具体维度有一个比较好的把握。

四 导向明确原则

绩效评估指标是社会行为的指挥棒，其对被评估对象的发展方向和运行轨迹具有重要导向作用。如果评估导向模糊不清，则会导致评估的问题意识不明确，评估的结果运用也不清晰。因此，在绩效评估过程中必须坚持导向明确的基本原则。具体而言，实现导向明确的基本原则需要坚持以下三条标准：一是紧紧围绕价值取向进行指标遴选。指标体系构建可以根据不同的价值取向构建不同的指标体系结构，甚至同一价值取向下也能构建出不同层次结构的指标体系。如果脱离价值取向进行指标体系构建，则会出现指标混乱，甚至指标结构冲突的问题。同时，缺乏价值导向的指标体系将失去指标"指挥棒"的作用，导致绩效导向不明确，进而失去评估的意义。价值取向是绩效评估的灵魂，指标体系构建应该紧紧围绕价值取向进行筛选，否则绩效评估的现实价值容易缺失。二是紧紧围绕问题进行指标遴选。一个好的评估指标体系能够诱导评估者发现问题、找出差距、找出原因，为被评估领域的发展提供参考方案。在绩效评估指标设计和遴选中应该具有强烈的问题意识，即通过指标体系进行测量和评估来发现评估领域存在的问题和矛盾，以期找到该领域隐藏的问题和冲突，进而为该评估领域的高质量发展提供评估参考和依据。三是紧紧围绕结果导向进行指标遴选。通过对指标的遴选和设计能够预测估评估结果的基本情况，以实现绩效评估价值取向与结果导向的基本匹配。如果基于遴选指标的评估，导致绩效评估的价值取向与结果之间偏离太远，则意味着绩效评估的目标偏离，这就需要对绩效评估的指标体系进行重新调整和遴选。总之，在大都市基本公共服务绩效评估过程中应该始终坚持共同富裕、人民至上和均衡可及的价值导向，这样才能确保绩效评估的效度。

五　独立协调原则

绩效评估指标体系独立协调是绩效评估方法论的要求，如果绩效评估指标之间存在交叉重叠、相互关联、相互影响的现象，那么这一指标体系在方法论上存在明显的内生性问题，因而难以做出客观公正的绩效评估。独立协调原则也包括两层含义：第一层含义是要求绩效评估指标具有独立性，不存在相互影响的情形，指标之间是一种平行的线性关系；第二层含义是要求绩效评估指标具有协调性，各个指标在测量分布上具有相互补充、相互平衡的关系。就独立性而言，在指标体系构建过程中需要坚持以下三条标准：一是指标之间不能相互替代。比如，指标 A 与指标 B 在测量某一问题上具有相似的功效，如果同时将指标 A 与指标 B 遴选入指标体系，则会导致指标 A、指标 B 之间的替换，这就相当于加大了该指标的权重，影响指标体系设计的独立性。二是指标之间不能交叉重叠。如果指标 C 与指标 D 虽然测量的内容不一样，但两者共同包含了测量指标 E 的内容，那么就会导致指标 C 与指标 D 之间存在交叉重叠的现象，进而影响指标设计的独立性。三是指标之间不能相互关联。比如，指标 F 和指标 G 虽然各自反映的是不同的评估内容，但这两个指标之间存在明显的相关关系，这时候也要考虑是否有必要剔除其中一个指标，以防止共线性问题。就协调性而言，在指标体系构建过程中需要注意以下两个标准：一是指标群不能过于集中在某一维度。如果遴选的指标群过于集中在某一维度，则会导致该维度的权重偏大，导致整个评估体系的价值失衡，因而指标遴选过程中应该充分考虑指标分布的平衡性。二是指标体系应该赋予不同的评估权重。对不同重要性的指标应该赋予不同的权重，以彰显核心价值，这样才能使评估指标体系协调平衡。总之，指标体系的独立协调是克服指标体系本身内生性问题必须坚持的基本原则。

第二节 大都市基本公共服务绩效评估指标体系的构建维度

同一价值导向下不同的绩效评估维度可能导向不同的绩效评估结果。绩效评估维度有多种多样的选择，这些选择可以基于一定的理论、政策、实践等，但不同的选择会体现出不同层面和视角的价值取向，折射的核心价值内涵也存在不同指向。评估维度是处于价值取向与具体指标之间的中间层，是连接价值取向和具体指标之间的核心纽带。评估维度一方面需要受价值取向的引导，应体现价值取向的核心导向；另一方面需要引导具体指标的设置，传导价值取向的核心意思。评估维度处于一种承上启下的位置，调节着价值取向与具体指标遴选之间的关系，其在很大程度上决定了绩效评估的独特意义和理论深度。评估维度反映了评估者观察问题的视角和层次，也体现了评估体系侧重的评估方向和层面。评估维度选择过程中应该进行系统考察和筛选，以保证评估的理论深度与实践契合性。大都市基本公共服务绩效评估坚持共同富裕、人民至上和均衡可及的价值取向，在该价值取向下本小节将从系统梳理、政策引导、专家咨询和综合权衡四个方面依次对大都市基本公共服务绩效评估的评价维度进行构建。在第一轮筛选中，主要基于相关文献和领域实践全面搜集基本公共服务绩效评估的价值维度；在第二轮筛选中，主要基于目前的国家宏观政策对搜集的价值维度进行进一步梳理和精炼；在第三轮筛选中，主要基于专家咨询和讨论对列出的价值维度进行再次梳理和精炼；在第四轮筛选中，主要结合前几轮的综合情况进行综合权衡和维度锚定。通过四轮的梳理和筛选将构建出大都市基本公共服务绩效评估的价值维度。

一 系统梳理：评价维度的第一轮筛选

目前关于大都市基本公共服务绩效评估的相关研究较为缺乏，因此本文在公共服务质量、公共服务均等化、公共服务标准、公共服务绩效评估、公共服务能力和公共服务满意度等相关文献基础上对大都市基本公共服务绩效评估的价值维度进行构建。在本轮价值维度构建过程中，主要目标是梳理已有的相关研究在评估基本公共服务的时候主要采用了哪些价值维度，以为后面的几轮梳理和筛选提供基础和参考。

（一）基本公共服务绩效评估的价值维度

就目前已有的文献而言，现有的关于基本公共服务绩效评估的价值维度主要体现为以下三种形式。

1. 基于理论提炼借鉴而间接构建的评价维度

在公共服务绩效评估相关研究中，很多研究结合评估的具体内容、层次、主体等情境，基于相关理论或核心概念，构建一套具有适应性的价值评估维度。就已有研究来看，无论是针对基本公共服务的整体性绩效评价还是单项基本公共服务的绩效评价，其在评价维度构建方面主要集中在以下几个维度。

一是投入—产出—收益的评价维度。投入维度主要反映了基本公共服务的资金、物资和人力资源等方面的保障，产出维度主要反映了基本公共服务的服务生产能力和生产机构密度，收益维度则主要反映了实施该基本公共服务产生的影响效应。[1] 这三个维度各自反映了基本公共服务投入、产出和收益三个方面的特征。投入、产出和收益之间并没有必然的关系，有

---

[1] 卢洪友等：《中国基本公共服务均等化进程报告》，人民出版社 2012 年版，第 11 页。

可能投入大而产出低和收益低，或者投入大而产出高和收益低。三个维度所代表的的意思并不存在相互重叠和相关的关系。值得注意的是，在不同研究情境中，有些直接采用投入维度对基本公共服务绩效进行评价，而有的采用投入—产出的维度进行绩效评价，采取投入—产出—收益三个维度进行全面绩效评价的研究目前相对较少。比如，有研究基于 DEA 方法从投入—产出两个维度对省级政府公共服务绩效进行评估，其中投入维度之下又细分为规模指标和结构指标，而产出维度则细分为效率指标和公平指标。① 总之，投入—产出—收益价值维度是绩效评估 4E 理论指导下常用的公共服务绩效评估维度。

二是有形性—可靠性—响应性—保证性—移情性的评价维度。该五维度主要来源于 SERVQUAL 模型，该方法强调通过比较公众对获取服务的实际感知与服务期望之间的差距来评估公共服务质量，该方法主要通过有形性、可靠性、响应性、保证性、移情性五个维度来进行测量和评价。有形性主要是指实际的服务设施设备和服务人员的仪容仪表等；可靠性主要是指服务人员可靠地、准确地履行服务承诺的能力；响应性主要是指服务机构提供服务的意愿并及时响应居民需求的能力；保证性是指服务人员具备的知识、礼节以及表达出的自信能力；移情性主要是指服务机构关心公众并提供具有针对性和个性化的服务的能力，该价值维度用于县域公共服务质量评估②、社区公共服务质量评估③和农村公共服务质量评估等领域。值得注意的是，这五个价值维度并不是固定不变的，有些研究者结合研究主题对相关维度进行了增减，比如，在研究农村公共服务质量评价时，有研究者为突出服务政策信息的公开公正，因而增加了"透明性"维度④，将原

---

① 李方毅、郑垂勇：《我国省级政府公共服务绩效评估研究》，《南京社会科学》2020 年第 7 期。
② 李晓园、张汉荣：《SERVQUAL 模型下县域公共服务质量的改进——基于江西省六县公共服务的调查分析》，《南昌大学学报》（人文社会科学版）2009 年第 4 期。
③ 容志、邢怡青：《治理重心下移如何提高社区公共服务质量？——基于 S 新区"家门口"服务体系案例的分析》，《宏观质量研究》2022 年第 3 期。
④ 睢党臣、张朔婷、刘玮：《农村公共服务质量评价与提升策略研究——基于改进的 SERVQUAL 模型》，《统计与信息论坛》2015 年第 4 期。

来的价值维度增加到六个方面。

三是规划—汲取—配置—执行—危机管理等要素集合的评价维度。在国家能力、政府能力和地方政府能力等诸多核心概念的基础上,很多研究构建了公共服务能力的构成价值维度。虽然不同研究构建了不同的公共服务能力评估框架,但这些评估框架基本包含了服务规划能力、资源汲取能力、资源配置能力、服务执行能力以及危机管理能力等维度。[①] 例如,有研究认为公共服务能力包含公共服务决策能力、公共服务产出能力、公共服务投入能力和公共服务管理能力四个维度;[②] 有研究认为民族地区政府公共服务能力包括回应要素、规划要素、汲取和投入要素、内部管理要素、配置与产出要素五个方面的维度结构;[③] 有研究认为西部多民族地区政府公共服务能力应该包括政府公共财政能力、政府公共资源有效配置能力、政府公共危机处理能力以及政府公共政策执行能力四个维度;[④] 有研究认为西藏县级政府公共服务能力应该由政治发展要素、经济发展要素、文化发展要素、社会管理要素、政策执行要素和制度创新要素六个维度组成;[⑤] 还有研究认为乡镇政府潜在公共服务供给能力应该由经济资源、人力资源、制度资源、社会资源和文化资源五个维度组成。[⑥] 这些都是基于一定的理论概念而构建起来的价值维度,对大都市基本公共服务价值维度构建具有重要启发作用。

四是其他评价维度。在基本公共服务绩效评估中除了上述三种主要的价值维度之外,还有很多构建的价值评估维度。例如,针对教育基本公共

[①] 李晓园:《当代中国县级政府公共服务能力及其影响因素的实证研究——基于鄂赣两省的调查与分析》,中国社会科学出版社 2010 年版,第 56 页。

[②] 王志刚:《财政数字化转型与政府公共服务能力建设》,《财政研究》2020 年第 10 期。

[③] 吕中军:《民族地区政府公共服务能力评价》,《中央民族大学学报》(哲学社会科学版) 2014 年第 3 期。

[④] 陈自强:《西部多民族地区政府公共服务能力的测量与评估——基于贵州民族地区的实证调查》,《财经问题研究》2014 年第 2 期。

[⑤] 张创新、梁爽:《西藏县级政府公共服务能力评价体系研究》,《西藏大学学报》(社会科学版) 2013 年第 2 期。

[⑥] 雷玉琼、李岚:《乡镇政府公共服务供给能力评估指标体系建构——兼论政府公共服务能力的研究现状》,《中国行政管理》2015 年第 11 期。

服务供给绩效评估提出了财力保障、设备支持、人员配置和服务效果四个维度。① 针对体育公共服务绩效评估提出了政府责任、资源投入、价值目标、社会回应和服务效能五个评估维度。② 针对住房保障公共服务绩效评估提出了价值维度、功能维度、过程维度和结果维度。③ 值得注意的是这里的人民群众满意度是作为基本公共服务均等化绩效评估的一个重要维度，但在已有的很多研究中习惯单独将公共服务满意度作为公共服务绩效评估的一个重要目标进行研究，例如，有研究认为城市公共服务满意度包括公共安全、公共交通、公共事业、医疗卫生、社会保障、基础教育、就业服务和环卫治理 8 个领域。④ 有研究将国家安全、打击犯罪、基础教育、老年服务、医疗服务、环境保护、公平执法、社会公平和秉公办事 9 个方面作为公共服务满意度的构成内容。⑤ 还有研究只是选择公共教育、医疗卫生、住房保障和社会管理等几个重要领域作为公共服务满意度的构成内容。⑥ 因此，公共服务满意度可以根据评估的具体问题和情境确定为公共服务绩效评估的一个主观维度，也可以作为公共服务绩效的主要目标进行测量评估。

2. 基于公共服务内容而直接构建的评价维度

在公共服务绩效评估中，很多评估指标体系只有目标层、准则层和指标层三个层级，在这种情况下准则层就直接构成了公共服务绩效评估的价值维度，公共服务的内容本身就成为绩效评估的价值维度。这种以公共服务内容作为评价维度的方式在已有研究中较为常见，一方面，有利于公

---

① 陈思霞：《中国基本公共服务均等化评估及优化机制研究：基于县域数据的实证》，经济科学出版社 2014 年版，第 59 页。
② 刘亮：《新公共管理视角下体育公共服务绩效评估研究——基于武汉"1+8"城市圈的调查与分析》，《武汉体育学院学报》2011 年第 6 期。
③ 魏程瑞、王郁：《基于微博数据分析的公共服务质量研究——以上海市住房保障为例》，《东北大学学报》（社会科学版）2021 年第 5 期。
④ 张会萍、闫泽峰、刘涛：《城市公共服务满意度调查研究——以宁夏回族自治区银川市为例》，《财政研究》2011 年第 9 期。
⑤ 刘中起、瞿栋：《社会阶层、家庭背景与公共服务满意度——基于 CGSS2015 数据的实证分析》，《北京行政学院学报》2020 年第 4 期。
⑥ 胡晨沛、蒋威、强恒克、徐静：《华东地区公共服务满意度及其异质性分析——基于模糊综合评价方法》，《华东经济管理》2018 年第 8 期。

服务绩效评估操作的简洁化；另一方面，这种直观的方式便于人们对绩效评估体系的清晰理解。目前，这种直接以公共服务内容作为评价维度的研究设计在维度选择上一般集中在 1 个至 12 个，一般很少有超过 9 个评价维度的情形。本章根据公共服务内容维度的个数将其分为三组进行观察，分别是 1 个至 4 个组、5 个至 7 个组、8 个至 12 个组。

第一组是 1 个至 4 个组。公共服务绩效评估中 1 个至 4 个评估维度属于比较少的公共服务内容构成维度，不同研究之所以选择较少的评估维度各有原因。有研究在对全国 317 个地市级政府公共服务绩效进行评估时主要从政府公共服务职能领域选择了基础设施、科技教育、医疗卫生和文化体育 4 个评估维度。[1] 有研究根据"基本公共服务"的内涵以及绩效评估方法的过滤，将城乡基本公共服务均等化评估划分为基本公共教育、基本医疗卫生、基本社会保障和基本公共设施 4 个评估维度。[2] 有研究在城乡基本公共服务均等化评估中考虑到地市级层面数据获取的困难以及指标数据的连续有效性，因而只选择了公共教育、医疗卫生和公共文化 3 个容易获取数据的评估维度。[3] 有的研究则由于注重运用客观指标和结果指标，以及强调把公共服务领域的重点性和全面性结合的特点突出出来，因此选择了基础设施、教育科技、医疗卫生和文化体育 4 个核心评估维度。[4] 还有研究认为基本公共服务应该致力于保障社会成员维持基本物质文化生活、提高基本身体素质和自我发展能力，因此将中心城市基本公共服务能力的评价维度圈定为基础教育、基础医疗、基本社会保障、公共文化 4 个方面。[5] 总体而言，选择较少公共服务内容构成维度主要有两个原因：一是评估数据获取的困难性所致；二是基于"基本公共服务"内涵抓核心和重点评估维度。而且这些

---

[1] 负杰主编：《中国地方政府绩效评估报告》，社会科学文献出版社 2017 年版，第 288 页。
[2] 范逢春、田昭：《城乡基本公共服务均等化：历史、现实与未来》，中国社会科学出版社 2021 年版，第 180 页。
[3] 杨晓军、陈浩：《中国城乡基本公共服务均等化的区域差异及收敛性》，《数量经济技术经济研究》2020 年第 12 期。
[4] 孙彩红：《全国地市级政府公共服务绩效评估实证分析》，《云南社会科学》2015 年第 3 期。
[5] 汤苍松：《我国中心城市基本公共服务能力评价和影响因素分析》，《经济体制改革》2013 年第 6 期。

评估维度主要集中在公共教育、公共医疗、社会保障、公共文化、基础设施这 5 个核心公共服务领域。

第二组是 5 个至 7 个组。在公共服务绩效评估中 5 个至 7 个评估维度属于中等数量的公共服务内容构成维度，很多研究处于该水平，之所以选择 5 个至 7 个公共服务内容构成维度，其原因各异。有研究认为基本公共服务涉及生存和发展两个方面的需求，因而在维度选择上也主要围绕该原则进行选取，例如，从基础设施服务、文化教育服务、社会保障服务、生态环境服务、信息通信服务和卫生医疗服务 6 个维度构建湖南省基本公共服务质量评价指标体系[1]，从公共教育、医疗卫生、社会保障、文化服务、环境保护和交通物流 6 个维度构建成渝城市群基本公共服务均等化评价指标体系[2]；有研究主要是借鉴《国家基本公共服务体系"十二五"规划》《"十三五"推进基本公共服务均等化规划》《"十四五"公共服务规划》等政策文件和相关文献而提出的评价维度，例如，根据"十三五"的文件提出了基本公共教育、基本医疗卫生、基本社会保障、基本交通通信服务、基本公用设施和环境保护 6 个维度的中国地区基本公共服务均等化指标体系[3]，根据"十三五"和"十四五"的相关文件提出了义务教育、医疗卫生、社会保障、基础设施和生态绿化 5 个维度的县域基本公共服务均等化评估指标体系[4]，根据"十二五"相关政策文件构建了教育文化服务、医疗卫生和社会保障服务、基础设施服务、生态环境服务和信息化服务 5 个维度的山东省基本公共服务质量评估指标体系[5]；有的研究主要基于方法要求以及参考前人

---

[1] 刘笑杰、夏四友、李丁、郑陈柔雨、魏小衬：《湖南省基本公共服务质量的时空分异与影响因素》，《长江流域资源与环境》2020 年第 7 期。

[2] 彭雅丽、孙平军、罗宁、刘菊：《成渝城市群基本公共服务均等化的时空特征与成因解析》，《地域研究与开发》2022 年第 1 期。

[3] 彭迪云、王玉洁、陶艳萍：《中国地区基本公共服务均等化的测度与对策建议》，《南昌大学学报》（人文社会科学版）2021 年第 4 期。

[4] 吕光明、陈欣悦：《县域基本公共服务均等化的测度与结构解析》，《财政研究》2022 年第 4 期。

[5] 史卫东、赵林：《山东省基本公共服务质量测度及空间格局特征》，《经济地理》2015 年第 6 期。

研究而提出评估维度，如基于主成分分析法的需要从教育、医疗、环境、文化和交通5个维度提出公共服务质量指标体系[1]，参考前人已有研究从医疗、教育、文化、交通和环境5个维度提出公共服务质量综合指标体系[2]，基于深度访谈从医疗卫生、文化生活、社会保障、基础教育、环境卫生、公共交通6个维度分类构建京津冀公共服务质量评价体系[3]；有研究基于科学性、代表性、可操作性和数据可获取性等角度构建了公共服务绩效评估维度，例如，从基础教育、医疗卫生、社保就业、公共文化、生态环境和基础设施6个维度构建湖北省基本公共服务均等化评估指标体系[4]，从公共教育与文化服务、公共医疗与社保服务、公共基础设施服务、生态环境服务和通信信息服务5个维度构建河北省基本公共服务质量测度指标体系[5]；还有研究考虑到基本公共服务均等化的对象是那些需要付费的纯公共服务和部分准公共服务，因而将区域公共服务均等化评估指标体系确定为基础设施服务、教育服务、环保服务、医疗卫生服务、社会保障服务和就业服务、公共安全服务6个维度[6]。由此可见，政策因素、已有研究基础、基本公共服务分类、方法因素和对具体评估概念内涵的理解等因素都会对公共服务绩效评估维度的选择产生影响。就5个至7个组而言，公共服务绩效评估在公共教育、医疗卫生、社会保障、基础设施、生态环境、公共文化6个维度出现频次较高，而在公共安全、公共交通、公共信息3个维度出现频次较低。

第三组是8个至12个组。在公共服务绩效评估中8个至12个评估维度

---

[1] 詹新宇、王蓉蓉：《财政压力、支出结构与公共服务质量——基于中国229个地级市面板数据的实证分析》，《改革》2022年第2期。

[2] 张嘉紫煜、张仁杰、冯曦明：《财政纵向失衡何以降低公共服务质量？——理论分析与机制检验》，《财政科学》2022年第5期。

[3] 李冬：《京津冀地区公共服务质量评价》，《地域研究与开发》2018年第2期。

[4] 王雪晴、田家华：《湖北省基本公共服务均等化水平测度》，《统计与决策》2021年第23期。

[5] 佟林杰：《河北省基本公共服务质量测度研究》，《数学的实践与认识》2017年第19期。

[6] 刘小春、李婵、熊惠君：《我国区域基本公共服务均等化水平及其影响因素分析》，《江西社会科学》2021年第6期。

属于数量较多的公共服务内容构成维度，在实际操作中一般很少出现评估维度超过12个的情况。选择较多的公共服务内容构成维度也有着不同的原因。有研究参考已有研究从公共教育、住房保障、社会服务、文化体育、基础设施、医疗卫生、就业服务、社会保障、公共管理9个维度构建公共服务质量评价指标;[1] 有研究基于已有的公共服务职能分类从文化教育、医疗卫生、就业和社会保障、公共安全、基础设施、环境保护、科技信息、社会管理8个维度构建政府公共服务质量评价体系;[2] 有研究从社会性服务和经济性服务两大层次筛选了教育、医疗卫生、社保就业、公共文化、公共安全、基础设施、科学技术、环境保护8个维度的基本公共服务均等化评估指标体系;[3] 有研究基于基本公共服务的关键指标领域选择了基础教育、医疗卫生、公共科技、社会保障、公共文化、公共设施、生态环境、公共安全、公共行政9个县级政府基本公共服务绩效评估维度;[4] 有研究基于硬性指标与软性指标结合、过程性指标与结果性指标集合、客观性指标与主观性指标结合的角度构建了涵盖社区公共安全、社区基础教育、社区医疗卫生、社区社会保障、社区基础设施、社区劳动就业、社区文体休闲、社区环境保护、社区公共信息、社区基本公共服务整体质量10个维度的城市社区基本公共服务质量评估指标体系;[5] 还有研究从主观满意度角度对公共服务质量进行评价，如从中小学教育、公立医院服务、房价稳定、社会保障、环境保护、社会治安、基础设施建设、休闲娱乐设施及建设、公共交通9个

---

[1] 惠宁、宁楠:《数字经济驱动公共服务质量提升的效应与机制研究》,《北京工业大学学报》(社会科学版) 2023年第1期。
[2] 赵晏、邢占军、李广:《政府公共服务质量的评价指标测度》,《重庆社会科学》2011年第10期。
[3] 李华、董艳玲:《中国基本公共服务均等化测度及趋势演进——基于高质量发展维度的研究》,《中国软科学》2020年第10期。
[4] 江易华:《当代中国县级政府基本公共服务绩效评估指标体系的理论构建与实证研究——基于社会公正的视角》,中国社会科学出版社2010年版,第115页。
[5] 原珂、沈亚平、陈丽君:《城市社区基本公共服务质量评价指标体系建构》,《学习论坛》2017年第6期。

维度构建了城市基本公共服务公众满意度评价体系[①],再如从公共设施服务、环境治理、信息化服务、公共交通、市容市貌、义务教育、医疗卫生、安全监管、养老服务、行政便民服务、公共文化体育 11 个维度构建了公共服务质量评价调查维度[②]。从以上文献可以看到,公共教育、医疗卫生、社会保障、生态环境、公共文化、基础设施仍旧属于出现频率较高的核心评估维度,而房价稳定、公共信息、公共安全、公共行政、科学技术、公共交通、社会管理等属于出现频次较低的绩效评估维度。

3. 基于理论提炼与服务内容相嵌套的评价维度

在公共服务绩效评价中,目标层—准则层—指标层结构之下的指标体系中准则层并不只有一层,而是双层的嵌套结构,也即准则层下还嵌套一层子准则层。虽然理论上而言,准则层的层数没有限制,但一般准则层不会超过 3 层,因为层数过多容易造成评估体系的复杂性,进而影响绩效评估的失误率和准确性。目前在已有的公共服务绩效评估文献中,大部分嵌套型准则层(评估维度)只有两层,而且主要是基于理论提炼和服务内容的相互嵌套。具体而言这种双层嵌套又可细分为以下两种类型。

一是投入—产出—收益与公共服务内容的嵌套评价维度。该种嵌套是公共服务绩效评估中常见的嵌套模式,其中投入—产出—收益三个维度并不一定都要出现,一般出现其中两个或两个以上即可,而公共服务内容维度也是根据具体研究进行筛选的。有研究在评估农村基本公共服务绩效中选择了投入—产出两个维度和农村基本公共教育服务—农村基本医疗卫生服务—农村基本社会服务三个维度的"2×3"的嵌入模式;[③] 有研究在构建基本公共服务均等化评估指标体系中选择了供给—收益两个维度和公共教

[①] 钟杨主编:《中国城市公共服务公众满意度蓝皮书(2015—2016)》,上海人民出版社 2017 年版,第 3 页。
[②] 季丹、郭政、胡品洁:《公共服务质量第三方评价研究——基于华东地区的试点应用》,《中国行政管理》2016 年第 1 期。
[③] 张启春、江朦朦:《中国农村基本公共服务绩效评估分析:基于投入—产出视角》,《中南民族大学学报》(人文社会科学版)2016 年第 4 期。

育—医疗卫生—社会保障—公共设施—公共文化的"2×5"的嵌入模式;①还有研究在构建地方政府体育公共服务绩效评估指标体系中选择了投入—产出—效果三个维度和社会体育指标—学校体育指标—竞技体育指标—体育科技指标四个维度的"3×4"的嵌入模式。② 从以上文献可以看到，这种投入—产出—收益与公共服务内容的双层嵌套评价维度是一种根据评估议题和评估对象灵活确定的评估维度，其在公共服务绩效评估中具有广泛的适应性。

二是其他自主构建维度与公共服务内容的嵌套评价维度。其他自主构建维度与公共服务内容相嵌套的评价在表现形式上更加多样，其中自主构建的部分是基于一定的理论、政策、概念、实践等而构建起来的具有一定逻辑性的评估维度，而公共服务内容维度可能全部嵌入自主构建维度之中，也可能只是嵌入部分自主构建维度之中。例如，有研究按照"政策制定—政策产出—政策感知"的分析逻辑，构建了基本公共服务均等化的政策环境公平、供给发展水平和人民群众满意的评价维度，在该三个维度之下又分别嵌入了另一层评估维度，其中政策环境公平维度之下嵌入健全性和响应性，供给水平发展维度之下嵌入基本公共教育、基本劳动就业创业、基本社会服务、基本医疗卫生和基本公共文化体育，人民群众满意维度之下嵌入获得感、满意度和安全感;③ 有研究在构建北京市公共服务质量评价指标体系中采用了双重嵌入式的评价维度，第一层包括一般公共服务、公众满意度和区域统筹三个维度，其中一般公共服务维度之下包括就业服务、住房服务、公共安全、公共教育、医疗卫生、环境保护、社会保障、基础设施、公共交通、文化科技 10 个维度，公众满意度维度之下也包括以上 10

---

① 宋佳莹:《基本公共服务均等化测度：供给与受益二维视角——兼论转移支付与财政自给率的影响》,《湖南农业大学学报》(社会科学版)2022 年第 4 期。

② 王景波、赵顺来、魏丕来、郑凯、曲润杰、樊占平、曹亚东、于泉海:《地方政府体育公共服务绩效评估指标体系的研究》,《沈阳体育学院学报》2011 年第 2 期。

③ 姜晓萍、康健:《实现程度：基本公共服务均等化评价的新视角与指标构建》,《中国行政管理》2020 年第 10 期。

第五章　大都市基本公共服务绩效评估的指标体系 ·137·

个维度，而区域统筹维度之下只包括公共教育、医疗卫生、环境保护、社会保障和文化科技 5 个维度；① 有研究根据顾客价值理论为地方政府公共服务质量评估选择了功能价值、情感价值、社会价值、感知价值 4 个评估维度，在功能价值维度之下又设置了公共安全、基础教育与公共卫生、基础设施、社会保障与社会福利 4 个子维度，情感价值维度之下也设置了温饱类情感、安全与健康类情感、自尊与自我实现类情感 3 个子维度，而社会价值和感知价值维度之下没有再设子维度；② 还有研究以平衡计分卡为依托构建了地方政府公共事业管理绩效评估的第一层评估维度，包括业绩指标、成本指标和内部管理指标 3 个维度，其中业绩指标之下又设置教育事业管理、科技事业、文化事业、卫生事业、体育事业、社会保障事业、环境保护事业和基础设施建设 8 个子维度，成本指标维度之下包括公共事业财政支出规模、公共事业人力资源投入和政府公共事业监管成本 3 个子维度，内部管理指标维度之下包括政府勤政廉政状况、行政效率和事业单位人力资源情况 3 个子维度。③ 从以上可知，自主构建维度与公共服务内容维度相互嵌入的双层维度在形式上十分灵活，每个层次的指标可以根据具体情境进行灵活调整，而且自主构建的维度在一定程度上能够为公共服务绩效评估指标体系维度创新提供可能。

（二）大都市基本公共服务绩效评估的价值维度构建

大都市基本公共服务具有环境的复杂性、需求的多样性、成本递增化、方式合作化和内容精细化的特点，在进行大都市基本公共服务绩效评估中要坚持共同富裕、人民至上和均衡可及的价值取向，要实现对这一价值取向的维度转化，本书认为可以通过生产、生活、生态的系统框架和公共服

---

① 邓剑伟、郭轶伦、李雅欣、杨添安：《超大城市公共服务质量评价研究——以北京市为例》，《华东经济管理》2018 年第 8 期。
② 张钢、牛志江、贺珊：《地方政府公共服务质量评价体系及其应用》，《浙江大学学报》（人文社会科学版）2008 年第 6 期。
③ 彭国甫等：《地方政府公共事业管理的绩效评估与模式创新研究》，人民出版社 2010 年版，第 128—129 页。

务内容双层嵌套的评价维度来构建大都市基本公共服务绩效评价的维度，即在生产、生活和生态三个机制维度之下分别纳入相应的基本公共服务。结合上述已有文献的做法，本书初步拟定的大都市基本公共服务绩效评估维度如表5—1所示。

表 5—1　　　　　　大都市基本公共服务绩效评估维度初筛

准则	子准则
生产性基本公共服务	基础设施、公共交通、公共信息、公共科技
生活性基本公共服务	公共教育、公共医疗、社会保障、公共体育、公共就业、公共安全、住房保障、公共文化、养老服务、便民服务、社会救助、优军服务
生态性基本公共服务	生态环境、环境卫生、环境保护、市容市貌

资料来源：作者自制。

本书根据大都市基本公共服务的"三生"系统选择了生产性基本公共服务、生活性基本公共服务和生态性基本公共服务三个价值维度，如图5—1所示。城市空间是一个复杂多样、相互作用、相互影响的网络结构，城市空间中的核心是人，城市空间的物质交流、能量交换都围绕人来进行。围绕着人的生产、生活和生态三大系统，城市空间形成了多层次、多因素、多功能的城市复杂网络结构。而在这一复杂结构中基本公共服务发挥着重要作用，基本公共服务嵌入到城市与人有关的多种子系统，起着调节、协调、润滑的作用。生态系统是指包括城市的能源、矿产、土地、气候、景观、生物、水环境等在内的维持城市基本运行的"物理"基础系统，生产系统是指包括城市工业、金融、建筑、信息、交通、科技、贸易等在内的维持城市基本运作的系统，生活系统则是指包括住房、文化、教育、医疗、社保等系统在内的维持人的基本生存的系统。生产性基本公共服务、生活性基本公共服务和生态性基本公共服务就是这些子领域提供的基本公共服务，生产性基本公共服务包括基础设施、公共交通、公共信息、公共科技等服务，这些是维持城市生产活动的基础性公共服务，缺少这些基础性公共服务，城市的生产活动难以发展甚至难以正常运转。生活性基本公共服务包括公共教育、公共医疗、社会保障、公共体育、公共就业、公共安全、住房保障、公共文化、养老服务、便民服务等公共服务，这些是维持人的基本生存和发展的基础性公共服务，缺少这些基础性公共服务，城市中人的生活质量将难以保障。生态性基本公共服务包括生态环境、环境卫生、环境保护、市容市貌等公共服务，这些是维持城市良好生态环境的基本公共服务，如果这些缺失，城市生产和生活的成本将大幅度增加，生产和生活的质量也将大幅度降低。

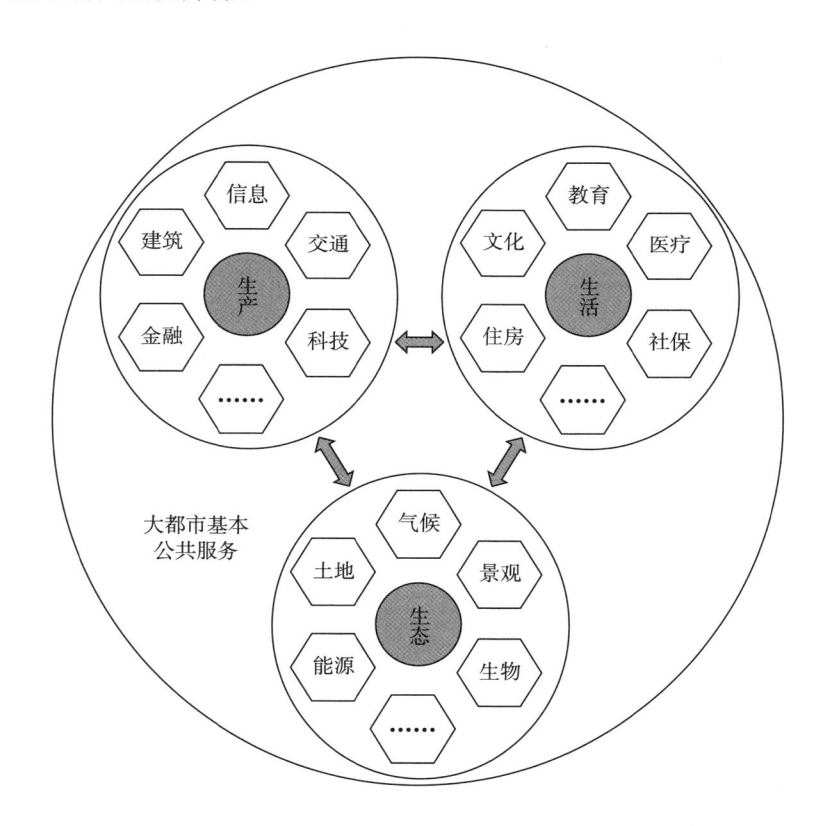

图5—1 大都市基本公共服务的"三生"系统

本书之所以选择"三生"基本公共服务作为大都市基本公共服务绩效评估的三个评价维度主要是基于以下几方面的考虑。

一是"三生"理论与大都市的基本特性相吻合。城市是一个生产、生活和生态相互影响的空间系统，生产的发展、生活的改善和生态的维持三者之间相互制约，如果某一方面存在短板或弱项，则可能传导至另一个子系统领域，进而影响城市的整体协调发展。大都市基本公共服务具有环境的复杂性、需求的多样性、成本递增化、方式合作化和内容精细化的特点，因而大都市基本公共服务需要一个层次清晰的城市系统结构来进行统领，这样才能更加有逻辑、有次序、有先后地推进大都市整体发展。生产、生活和生态基本覆盖了城市空间的基础性领域，能够有效支撑城市整体的运转功能，而在生产、生活和生态领域的基本公共服务则是城市各子系统正常运转的重要基础，对这些领域的基本公共服务进行绩效评估能够较好地摸清其现状，以不断改进和提升相关领域的公共服务绩效。

二是"三生"理论与高质量发展的要求相吻合。大都市高质量发展是大都市从高速增长阶段转向高质量发展阶段的体现，以前大都市发展主要通过规模扩大、人口虹吸、粗放发展的形式推动城市增长，而现在要求大都市发展要注意规模与结构、增长与生态、发展与质量之间的关系，大都市的发展更加注重生产、生活和生态之间的协调，注重生产系统、生活系统和生态系统三大系统之间的均衡。"三生融合"的平衡是大都市高质量发展的重要体现，而"三生融合"平衡在基本公共服务供给上的体现就是要平衡三大系统中的基本公共服务，要注重各系统在城市功能中发挥的重要作用，更要注意到三大系统的基本公共服务协同供给才能保障大都市的高质量发展，如果偏向任何一方，则会导致城市系统之间的不均衡，影响大都市整体发展，进而影响大都市高质量发展。

三是"三生"理论与绩效评估价值取向相吻合。大都市基本公共服务绩效评估的基本价值取向是共同富裕、"人民至上"和均衡可及，这些理念与生产、生活和生态相协调的理念相互契合。大都市生产、生活和生态相互协调能够有效提升大都市整体效能，进而创造更多的物质财富和精神财富，为促进共同富裕奠定基础。大都市生产、生活和生态系统中都体现着人的因素，三个系统的协调运转都指向人民，终将是为提升人民的生活状态和生命质量而努力。大都市生产、生活和生态系统本身蕴含着均衡可及的价值理念，要求大都市中生产、生活和生态系统在人群、区域等方面实现均衡协调。大都市基本公共服务价值取向的落地可以很好地借用"三生"理论的系统框架，通过生产、生活、生态的三维价值架构推动和落实共同富裕、人民至上和均衡可及的大都市基本公共服务绩效评估价值取向。

四是"三生"理论与美好生活向往需求相吻合。随着人民生活水平的逐步提高，城市人民对环境优美、空气清新、水源洁净、舒适宜居、安全稳定等方面的要求越来越强烈，而大都市生产、生活和生态协同发展是对城市人民高度负责的体现，也是顺应新时代新发展的要求，更是满足人们对美好生活向往的要求。大都市可持续发展需要生产、生活和生态的协调发展，要深入贯彻创新、协调、绿色、开放、共享的发展理念也需要生产、生活和生态之间的协调。"三生"协调是尊重自然规律、经济规律和社会规律的体现，是人与自然、人与社会、人与经济之间的和谐共生，是社会生产行为、生活方式和生态观念的转变，是追求高质量美好生活的选择。大都市基本公共服务绩效评估价值维度的选择建立在"三生"协调的基础理论之上，能够更好地体现基本公共服务在实现人民美好生活向往上的努力和作用。

二 政策引导：评价维度的第二轮筛选

该轮评价维度的筛选主要考虑第一轮筛选出的评价维度是否与当前的主要核心政策价值取向相一致，据此，本书重点考虑三个层面的政策：一是中长期规划层面的《中华人民共和国国民经济和社会发展第十四个五年规划和2035年远景目标纲要》（以下简称"十四五"规划）；二是党的纲领性文献二十大报告《高举中国特色社会主义伟大旗帜　为全面建设社会主义现代化国家而团结奋斗》（以下简称"党的二十大报告"）；三是专项性规划层面的《"十四五"公共服务规划》。

(一) 中长期规划层面

"十四五"规划作为国家中长期的纲领性文件，多处提到了基本公共服务规划的问题，在语言表述和排版布局上主要分成两个部分：一部分是直接集中表达；一部分是专题分散表达。

就直接集中表达部分而言，主要集中在第十四篇，强调了以下几方面：一是提高基本公共服务均等化水平。围绕着公共教育、就业创业、社会保险、医疗卫生、社会服务、住房保障、公共文化体育、优抚安置、残疾人服务等领域建立基本公共服务标准体系，促进公共服务在区域间的均等化，促进基本公共服务向基层、农村、边缘地区和生活困难群众倾斜和延伸。以上构建的大都市基本公共服务绩效评估维度中生活性基本公共服务基本覆盖该范围。二是创新公共服务提供方式。要区分基本公共服务与非基本公共服务，在不同类型公共服务中应该选择公建民营、政府购买、政府和社会资本合作等方式进行提供。本书中的评估对象主要是基本公共服务，因而不涉及非基本公共服务。三是完善公共服务政策保障体系。要补足基本公共服务在财政支出中的短板，加大对基层政府基本公共服务的财力支持，将更多公共服务纳入政府购买服务目录等保障措施。在该部分中除了以上内容，为加强普惠性、基础性、兜底型民生建设，增强人民群众的获得感、幸福感和安全感，还专门提到了健全就业公共服务体系，全面提升劳动和就业创业能力；健全多层次社会保障体系，健全社会养老、社会救助和慈善制度、退役军人工作体系等；保障妇女未成年人和残疾人基本权益，提升未成年人关爱服务水平。这些内容基本覆盖了生活性基本公共服务的大部分内容，体现了国家政策在这些关系民生福祉领域的长远规划。

就专题分散表达部分而言，该部分内容分散在"十四五"规划之中，有些则专门列篇章进行表述，有些则嵌入其他关联性专题进行表达。在第五十四章和第五十五章分别提到了全面提高公共安全保障能力与维护社会稳定和安全，这些与大都市绩效评估维度中的公共安全部分相呼应。在第四十三章提到要推进基本公共教育均等化，推动义务教育优质均衡发展和城乡一体化。在第四十四章提到要把保障人民健康放在优先发展的战略位置，织牢国家公共卫生防护网，为人民提供全生命期健康服务。在第三十八章提到要建立健全环境治理体系，推进精准、科学、依法、系统治污，不断改善空气、水环境质量。在第三十九章提到要坚持生态优先、绿色发展，协同推进经济高质量发展和生态环境高水平保护。在第三、第四、第五章提出要提升公共文化服务水平，完善公共文化服务体系，提升中华文化影响力。在第二十九章提出要全面提升城市品质，转变城市发展方式，推进新型城市建设，提高城市治理水平，完善租房市场体系和住房保障体系。在第十六章提出要提供智慧便捷的公共服务，推动数字化服务普惠应用。在第十一章提到要打造系统完备、高效实用、智能绿色、安全可靠的现代化基础设施体系，加快新型基础设施建设和现代化综合交通运输体系建设。"十四五"规划之中提到的这些公共服务是未来五年甚至更长时期国家重点关注、政府重点支持、群众重点需要的公共服务类型，这与本书中构建的评估价值维度基本契合。

（二）纲领性规划层面

党的二十大报告中明确提出：从现在起，中国共产党的中心任务是团结带领全国各族人民全面建成社会主义现代化强国、实现第二个百年奋斗目标，以中国式现代化全面推进中华民族伟大复兴。其中关于基本公共服务的表述主要分为集中表达和分散表达两部分。

就直接集中表达部分而言，报告中明确表示在过去十年之中，我们深入贯彻以人民为中心的发展思想，在幼有所育、学有所教、劳有所得、病有所医、老有所养、住有所居、弱有所扶上持续发力，建成了世界上规模最大的教育体系、社会保障体系、医疗卫生体系，人民群众获得感、幸福感、安全感更加充实、更有保障、更可持续。在报告第九部分中明确提出未来要采取更多"惠民生、暖民心"举措，着力解决好人民群众急难愁盼问题，健全基本公共服务体系，提高公共服务水平，增强均衡性和可及性，扎实推进共同富裕。从以上表述看到，生活性基本公共服务在报告中占据重要地位，是基本公共服务体系关注的重点和重心。

就专题分散表达部分而言，在报告第五部分强调教育、科技、人才是全面建设社会主义现代化国家的基础性、战略性支撑，要深入实施科教兴国战略、人才强国战略、创新驱动发展战略，加快建设高质量教育体系，完善科技创新体系。在报告第八部分强调要增强文化自信，建设社会主义文化强国，健全现代公共文化服务体系，促进群众体育和竞技体育全面发展，加快建设体育强国。在报告第十部分强调要尊重自然、顺应自然、保护自然，站在人与自然和谐共生的高度谋划发展，推进美丽中国建设，推进生态优先、节约集约、绿色低碳发展。在报告第十一部分强调要提高公共安全治理水平，完善公共安全体系，建设人人有责、人人尽责、人人享有的社会治理共同体。从以上表述看到，公共教育、公共科技、公共文化、公共体育、环境保护、公共安全等公共服务内容受到专门重视。

（三）专项性规划层面

《国家基本公共服务体系"十二五"规划》明确指出基本公共服务范围一般包括保障基本民生需求的教育、就业、社会保障、医疗卫生、计划生育、住房保障、文化体育等领域的公共服务，广义上的基本公共服务还包括与人民生活环境紧密关联的交通、通信、公用设施、环境保护等领域的公共服务，以及保障安全需要的公共安全、消费安全和国防安全等领域的公共服务。但《"十二五"公共服务规划》《"十三五"公共服务规划》和《"十四五"公共服务规划》里强调的范围仅仅是狭义上的基本公共服务，并不包含广义上的基本公共服务。《"十四五"公共服务规划》和《国家基本公共服务标准（2021版）》主要围绕"七有两保障"（幼有所育、学有所教、劳有所得、病有所医、老有所养、住有所居、弱有所扶、优军服务有保障、文体服务有保障）进行规划。同时规划强调要补齐基本公共服短板，要对标国家基本公共服务标准，结合地方实施标准，加快补齐基本公共服务的软硬件短板弱项。这些短板弱项表述中主要涵盖义务教育、就业社保、医疗卫生、养老服务、住房保障、文化体育、社会服务等几个方面。虽然国家基本公共服务规划主要关注的是生活性基本公共服务，但广义上的基本公共服务也是公共政策需要关注的内容。

从中长期规划、党的纲领性规划和公共服务专项规划来看，这些规划在公共服务发展和规划方面存在以下三个典型特征。一是无论是专项规划还是非专项规划，生活性基本公共服务都是其规划的核心。在专项规划和非专项规划中，"七有两保障"都属于核心基本公共服务，这些基本公共服务基本是直接围绕着"人"的服务，直接决定了人的生活质量和生活水平，对人的满意度、安全感、幸福感和获得感产生直接影响。二是在非专项规划中，除了生活性基本公共服务之外，生产性基本公共服务和生态性基本公共服务业受到很大的重视。生产性基本公共服务和生态性基本公共服务主要是间接对人产生影响，但这种影响也是具有较强的基础性和普惠性的。如果这些基本公共服务无法有效供给，在公共服务供给的传导链上也会很快传导至人，对人的生产、生活和环境等产生重大影响。三是在非专业规划中，由于生产性基本公共服务和生态性基本公共服务与其他核心议题交叉，因此很多相关表述都直接分散性地嵌入到其他核心议题部分，或直接作为单独的部分进行重点表述。

三 专家咨询：评估维度的第三轮筛选

第三轮筛选主要评估第一轮和第二轮筛选出来的评估维度在理论上、方法上和政策上是否符合基本要求，是否违背基本的原则。这一轮筛选邀请了公共管理专业的5位同行就大都市基本公共服务评估维度的理论支撑、方法支撑和背景支撑进行"头脑风暴"，讨论的主要观点如下。

（一）理论支撑

由于本书的被评估对象主要是大都市基本公共服务，因而在评估维度和评估框架构建过程中希望构建一个贴合大都市特点的评估维度和评估框架。在梳理了目前关于基本公共服务绩效评估的相关文献之后，没有发现已有研究专门针对大都市的特性来构建基本公共服务绩效评估维度的相关研究。在此思考之下，本书试图从城市治理的视角来搜寻具有维度构建价值的相关理论支撑，而三生融合理念逐渐进入我们的视野。三生融合理念强调城市生态空间系统中人们的生产、生活和生态相互协调、相互适应，这种融合可以有效促进城市经济—社会—生态系统的可持续发展，能够有效提高城市生命体的质量。三生融合理念实际上主要源于城市生态理论，其强调城市空间中社会、经济、自然协调发展，物质、能量、信息高效利用，生产、生活和生态充分融合，人的创造力和生产力得到最大限度地发挥，居民的身心健康和环境质量得到最大程度的保护。进一步考察，城市生态理论实际上主要通过生态经济学原理和系统工程方法去改变传统的城市发展模式。[1] 其通过生态经济学原理中环境—生产—消费的运行结构与系统工程方法论上的自然环境生态系统—经济生态系统—社会生态系统的系统结构进行耦合，从而推动经济与自然、社会与自然、人文与自然之间的协调高效发展。

大都市基本公共服务绩效评估对象的发生场域主要是在大都市空间范围内，大都市中关于人的活动可以比较系统地归纳为生产、生活和生态三个方面。在大都市城市空间内，生态和生产属于物质和能量输入系统，而生活属于物质和能量的消耗和输出系统。城市中的交通、建设、运输、加工等生产系统将生态系统中的燃料、植被、空气、能源等转化为人类生活系统所需要的电力、煤气、衣物、食物等消费物品。城市中的生态系统、生产系统和生活系统被人的行为和需求连接起来，共同形成了城市生态系

---

[1] 陈双、贺文主编：《城市规划概论（修订版）》，人民出版社2016年版，第192页。

统。城市生态系统的每个环节和每个子系统都需要基本的公共服务作为支撑,以更好地维持该系统的基本运转。而且,城市生态系统中的生态子系统、生产子系统和生活子系统之间是相互影响和相互制约的,生态系统被破坏可能直接导致生产系统的停滞和生活系统的紊乱,生产系统被破坏也会引发生态系统的代谢循环和生活系统的质量提升,生活系统的破坏也会制约生态系统的自然代谢和生产系统的发展循环。因此,在评价大都市基本公共服务绩效时需要从城市整体性角度进行评估,需要从生产、生活和生态系统的角度进行评估,这样才能更好地覆盖城市空间中的复杂要素,才能为促进城市整体协调和整体发展提供更有效参考。

就公共服务内容维度而言,在筛选过程中主要吸纳了服务型政府理论、新公共服务理论等理论观点。尤其是登哈特的新公共服务理论具有很好的参考价值。新公共服务是指公共行政在以公民为中心的治理系统中所扮演的角色的一套理念,其认为公共行政官员在管理公共组织和执行公共政策时应该集中于承担为公民服务和向公民放权的职责,其工作重点既不是为政府帆船掌舵,也不是为其划桨,而应该是建立具有完善整合力和回应力的公共机构。新公共服务理论认为政府的职能是服务而不是掌舵,公共利益是目标而非副产品,在思想上要具有战略性,在行动上要具有民主性,为公民服务而不是为顾客服务,责任并不简单,重视人而不是重视生产率,公民权和公共服务比企业家精神更重要。[1] 新公共服务理论中"人""公民权""责任""公共利益""民主性""战略性""回应力""整合力""对话"等核心词汇所反映出来的价值理念与大都市基本公共服务绩效评估的价值取向相一致,对选择绩效评估维度具有很好的指导作用。本书中选择的公共教育、公共医疗、社会保障等生活性基本公共服务是直接体现人的利益的基础性公共服务内容,选择的基础设施、公共交通、公共信息等生产性基本公共服务是与公共利益密切联系的基础性服务内容,选择的生态环境、环境卫生、环境保护等生态性基本公共服务是和人的生存与发展密

---

[1] 丁煌:《西方行政学说史(第三版)》,武汉大学出版社2017年版,第379—382页。

切相关的服务内容。因此，这种评估维度选择能很好地与城市生态理论与新公共服务理论相呼应。

（二）政策支撑

关于基本公共服务的政策，除了国务院先后在 2012 年、2017 年和 2021 年发布的《国家基本公共服务体系"十二五"规划》《"十三五"推进基本公共服务均等化规划》和《"十四五"公共服务规划》之外，还有很多公共政策与基本公共服务密切相关，对支撑本书中大都市基本公共服务绩效评估维度的选择具有重要的参考价值。

2017 年 6 月中共中央和国务院发布了《关于加强和完善城乡社区治理的意见》（以下简称《意见》），城乡社区是社会治理的基本单元，城乡社区也是基本公共服务落地的重要载体，因此该《意见》中的相关内容对基本公共服务评价维度选择具有重要支撑和参考意义。《意见》强调要推动管理和服务力量下沉，引导基层党组织强化政治功能，聚焦主业主责，推动街道（乡镇）党（工）委把工作重心转移到基层党组织建设上来，转移到做好公共服务、公共管理、公共安全工作上来，转移到为经济社会发展提供良好公共环境上来。这意味着基层社区的职能重心将逐渐从经济社会发展转移至公共服务提供上来，基本公共服务落地的"最后一公里"问题将得到更多重视。《意见》还强调：加快城乡社区公共服务体系建设，健全城乡社区服务机构，编制城乡社区公共服务指导目录，做好与城乡社区居民利益密切相关的劳动就业、社会保障、卫生计生、教育事业、社会服务、住房保障、文化体育、公共安全、公共法律服务、调解仲裁等公共服务事项。这意味着基层公共服务体系需要承接上级政府部门众多的基本公共服务落地工作。从《意见》来看，大都市基本公共服务绩效评价维度的选择更多地体现为生活性基本公共服务，这一块从社区治理角度来看应该赋予更大的权重，在整个基本公共服务供给内容中占有绝对中心地位。

2018 年 2 月国务院办公厅印发了《基本公共服务领域中央与地方共同

财政事权和支出责任划分改革方案》（以下简称《方案》），该《方案》坚持以人民为中心和保障标准合理适度的原则，对首先纳入中央与地方共同财政事权范围的义务教育、学生资助、基本就业服务、基本养老保险、基本医疗保险、基本卫生计生、基本生活救助、基本住房保障共八大类 18 项服务事项的基础标准、支出责任及分担方式进行了规定。《方案》的一大亮点是在一般性转移支付下设立共同财政事权分类分档转移支付，原则上将改革前一般性转移支付和专项转移支付安排的基本公共服务领域共同财政事权事项，统一纳入共同财政事权分类分档转移支付。该《方案》一方面通过财政事权和支出责任划分保障了基本公共服务的有效供给；另一方面反映了当前核心基本公共服务的类别清单。2022 年 6 月国务院办公厅又发布了《国务院办公厅关于进一步推进省以下财政体制改革工作的指导意见》（以下简称《意见》），该《意见》清晰界定了省以下财政事权和支出责任、理顺了省以下政府间收入关系、完善了省以下转移支付制度、健全了省以下财政体制调整机制以及规范了省以下财政管理，其对促进基本公共服务均等化和增强基层公共服务保障能力具有重要的基础作用。这两个文件中提到的基本公共服务与生活性基本公共服务维度相呼应，能够为本书选择的大都市基本公共服务绩效评估维度提供政策支持。

  2022 年 12 月中共中央、国务院印发了《扩大内需战略规划纲要（2022—2035）》（以下简称《纲要》），该《纲要》强调要加大重点领域补短板力度，要加强交通基础设施、能源基础设施、水利基础设施、物流基础设施、生态环保设施、社会民生基础设施、信息基础设施等建设。这些基础设施都属于生产性基本公共服务的范畴，体现了国家未来一段时间对该类基本公共服务的重视。《纲要》还提到要深化户籍制度改革，建立健全经常居住地提供基本公共服务制度，促进农业转移人口全面融入城市，提高市民化质量。推进超大特大城市瘦身健体，严控中心城市规模无序扩张。完善大中城市宜居宜业功能，支持培育新生中小城市。推进县城公共服务、环境卫生、市政公用、产业配套等设施提级扩能，增强综合承载能力和治理能力。这一方面强调要推进城市化，提高市民化质量；另一方面要控制超大特大城市的规模，严控中心城市无序扩展。这就会导致未来大都市落户竞争更加激烈，大都市的基本公共服务要求也会越来越高，因而未来大都市在基本公共服务软实力方面将会予以足够重视。另外，要完善大中城市宜居宜业功能，这就需要积极调控超大特大城市的房价。对于很多居民，尤其是刚步入工作的大学生群体，支付与住房相关的开支要占到其工资比例的一大部分，这就直接导致其在其他领域的消费减少，因此提供住房保障公共服务是超大特大城市需要重点关注的基本公共服务内容。

（三）方法支撑

由于本书主要采取层次分析法来构建绩效评估指标体系并确定指标权重，因此按照该方法论的基本要求，在构建绩效评估维度过程中需要遵循以下三点原则。

一是评价维度的简洁性。由于大都市基本公共服务本身是一个比较复杂的体系，如果采用过于复杂的评价维度则容易导致整个评估的误差率增加，因此评估的准则维度应该采取宜简则简的原则。本书构建的准则层包含三个维度，而且生产性基本公共服务、生活性基本公共服务和生态性基本公共服务三者之间相互独立，不存在相互重叠交叉的现象，方法上是一种比较简洁的设计。但子准则层里面的内容则比较复杂，尤其是生活性基本公共服务和生态性基本公共服务两个维度之下的子准则设置存在交叉重叠的现象，比如社会保障和社会救助、公共文化和公共体育、生态环境与环境卫生等方面的内容存在明显交叉重叠问题。而且采用层次分析法一般要求维度之下隶属的指标或子维度一般不超过9个，否则容易导致效度和信度不足，因而还需要根据这些规则进行适度修正和调整。

二是评价维度的系统性。准则维度按照"三生"理论进行构建，且生产、生活和生态能够比较全面地覆盖城市空间中人的行为和活动，应该属于比较全面系统的设计。但子准则层面则显得比较凌乱、系统性不够。比如生活性基本公共服务覆盖了十二项子准则之多，但这些子准则缺乏一种系统的解释框架，各种公共服务内容之间存在叠加的关系。还有生产性基本公共服务和生态性基本公共服务下面隶属的子准则虽然数量相对较少，但逻辑关系仍然不甚清晰。因而建议可以对这些子准则维度进行合并整合，筛选具有核心表现能力和核心代表价值的子准则即可，不必一味追求全面，在特殊情形下可以适当地放弃子准则构建的全面性，而应选择子维度的代表性和表现力，这样不仅能够更好地区分不同大都市在基本公共服务绩效之间的差别，而且能够实现评估操作的简洁性。

三是评价维度的实用性。在评估准则选择过程中还应考虑后续的指标选择问题，有些子准则看似非常理想，但在后续指标选择上可能存在困难，导致评估维度缺乏实用性和操作性。因此在评估准则，尤其是评估子准则的选择过程中需要仔细考虑其下属代表性指标选取的问题。重点考虑子准则之下的评估指标是否能够量化、是否具有代表性、是否具有区分度、是否能够有效收集数据、是否容易实现可视化，等等。比如生态性基本公共服务之下的市容市貌子准则在指标选择上比较困难，具有代表性和操作性的指标很难筛选出来，因而可以考虑进一步整合或删除。一个好的评价维度应该在理论上能够逻辑自洽、在政策上能够回应现实、在方法上能够简单实用。因此，可以考虑对建立的评估准则在实用性和操作性上进行进一步斟酌和筛选。

四 综合权衡：评估维度的第四轮筛选

综合上述三轮的论证和斟酌，本书构建了大都市基本公共服务绩效评估维度。该评估维度在最终厘定过程中主要基于以下几方面的考虑。

一是评价维度需要反映大都市基本公共服务的特点。本书采用的是"理论—公共服务"双层嵌套的评价维度模式，这两个方面都应该反映大都市基本公共服务的特征。大都市是一个复杂的综合体，从不同角度观察会发现不同的特征，本书主要从"人"的角度来观察大都市空间，因而选择了生产、生活和生态的"三生"视角来进行观察和切入，人在城市空间中基本围绕着生产、生活和生态三个方面进行活动，一个人从生到死基本离不开这三个维度，因而这三个维度应该比较全面地覆盖了人的活动。围绕着这三个维度对基本公共服务内容进行分解，在生产性基本公共服务维度剔除了"基础设施"这一内容，因为公共交通、公共信息和公共科技本质上都属于基础设施。生产性基本公共服务主要反映了大都市中与人的生产活动密切相关的基础性服务，交通、科技和信息等在大都市中是生产活动的基本要素，离开了这些服务活动，城市生产活动很难正常进行。在生活性基本公共服务维度，将社会救助、优军服务、养老服务纳入社会保障之中，因为广义上的社会保障实质上已经包含了上述三个方面的服务内容。公共文化和公共体育合并为文体服务，两者在一定程度上也是一种包含关系。公共安全和便民服务由于在数据搜集上的困难性，所以予以剔除。最终生活性基本公共服务维度之下主要包括教育、医疗、住房、社保、就业和文体六大类基本公共服务。这六大类基本公共服务都是大都市发展中的核心基本公共服务，尤其是前三类公共服务被称为当代城市生活中的"三座大山"。生态性基本公共服务维度之下，重新对之前的子准则内容进行整合，将之前的生态环境、环境卫生、环境保护和市容市貌整合为环境资源、环境保护和环境治理三个维度。环境资源体现大都市公共服务资源的充裕度，环境保护体现大都市在城市增长过程中的环境破坏度，环境治理主要体现大都市采取相关措施治理环境的效果。生态环境是大都市高质量发展的核心要求之一，因此在大都市基本公共服务绩效评估中应予以足够重视。

二是评价维度需要回应当前宏观层面和微观层面的政策。评价维度的构建必须能够回应当前宏观层面或微观层面的公共政策，这样才能更好地为政府决策提供参考。这里的宏观政策主要是指国家层面的中长期规划、纲领性文件、专项规划等，比如包括前述的中长期规划层面的"十四五"规划、党的纲领性文献二十大报告、专项性规划层面的《国家基本公共服务体系

"十二五"规划》、《"十三五"推进基本公共服务均等化规划》和《"十四五"公共服务规划》以及《关于加强和完善城乡社区治理的意见》、《基本公共服务领域中央与地方共同财政事权和支出责任划分改革方案》、《国务院办公厅关于进一步推进省以下财政体制改革工作的指导意见》、《扩大内需战略规划纲要（2022—2035）》等政策。微观政策主要是指各个城市自身发布的一些政策文件，比如《北京市基本公共服务实施标准（2021年版）》、《广州市人口发展及社会领域公共服务体系建设"十四五"规划》、《广州市公共文化设施社会化管理运营指导意见》、《上海市社区全民健身公共服务标准》、《上海市教育发展"十四五"规划》等。在当前的专项基本公共服务规划中主要强调"七有两保障"，也就是生活性基本公共服务，专项基本公共服务主要从与人直接相关的"软性"公共服务内容角度出发，但在大都市空间中很多综合性公共政策也着重关注到与人间接相关的"硬性"公共服务内容，即生产性基本公共服务和生态性基本公共服务。在生活性基本公共服务中，教育、医疗和住房是大都市中市民反映最为强烈的服务内容，几乎所有宏观综合性政策文件中必提。在生产性基本公共服务中，交通、信息和科技是大都市发展的三项核心基础设施，尤其是在当前加快建设制造强国、质量强国、航天强国、交通强国、网络强国、数字中国的背景下，这三项公共服务基础设施显得尤为重要。在美丽中国政策背景下，生态性基本公共服务也是当前城市政府越来越重视的基本公共服务内容之一。

三是评价维度需要体现具有系统性和逻辑性的理论。基本公共服务的内容非常丰富，从不同维度对其有不同划分，不同维度之下的公共服务也体现了不同的价值取向。本书在共同富裕、人民至上和均衡可及的价值取向上，基于城市生态理论、服务型政府理论和新公共服务理论，构建了覆盖"三生"性基本公共服务准则层以及相应的子准则层。生产、生活和生态三个方面的基本公共服务相互协调，能够促进公共服务均等化，共同推进城市高质量发展。城市空间是一个生产、生活与生态相互影响的整体，如果偏向其中一方，则其他两方最终也会因为相互影响而受到牵制。要实现共同富裕，不仅要做好个体层面的生活性基本公共服务，而且要做好组织层面的生产性基本公共服务，还要做好城市整体层面的生态性基本公共服务。要实现城市高质量发展，还应该均衡地做好生产性、生活性和生态性基本公共服务，推动这三个方面基本公共服务的均衡可及。生产性基本公共服务、生活性基本公共服务和生态性基本公共服务都是围绕着城市中的市民展开的，教育、医疗、住房、社保、就业和文体等公共服务都直接与市民利益挂钩，交通、信息、科技、环保、环资和环治等则间接与市民利益相关，选取这些基本公共服务作为评价维度体现了以人民为中心的价值理念和人民至上的价值取向。生产、生活和生态三个维度的设计体现了城市生态理论与系统工程理论的核心思想，子准则维度的公共服务内容则反映了服务型政府理论与新公共服务理论的核心价值。而且在子准则层中，生活性基本公共服务主要偏软性，而生产性基本公共服务和生态性基本公共服务偏硬性。教育、医疗、住房、社保、就业和文体属于典型的公共事业的范畴，而交通、信息、科技、环保、环资和环治属于典型的公用事业范畴，两者都属于基础设施，但前者主要是软性基础设施，而后者则是硬性基础设施。两者内容相互补充，能够较好地反映大都市基本公共服务的构成结构。

  四是评价维度需要考虑可操作性和可落地性的方法。评价维度的设计除了要考虑理论层面、政策层面和评估对象层面的问题之外，还必须考虑方法的可操作性和易实现层面，否则水月镜花、海市蜃楼、空中楼阁虽然看上去很动人心魄，但实际却是虚无缥缈、扑朔迷离，这就导致评估无法有效落地。从方法论的角度，对子准则层的构建做了大幅度调整。首先，在生产性基本公共服务维度，由之前的基础设施、公共交通、公共信息、公共科技四个子准则精简为公共交通、公共信息、公共科技三个子准则，由于基础设施实际上已经包含了公共交通、公共信息和公共科技，因此为避免子准则的交叠性，将公共交通、公共信息和公共科技厘定为核心子维度。其次，对生活性基本公共服务维度之下的公共服务内容进行精简合并，将养老服务、社会救助和优军服务并入到社会保障维度之下，因为广义的社会保障实际已经覆盖了养老服务、社会救助和优军服务。将公共体育和公共文化合并为文体服务，因为广义的公共文化包含了体育服务。便民服务虽然也有普惠性的成分，但其在性质色彩上更偏向生活服务的范畴，属于市场逻辑支配的范畴，而本书中主要评估的是基本公共服务，因而将其排除在外。公共安全属于基本公共服务的重要内容，国家宏观和微观政策中也有强调，但该维度下的指标存在收集困难的问题，比如每万人刑事案件立案数（件）、刑事案件破案率（%）、治安案件查处率（%）、人均火灾事故的经济损失额（万元）、人均交通事故的经济损失额（万元）、人均生产安全事故的经济损失额（万元）等指标数据缺失太多，很多城市不愿主动公布此类负面数据，甚至有些城市将其作为保密数据进行管理，因此本书将公共安全维度剔除。最后，对生态性基本公共服务之下的内容进行整合，将其归为环境资源、环境保护和环境治理，这样能更好地反映生态性基本公共服务的类型特点。具体如表5—2所示。

表5—2　　　　　　大都市基本公共服务绩效评估维度构建

目标层	准则层	子准则层
大都市基本公共服务绩效	生产性基本公共服务	公共交通
		公共信息
		公共科技
	生活性基本公共服务	公共教育
		公共医疗
		住房服务
		社会保障
		公共就业
		文体服务
	生态性基本公共服务	环境资源
		环境保护
		环境治理

资料来源：根据相关资料整理而得。

第三节 大都市基本公共服务绩效评估指标体系的构建内容

评价维度确定之后，接下来就需要遴选和确定评价维度之下的具体评估指标。大都市基本公共服务绩效评估指标的遴选和确定是一个复杂的流程，至少需要经过以下七个环节，如图5—2所示。一是根据大都市基本公共服务绩效评估维度来全方位收集具体的评价指标，这一环节主要追求全面，而不追求精确和效度，即要求从尽可能多的来源渠道收集具有测量价值的具体评价指标。二是通过邀请相关研究领域的专家学者、政府部门公务员一起进行头脑风暴，通过激烈的讨论和对话对全面收集的具体评价指标进行初筛，尤其是删除那些明显不符合标准的指标。三是通过发放在线问卷的方式调查绩效评估指标隶属于某个维度的程度，以删除那些代表性比较低的评估指标。四是通过部分数据分析评估指标之间的相关性，删除那些超过一定临界值的评估指标，以降低评估指标重复带来的影响。五是通过相关系数来测量评估指标的指标鉴别力，即评估指标区分和鉴别不同公共服务绩效的能力，鉴别力差的指标应该剔除。六是测量指标体系的信度，即指标体系是否能够反映大都市基本公共服务绩效的可靠性程度，或者是测量在不同条件下指标体系发挥作用的一致性程度，信度越高指标体系的可靠性越强。七是测量指标体系的效度，即作为测量工具的指标体系在多大程度上测量到了想要测量对象的特质，效度越高测量的有效程度则越大。值得注意的是，在实际操作过程中并不会严格按照指标筛选的每一个流程予以推进，一般会选择其中一些步骤来提高指标遴选的科学性和有效性。本书将主要依次从全方位收集、头脑风暴法、隶属度分析和内容效度比四个方面筛选大都市基本公共服务绩效评估指标。

第五章 大都市基本公共服务绩效评估的指标体系 ·157·

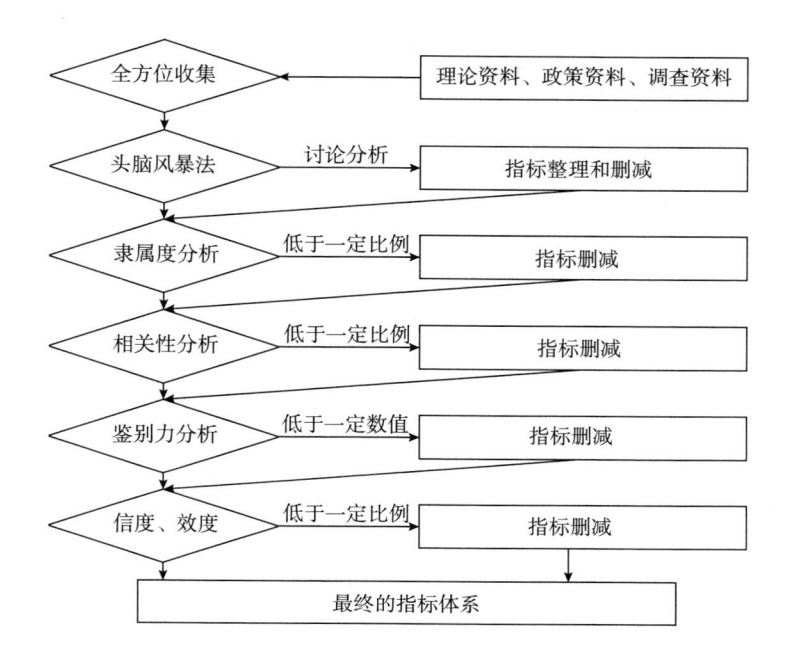

```
全方位收集 ← 理论资料、政策资料、调查资料
    ↓
头脑风暴法 —讨论分析→ 指标整理和删减
    ↓
隶属度分析 —低于一定比例→ 指标删减
    ↓
相关性分析 —低于一定比例→ 指标删减
    ↓
鉴别力分析 —低于一定数值→ 指标删减
    ↓
信度、效度 —低于一定比例→ 指标删减
    ↓
最终的指标体系
```

图 5—2　绩效评估指标筛选流程

一　全方位收集：评估指标的第一轮筛选

综合国内外关于公共服务质量、公共服务均等化、公共服务能力、公共服务标准、公共服务绩效评估、公共服务满意度等相关学术文献、政策文献和调研文献，根据共同富裕、"人民至上"和均衡可及的价值取向，以及系统全面、精确简洁、可比可测、导向明确、独立协调的大都市基本公共服务绩效评估指标构建原则，构建了一个三层嵌套的大都市基本公共服务绩效评估指标体系。准则层由生产性基本公共服务、生活性基本公共服务和生态性基本公共服务构成，子准则层之下，生产性基本公共服务隶属公共交通（10个指标）、公共信息（10个指标）和公共科技（9个指标）三个子准则，共计29项指标；生活性基本公共服务隶属公共教育（10个指标）、公共医疗（7个指标）、住房服务（6个指标）、社会保障（13个指

标)、文体服务（11 个指标）、公共就业（8 个指标）六个子准则，共计 55 项指标；生态性基本公共服务隶属环境资源（7 个指标）、环境保护（7 个指标）、环境治理（8 个指标）三个子准则，共计 22 项指标。通过第一轮初步遴选共获得 106 项大都市基本公共服务绩效评估指标，如表 5—3 所示。

表 5—3　　　　大都市基本公共服务绩效评估第一轮指标体系

目标层	准则层	子准则层	指　标　层
大都市基本公共服务绩效	生产性基本公共服务	公共交通	人均拥有道路面积（平方米）、每万人拥有公共汽车（辆）、城市拥有地铁线路条数（条）、运营线路长度（里）、公交补贴占财政支出比重（%）、公交线路的平均等候时间（分钟）、每平方公里公路客运量（万人/平方公里）、每平方公里水运客运量（万人/平方公里）、每平方公里民用航空客运量（万人/平方公里）、城市机场数量（个）
		公共信息	通信设备家庭覆盖率（%）、电视人口覆盖率（%）、固定电话普及率（%）、拥有互联网用户数占年末总户数（%）、有线电视入户率（%）、每万人拥有邮局数量（个）、移动电话用户数占年末总户数（%）、人均报刊期发数（份）、公共读物发放次数（次/年）、气象业务点数量（个）、每万人邮政业务总量（万元）
		公共科技	专利申请数（件）、专利授权数（件）、科技经费占地方财政支出比重（%）、R&D 内部经费支出（万元）、R&D 人员数（人）、当年认定的高新技术企业数量（个）、海外留学归国人员数量（人）、具有博士文凭人员数量（个）、国家重大科技奖励和科技项目数量（个）
	生活性基本公共服务	公共教育	生均小学教师数（人）、生均中学教师数（人）、每平方公里小学数（所）、每平方公里中学数（所）、教育经费占地方财政支出比重（%）、适龄儿童入学率（%）、基础教育辍学率（%）、人均财政性教育经费支出（万元）、每万人高校数量（所）、每万人幼儿园数（所）
		公共医疗	每万人医院及卫生院（个）、每万人床位数（张）、每万人医疗人员数（人）、传染病发病率（%）、公共卫生服务经费支出占地方财政支出的比重（%）、新生婴儿死亡率（%）、每万人三甲医院数量（个/万人）

第五章 大都市基本公共服务绩效评估的指标体系

续表

目标层	准则层	子准则层	指 标 层
大都市基本公共服务绩效	生活性基本公共服务	住房服务	城镇居民人均居住面积（平方米）、城镇居民居住支出占消费性支出比例（%）、居民平均收入与平均房价比（%）、人均房地产开发投资完成额（万元）、人均住宅开发投资完成额（万元）、每平方公里房地产业从业人员数（万人/平方公里）
		社会保障	抚恤和社会福利救济费占财政支出比重（%）、社会保险参保人次与常住人口比例（%）、农民参合率（%）、社会保障经费占地方财政支出比重（%）、基本医疗保险参保职工数与职工总数之比（%）、城市最低工资标准（元）、结婚登记数（对）、社会救济人数（人）、城镇职工基本养老保险参保人数占年末总人口数（%）、城镇基本医疗保险参保人数占年末总人口数（%）、卫生、社会保险和社会福利业从业人员数占年末总人口数（%）、每万人拥有福利院床位数（张）、人均基础养老金（元）
		文体服务	每万人公共图书馆藏书（千册/万人）、每万人文化机构数（个）、万人均艺术表演团体（个）、万人均文化事业费（元）、每万人博物馆数（个）、人均公共体育设施场地使用面积（平方米）、每万人体育馆个数（个）、组织开展大型公共体育活动种类数量（次）、大型文化活动（次）、等级运动员发展人数（人）、每平方公里文化、体育和娱乐业从业人员数（万人/平方公里）
		公共就业	失业率（%）、年度新增就业人口（万人）、城镇居民消费支出占可支配收入比例（%）、失业保险参保人数占年末总人口数（%）、年末城镇登记失业人员数占年末总人口数（%）、就业率（%）、开展大型招聘会次数（次/年）、体制内从业人员占总从业人口的比例（%）
	生态性基本公共服务	环境资源	万人公厕数量（个）、燃气普及率（%）、用水普及率（%）、排水管道密度（米/平方公里）、每平方公里水利、环境和公共设施管理业从业人员数（万人/平方公里）、人均全年用电量（万千瓦时）、人均水资源总量（万立方米）
		环境保护	每增长万元工业废水排放量（万吨/万元）、每增长万元工业二氧化硫排放量（吨/万元）、每增长万元工业烟、粉、尘排放量（吨/万元）、每增长万元工业氮氧化物排放量（吨/万元）、人均绿地面积（平方米/人）、建成区园林绿地率（%）、人口自然增长率（‰）
		环境治理	生活垃圾无害化处理率（%）、一年中空气污染指数为一级的天数（天）、绿化覆盖率（%）、城市空气污染指数、一般工业固体废物综合利用率（%）、污水处理厂集中处理率（%）、可吸入细颗粒物年平均浓度（微克·立方米）、水质达标率（%）

在初步遴选绩效评估指标过程中除了遵守上述绩效评估指标构建的基本原则之外，本书重点注重以下三个原则。一是全面性原则。由于本轮筛选属于第一轮筛选，因此本着尽可能全面的原则，尽量不漏掉重要测量指标的思路，从国内外学术文献、政策文献和调查文献中搜集相关评估指标。一些指标可能存在相互交叉的问题或指标间独立性不够的问题，但考虑到后续会进一步比对和删除，因而这里主要考虑全面性的问题。二是可量化原则。为了使评估指标具有可操作性和可比较性，因而在指标筛选过程中主要遴选了那些可以量化的指标，那些不可量化的指标都被排除在指标体系之外。虽然一些定性指标具有较好的区分度、代表力和鉴别力，但考虑到绩效评估后续操作中量化统计中的差错概率、主观因素、标尺因素等，全部将质性指标排除在外。三是客观性原则。本书中没有采用主观指标与客观指标相结合的形式，比如满意度、获得感、幸福感、安全感之类的指标被排除在外。本书认为公共服务的主观感受可以通过单独立项的研究进行系统性测量，本书主要注重公共服务供给的客观情况，采用可以量化的投入、产出、效率、结果等指标更可靠。

二 头脑风暴法：评估指标的第二轮筛选

在大都市基本公共服务绩效评估第一轮指标体系基础之上，邀请3位高校专家和3位政府官员通过腾讯会议的形式进行头脑风暴。在头脑风暴之前做了以下五个准备。一是将第一轮构建的大都市基本公共服务绩效评估指标体系及相关背景资料提前一个星期发送给参与讨论的人员，以让他们有充分的准备；二是邀请了3位高校专家和3位政府官员，兼顾理论与实践，人数控制在6人，防止过多人员参与导致讨论不充分的问题；三是将讨论时间控制在3小时以内，中途休息15分钟，一方面防止讨论思路被打断，更好地激发参与人员的想法，另一方面使参与人员不感觉疲倦，保证会议讨论的效果；四是告知讨论的规则，强调在讨论过程中不能有针对性地进行

第五章　大都市基本公共服务绩效评估的指标体系　·161·

批判，只需要根据相关依据陈述自己的观点即可，以达到无偏见地交流；五是安排两名记录员，及时记下讨论的核心观点和思想。

结合头脑风暴的讨论记录，对大都市基本公共服务绩效的评估指标进行了第二轮删减。在讨论中参加人员对准则层和子准则层的疑义不大，讨论重心主要集中在指标层。经过斟酌、权衡、删减后的指标情况如下：生产性基本公共服务隶属公共交通（5个指标）、公共信息（6个指标）和公共科技（6个指标）三个子准则，共计17项指标；生活性基本公共服务隶属公共教育（8个指标）、公共医疗（5个指标）、住房服务（4个指标）、社会保障（4个指标）、文体服务（6个指标）、公共就业（4个指标）六个子准则，共计31项指标；生态性基本公共服务隶属环境资源（4个指标）、环境保护（4个指标）、环境治理（4个指标）三个子准则，共计12项指标。通过第二轮遴选共获得60项大都市基本公共服务绩效评估指标，如表5—4所示。生产性基本公共服务删减12项指标，生活性基本公共服务删减24项指标，生态性基本公共服务删减10项指标，共删减46项指标。指标删减主要有以下几种原因。

一是指标在代表性上需要更好地反映当前大都市的实际特征。比如公共交通维度之下的人均拥有道路面积（平方米）、每万人拥有公共汽车（辆）、城市拥有地铁线路条数（条）、运营线路长度（里）等指标虽然能够在一定程度上反映公共交通服务的供给状况，但就一般性大都市而言，道路面积、公共汽车、地铁线路运营线路长度等一般都达到了一定的水平，并不能较好地区分公共交通服务的差别。而且这些指标与后面的每平方公里公路客运量（万人/平方公里）、每平方公里水运客运量（万人/平方公里）、每平方公里民用航空客运量（万人/平方公里）指标具有一定的重叠性。后面这些指标在某种程度上更能反映大都市公共交通发挥的作用，比如每平方公里公路客运量比人均拥有道路面积更能够反映城市公共交通服务的"动态"状况，如果公共交通没有人流消费，再多的人均面积也无实际意义。其他类似的指标诸如城镇居民人均居住面积（平方米）、结婚登记数（对）、社会救济人数（人）等都无法反映大都市的实际特征。

二是在指标量化上比较虚的指标难以区分大都市公共服务绩效。比如公共信息维度之下的人均报刊期发数（份）、公共读物发放次数（次/年）、每万人邮政业务总量（万元）等指标虽然名义上可以通过量化手段进行统计，但这种统计存在两方面问题：一方面是在数据统计汇总上难以统一口径，也无扎实的数据统计来源依据；另一方面是各个大都市基本在这些指标上的表现都可以"做"出来，因此将这些指标纳入进来难以反映大都市公共服务绩效的差别，只是徒增了计算工作量和工作程序。类似的指标还有每万人文化机构数（个）、万人均艺术表演团体（个）、组织开展大型公共体育活动种类数量（次）、大型文化活动（次）、开展大型招聘会次数（次/年）等。这些指标在统计口径上不统一，而且不是反映相关维度的核心指标，因而将这部分指标予以删除。

三是在测量原理上具有重复测量特征的指标会使指标权重偏误。比如电视人口覆盖率（％）与有线电视入户率（％），两个指标实际要指向的测量内容差不多，如果将这两个指标都纳入指标体系之中，则意味着对该指标赋予了双倍权重，这就容易导致公共信息维度之下该指标的权重偏误。比如还有国家重大科技奖励和科技项目数量（个）与专利授权数（件）、人均财政性教育经费支出（万元）与教育经费占地方财政支出比重（％）、卫生、社会保险和社会福利业从业人员数占年末总人口数（％）和社会保险参保人次与常住人口比例（％）、人均绿地面积（平方米/人）与建成区园林绿地率（％）等。这些指标在测量原理上相似，有些是包含关系，有些是交叉关系，甚至有些是重叠关系，因而选择其中一个容易获取的、统计年鉴中经常采用的即可，无须重复纳入测量指标。

四是意思相反性指标或性质不符型指标等其他情况。比如失业率（％）和就业率（％）指标在测量原理上具有正负互补性，但失业率指标换算成正向指标后其表达的意义和就业率的意思差不多，重复使用就会导致权重的谬误。再比如每万人高校数量（所）指标所反映的内容范畴超越了基本

第五章　大都市基本公共服务绩效评估的指标体系

公共服务的范围，基本教育公共服务并未将高等教育纳入，因而也需要将其剔除在外。还有一些指标需要多个数据进行合成或者专门的调查才能获取数据的指标也被剔除在评估指标体系之外，比如城市空气污染指数。另外，一些指标并未反映城市的特征，而是反映农村的特征，比如农民参合率（%），也被剔除在外。

表5—4　　　　大都市基本公共服务绩效评估第二轮指标体系

目标层	准则层	子准则层	指　　标　　层
大都市基本公共服务绩效	生产性基本公共服务	公共交通	公交补贴占财政支出比重（%）、公交线路的平均等候时间（分钟）、每平方公里公路客运量（万人/平方公里）、每平方公里水运客运量（万人/平方公里）、每平方公里民用航空客运量（万人/平方公里）
		公共信息	拥有互联网用户数占年末总户数（%）、有线电视入户率（%）、每万人拥有邮局数量（个）、移动电话用户数占年末总户数（%）、人均报刊期发数（份）、气象业务点数量（个）
		公共科技	专利申请数（件）、专利授权数（件）、R&D内部经费支出（万元）、R&D人员数（人）、海外留学归国人员数量（个）、具有博士文凭人员数量（个）
		公共教育	生均小学教师数（人）、生均中学教师数（人）、每平方公里小学数（所）、每平方公里中学数（所）、教育经费占地方财政支出比重（%）、适龄儿童入学率（%）、基础教育辍学率（%）、每万人幼儿园数（所）
		公共医疗	每万人医院及卫生院数（个）、每万人床位数（张）、每万人医疗人员数（人）、传染病发病率（%）、公共卫生服务经费支出占地方财政支出的比重（%）
		住房服务	城镇居民居住支出占消费性支出比例（%）、人均房地产开发投资完成额（万元）、人均住宅开发投资完成额（万元）、每平方公里房地产业从业人员数（万人/平方公里）
		社会保障	城市最低工资标准（元）、城镇职工基本养老保险参保人数占年末总人口数（%）、城镇基本医疗保险参保人数占年末总人口数（%）、卫生、社会保险和社会福利业从业人员数占年末总人口数（%）

续表

目标层	准则层	子准则层	指　标　层
大都市基本公共服务绩效	生活性基本公共服务	文体服务	每万人公共图书馆藏书（千册/万人）、万人均文化事业费（元）、每万人博物馆数（个）、每万人体育馆个数（个）、等级运动员发展人数（人）、每平方公里文化、体育和娱乐业从业人员数（万人/平方公里）
		公共就业	年度新增就业人口（万人）、失业保险参保人数占年末总人口数（%）、年末城镇登记失业人员数占年末总人口数（%）、体制内从业人员占总从业人口的比例（%）
	生态性基本公共服务	环境资源	万人公厕数量（个）、每平方公里水利、环境和公共设施管理业从业人员数（万人/平方公里）、人均全年用电量（万千瓦时）、人均水资源总量（万立方米）
		环境保护	每增长万元工业废水排放量（万吨/万元）、每增长万元工业二氧化硫排放量（吨/万元）、每增长万元工业烟、粉、尘排放量（吨/万元）、每增长万元工业氮氧化物排放量（吨/万元）
		环境治理	生活垃圾无害化处理率（%）、一般工业固体废物综合利用率（%）、污水处理厂集中处理率（%）、可吸入细颗粒物年平均浓度（微克·立方米）

三　隶属度分析：评估指标的第三轮筛选

为了进一步提高指标的科学性和合理性，在第二轮筛选的指标基础上继续对大都市基本公共服务绩效指标进行隶属度分析。很多时候某一指标是否符合某一集合并不是清晰确定的，而是比较模糊的，对于这种具有模糊归属性质的指标我们需要对其进行隶属度分析。隶属度分析主要是利用模糊数学的原理分析某项指标在多大程度上属于某集合。遴选出来的大都市基本公共服务绩效评估指标多多少少都能够反映大都市基本公共服务绩效，但这种反映程度在每个指标上表现是不一样的，这就需要利用隶属度分析来排除那些被认为隶属度不够的指标。因此，本书在广州、上海、北京、西安、长沙、成都6个城市选择了300位专家进行隶属度咨询,这些专家来自高校学者、基层干部和党校研究人员等。咨询问卷主要采用问卷星小程序发放到微信或邮箱的方式进行调查,该咨询调查共发放300位专家,回收有效问卷226份,有效回收率为75.33%。

隶属度调查问卷主要采用七分度量表,这样可以更加细致地捕捉专家的态度和倾向。咨询问卷中1分为"非常不重要"、2分为"不重要"、3分为"比较不重要"、4分为"一般"、5分为"比较重要"、6分为"重要"、7分为"非常重要",要求专家对每一项指标进行评分。计算隶属度的方法主要是对每一位咨询专家的打分进行加总,然后取均值,最后用均值除以7。按照七分度量表隶属度的临界值,如表5—5所示,至少应该在第五度及以上才能说明该指标被大多数咨询专家认可,才表示在隶属度上是可以接受的评估指标。通过七分度量表下不同分度的隶属度临界值比对,隶属度取值至少应该大于0.714的指标才能保留,而低于这一临界值的指标则应该删除。通过计算统计,有公交补贴占财政支出比重、公交线路的平均等候时间、有线电视入户率、每万人拥有邮局数量、人均报刊期发数、气象业务点数量、海外留学归国人员数量、具有博士文凭人员数量、适龄儿童入学率、基础教育辍学率、每万人幼儿园数、传染病发病率、公共卫生服务经费支出占地方财政支出的比重、万人均文化事业费、等级运动员发展人数15项指标低于该临界值,如表5—5所示。

表5—5　　　　　　　七分度量表下不同分度的隶属度临界值

分度	1	2	3	4	5	6	7
临界值	0.143	0.286	0.429	0.571	0.714	0.857	1

通过第三轮隶属度分析共删除20个指标,大都市基本公共服务绩效评估的指标情况如下:生产性基本公共服务隶属公共交通(3个指标)、公共信息(2个指标)和公共科技(4个指标)三个子准则,共计9项指标;生活性基本公共服务隶属公共教育(5个指标)、公共医疗(3个指

标）、住房服务（3个指标）、社会保障（3个指标）、文体服务（4个指标）、公共就业（2个指标）六个子准则，共计20项指标；生态性基本公共服务隶属环境资源（3个指标）、环境保护（4个指标）、环境治理（4个指标）三个子准则，共计11项指标。通过第三轮遴选共获得40项大都市基本公共服务绩效评估指标。生产性基本公共服务删减8项指标，生活性基本公共服务删减11项指标，生态性基本公共服务删减1项指标，共删减20项指标。

通过表5—6可以看出隶属度较低的指标主要分布在生产性基本公共服务和生活性基本公共服务两个维度，从被删除的数据也可以看到一些基本特征。比如，有线电视入户率、每万人拥有邮局数量、人均报刊期发数等这些指标对于现代数字社会而言显得有些过时，现在人们获取公共信息主要依靠互联网和移动电话等工具，而对电视、邮局、期刊的依赖性降低。再如，海外留学归国人员数量和具有博士文凭人员数量两个指标并未如期反映公共科技维度的绩效，可能由于目前在专家的认知中博士和海归并不一定代表科技水平高，这些指标可能不如专利申请数、专利授权数以及科技经费占地方财政支出比重等指标实在可靠。再如，适龄儿童入学率、基础教育辍学率、传染病发病率等指标的隶属度也比较低，这可能是因为这些指标不具备较好的区分度。适龄儿童在大城市一般都具有较高的入学率、大城市的基础教育辍学率也都比较低、传染病发病率指标也是低概率的系数，因而这些指标不被咨询专家认可。

表5—6　　　　大都市基本公共服务绩效评估指标隶属度调查

目标层	准则层	子准则层	指标层	隶属度
大都市基本公共服务绩效	生产性基本公共服务	公共交通	公交补贴占财政支出比重	0.506
			公交线路的平均等候时间	0.607
			每平方公里公路客运量	0.732
			每平方公里水运客运量	0.732
			每平方公里民用航空客运量	0.732

第五章　大都市基本公共服务绩效评估的指标体系

续表

目标层	准则层	子准则层	指标层	隶属度
大都市基本公共服务绩效	生产性基本公共服务	公共信息	拥有互联网用户数占年末总户数	0.967
			有线电视入户率	0.331
			每万人拥有邮局数量	0.203
			移动电话用户数占年末总户数	0.978
			人均报刊期发数	0.433
			气象业务点数量	0.699
		公共科技	专利申请数	0.952
			专利授权数	0.952
			R&D 内部经费支出	0.877
			R&D 人员数	0.832
			海外留学归国人员数量	0.632
			具有博士文凭人员数量	0.677
	生活性基本公共服务	公共教育	生均小学教师数	0.882
			生均中学教师数	0.882
			每平方公里小学数	0.863
			每平方公里中学数	0.863
			教育经费占地方财政支出比重	0.952
			适龄儿童入学率	0.701
			基础教育辍学率	0.433
			每万人幼儿园数	0.699
		公共医疗	每万人医院及卫生院数	0.952
			每万人床位数	0.952
			传染病发病率	0.632
			公共卫生服务经费支出占地方财政支出的比重	0.607
			每万人医疗人员数	0.967
		住房服务	城镇居民居住支出占消费性支出比例	0.503
			人均房地产开发投资完成额	0.733
			人均住宅开发投资完成额	0.733
			每平方公里房地产业从业人员数	0.767

续表

目标层	准则层	子准则层	指标层	隶属度
大都市基本公共服务绩效	生活性基本公共服务	社会保障	城市最低工资标准	0.699
			城镇职工基本养老保险参保人数占年末总人口数	0.932
			城镇基本医疗保险参保人数占年末总人口数	0.937
			卫生、社会保障和社会福利业从业人员数占年末总人口数	0.878
		文体服务	每万人公共图书馆藏书	0.823
			万人均文化事业费	0.699
			每万人博物馆数	0.837
			每万人体育馆个数	0.837
			等级运动员发展人数	0.363
			每平方公里文化、体育和娱乐业从业人员数	0.788
		公共就业	年度新增就业人口	0.701
			失业保险参保人数占年末总人口数	0.937
			年末城镇登记失业人员数占年末总人口数	0.932
			体制内从业人员占总从业人口的比例	0.663
	生态性基本公共服务	环境资源	万人公厕数量	0.701
			每平方公里水利、环境和公共设施管理业从业人员数	0.832
			人均全年用电量	0.871
			人均水资源总量	0.863
		环境保护	每增长万元工业废水排放量	0.932
			每增长万元工业二氧化硫排放量	0.932
			每增长万元工业烟、粉、尘排放量	0.932
			每增长万元工业氮氧化物排放量	0.932
		环境治理	生活垃圾无害化处理率	0.977
			一般工业固体废物综合利用率	0.966
			污水处理厂集中处理率	0.966
			可吸入细颗粒物年平均浓度	0.966

四 内容效度比：评估指标的第四轮筛选

为了评估测量指标究竟在多大程度上测量到了真正想要测量的大都市

基本公共服务绩效，还需要对遴选指标的效度进行分析。测量效度的方法有很多，比如内容效度、构思效度、预测效度、辨别效度、聚合效度等，不同研究因研究目标不同而采取不同效度评估。本书主要采用内容效度进行评估，内容效度是用来说明在绩效测试中所设置的测试项目、设计的测试问题在多大程度上能代表被测试对象实际的工作情境或者反映出被测试对象实际工作中所存在典型问题。[①] 效度越高的绩效评估指标体系越能够反映出被评估对象的真实情况，也越能够避免绩效缺失和绩效污染。本书选择内容效度分析的常用指标"内容效度比"（Content Validity Ration，CVR）来进行计算，其公式为：

$$CVR = \frac{n_e - \frac{n}{2}}{\frac{n}{2}} = \frac{2n_e}{n} - 1$$

公式中 n_e 表示被咨询的专家数中认为某评估指标能够很好地反映大都市基本公共服务绩效的专家人数，n 为有效的被咨询专家人数。CVR 的取值范围是 -1 到 1，-1 表示所有人认为某项评估指标不能反映大都市基本公共服务绩效；0 表示有一半人认为某项评估指标能够反映大都市基本公共服务绩效；1 表示所有人都认为某项指标能够很好地反映大都市基本公共服务绩效。本书作者仍然在广州、上海、北京、西安、长沙、成都 6 个城市选择了 300 位专家进行内容效度咨询，这些专家来自高校学者、基层干部和党校研究人员等。咨询问卷主要采用问卷星小程序发放到微信或邮箱的方式进行调查，该咨询调查共发放 300 位专家，回收有效问卷 243 份，有效回收率为 81%。一般认为被咨询专家中有九成以上的人表示肯定，则该指标就具有比较好的内容效度。根据内容效度十分度临界值表比对，可以发现九成人数肯定的临界值是 0.8，也就是说大于 0.8 即可被认为该指标具有较好的效度，如表 5—7 所示。

[①] 范柏乃：《政府绩效管理》，复旦大学出版社 2012 年版，第 243 页。

表 5—7　　　　　　　　　内容效度十分度临界值表

分度	1	2	3	4	5	6	7	8	9	10
临界值	-0.8	-0.6	-0.4	-0.2	0	0.2	0.4	0.6	0.8	1

从表 5—8 可见大部分指标的内容效度都超过了 0.9，这说明大部分专家认为大部分绩效评估指标能够很好地反映大都市基本公共服务绩效。表 5—8 中也显示人均房地产开发投资完成额、人均住宅开发投资完成额、每平方公里房地产业从业人员数则三项指标的内容效度值分别只有 0.637、0.811 和 0.827，与其他指标相比，其内容效度值稍低，但后面两项仍然超过了临界值 0.8，因此这两项指标仍然被纳入指标体系，不做删除。而人均房地产开发投资完成额的内容效度值 0.637 低于 0.8，因此删除该项指标。最终通过第三轮遴选共获得 39 项大都市基本公共服务绩效评估指标。

表 5—8　　　大都市基本公共服务绩效评估指标内容效度结果

目标层	准则层	子准则层	指标层	内容效度
大都市基本公共服务绩效	生产性基本公共服务	公共交通	每平方公里公路客运量	0.917
			每平方公里水运客运量	0.876
			每平方公里民用航空客运量	0.851
		公共信息	拥有互联网用户数占年末总户数	0.951
			移动电话用户数占年末总户数	0.917
		公共科技	专利申请数	0.983
			专利授权数	0.983
			R&D 内部经费支出	0.917
			R&D 人员数	0.925
	生活性基本公共服务	公共教育	生均小学教师数	0.983
			生均中学教师数	0.983
			每平方公里小学数	0.917
			每平方公里中学数	0.917
			教育经费占地方财政支出比重	0.958

续表

目标层	准则层	子准则层	指标层	内容效度
大都市基本公共服务绩效	生活性基本公共服务	公共医疗	每万人医院及卫生院数	0.925
			每万人床位数	0.958
			每万人医疗人员数	0.925
		住房服务	人均房地产开发投资完成额	0.637
			人均住宅开发投资完成额	0.811
			每平方公里房地产业从业人员数	0.827
		社会保障	城镇职工基本养老保险参保人数占年末总人口数	0.942
			城镇基本医疗保险参保人数占年末总人口数	0.958
			卫生、社会保险和社会福利业从业人员数占年末总人口数	0.958
		文体服务	每万人公共图书馆藏书	0.967
			每万人博物馆数	0.967
			每万人体育馆个数	0.967
			每平方公里文化、体育和娱乐业从业人员数	0.967
		公共就业	失业保险参保人数占年末总人口数	0.958
			年末城镇登记失业人员数占年末总人口数	0.942
	生态性基本公共服务	环境资源	人均全年用电量	0.942
			每平方公里水利、环境和公共设施管理业从业人员数	0.942
			人均水资源总量	0.917
		环境保护	每增长万元工业废水排放量	0.983
			每增长万元工业二氧化硫排放量	0.983
			每增长万元工业烟、粉、尘排放量	0.983
			每增长万元工业氮氧化物排放量	0.983
		环境治理	生活垃圾无害化处理率	0.967
			一般工业固体废物综合利用率	0.967
			污水处理厂集中处理率	0.967
			可吸入细颗粒物年平均浓度	0.967

第四节　大都市基本公共服务绩效评估指标体系的构建说明

基于共同富裕、人民至上和均衡可及的价值取向，在该价值取向下依次从系统梳理、政策引导、专家咨询和综合权衡四个方面开展四轮大都市基本公共服务绩效评估维度筛选，并在大都市基本公共服务评估维度引导下依次从全方位收集、头脑风暴法、隶属度分析和内容效度比四个方面进行四轮大都市基本公共服务绩效评估指标筛选，最终构成了拥有3个准则维度、12个子准则维度和39个具体评价指标的大都市基本公共服务绩效评估指标体系，如表5—9所示。大都市基本公共服务绩效评估指标体系试图体现前沿理论的深层逻辑、回应当前政策的价值追求以及提供绩效实践的评价工具，本章将从评估指标结构、评估指标含义和评估指标使用三个方面介绍大都市基本公共服务绩效评估指标体系。

表5—9　　　　　　大都市基本公共服务绩效评估指标体系

目标层	准则层	子准则层	指标层	指标单位	指标属性	指标标识
大都市基本公共服务绩效	生产性基本公共服务	公共交通	每平方公里公路客运量	万人	+	D_1
			每平方公里水运客运量	万人	+	D_2
			每平方公里民用航空客运量	万人	+	D_3
		公共信息	拥有互联网用户数占年末总户数	%	+	D_4
			移动电话用户数占年末总户数	%	+	D_5
		公共科技	专利申请数	件	+	D_6
			专利授权数	件	+	D_7
			R&D内部经费支出	万元	+	D_8
			R&D人员数	个	+	D_9

第五章 大都市基本公共服务绩效评估的指标体系

续表

目标层	准则层	子准则层	指标层	指标单位	指标属性	指标标识
大都市基本公共服务绩效	生活性基本公共服务	公共教育	生均小学教师数	人	+	D_{10}
			生均中学教师数	人	+	D_{11}
			每平方公里小学数	所	+	D_{12}
			每平方公里中学数	所	+	D_{13}
			教育经费占地方财政支出比重	%	+	D_{14}
		公共医疗	每万人医院及卫生院数	所	+	D_{15}
			每万人床位数	张	+	D_{16}
			每万人医疗人员数	人	+	D_{17}
		住房服务	人均住宅开发投资完成额	万元	+	D_{18}
			每平方公里房地产业从业人员数	人	+	D_{19}
		社会保障	城镇职工基本养老保险参保人数占年末总人口数	%	+	D_{20}
			城镇基本医疗保险参保人数占年末总人口数	%	+	D_{21}
			卫生、社会保险和社会福利业从业人员数占年末总人口数	%	+	D_{22}
		文体服务	每万人公共图书馆藏书	千册	+	D_{23}
			每万人博物馆数	所	+	D_{24}
			每万人体育馆个数	所	+	D_{25}
			每平方公里文化、体育和娱乐业从业人员数	人	+	D_{26}
		公共就业	失业保险参保人数占年末总人口数	%	+	D_{27}
			年末城镇登记失业人员数占年末总人口数	%	−	D_{28}
	生态性基本公共服务	环境资源	人均全年用电量	万千瓦时	+	D_{29}
			每平方公里水利、环境和公共设施管理业从业人员数	万人	+	D_{30}
			人均水资源总量	万立方米	+	D_{31}
		环境保护	每增长万元工业废水排放量	万吨	−	D_{32}
			每增长万元工业二氧化硫排放量	吨	−	D_{33}

续表

目标层	准则层	子准则层	指标层	指标单位	指标属性	指标标识
大都市基本公共服务绩效	生态性基本公共服务	环境保护	每增长万元工业烟、粉、尘排放量	吨	-	D_{34}
			每增长万元工业氮氧化物排放量	立方米	-	D_{35}
		环境治理	生活垃圾无害化处理率	%	+	D_{36}
			一般工业固体废物综合利用率	%	+	D_{37}
			污水处理厂集中处理率	%	+	D_{38}
			可吸入细颗粒物年平均浓度	微克	-	D_{39}

一 大都市基本公共服务绩效评估指标结构说明

大都市基本公共服务绩效评估指标体系由三层嵌套结构组成，分别是目标层—准则层嵌套、准则层—子准则层嵌套、子准则层—指标层嵌套，其评估指标层次结构主要依照层次分析法的要领进行设计和操作。准则层主要依据城市生态理论将其划分为生产性基本公共服务、生活性基本公共服务和生态性基本公共服务三个维度，子准则层主要依据服务型政府理论、新公共服务理论以及当前的公共政策取向将其划分为12种基本公共服务。该指标体系的结构主要呈现以下三个特征。

一是指标结构以"大都市"为背景指向。大都市基本公共服务绩效评估指标体系在层层分解和层层构建过程中紧紧围绕"大都市"的特性进行展开。城市不同于农村，大都市又不同于中小城市，大都市在人口规模、人口密度、行政区划、职业构成、城市功能和通勤时间等方面不同于中小城市，这也决定了大都市独特的空间特征、经济特征和社会特征。大都市基本公共服务具有环境复杂性、需求多样性、成本递增化、方式合作化、内容精细化的特征。大都市基本公共服务绩效评估指标在准则层展开为生产、生活和生态三个方面，这不仅体现了城市生命结构的系统性，而且体现了大都市空间结构运行的结构性，是对大都市进行"有机解剖"的典型体现。子准则层的构建也彰显了大都市的特征，交通、信息和科技对大都市生产的重要性，教育、医疗、住房是大都市生存的"三座大山"，社保、文体、就业是大都市生活质量的重要保障，环资、环保和环治是大都市生态环境建设的"三角支撑"。就指标层而言，遴选的指标也在很大程度上契合大都市发展的特点，这些指标作为都市发展的"基础指挥棒"对促进大都市核心竞争力提升具有重要引导作用。

二是指标结构以"基本公共服务"为内容边界。大都市基本公共服务绩效评估指标体系覆盖的范围主要是基本公共服务，不包括非基本公共服务和生活服务。基本公共服务是保障全体人民生存和发展基本需要、与经济社会发展水平相适应的公共服务。生活性基本公共服务是保障大都市人民生存基本需要的公共服务，生产性基本公共服务和生态性基本公共服务则主要是保障大都市人民发展需要的公共服务。交通、信息、科技、教育、医疗、住房、社保、文体、就业、环资、环保、环治这12项基本公共服务都是与大都市经济发展水平相适应的公共服务，12项基本公共服务维度之下的指标遴选也主要圈定在基本公共服务范畴。比如公共教育中主要反映的是中小学义务教育的服务内容，高等教育和商业化的非基本教育服务不包括在评估指标体系之中；公共医疗服务主要反映的是大都市基础医疗服务水平，并不包括私人诊所、高端个性化医疗服务等范畴。总之，大都市基本公共服务绩效评估指标体系体现了基本公共服务的基础性和普惠性核心特征。

三是指标结构以"人民为中心"为内隐导向。大都市基本公共服务绩效评估指标体系中没有一个指标包含"人民"两个字，却处处体现着以"人民"为中心的内隐结构特征。生产、生活和生态三个维度主要是围绕着城市系统进行分解的，但生产、生活和生态之下的底层运作逻辑主要还是指向"人"。生产中如何提供较好的基础服务，使生产更加高效；生活中如何提供适宜的基础服务，使生活更加高质；生态中如何提供恰当的基础服务，使环境更加美丽。其中都隐含着对"人"的重视。教育、医疗、住房、社保、文体、就业6项服务与大都市中的"人"的生活质量直接相关，交通、信息、科技、环资、环保、环治6项服务间接与大都市中的"人"的生活质量高度相关，前者是服务于大都市中"人"的"软性公共服务"，后者是服务于大都市中"人"的"硬性公共服务"。指标层的设计也直接体现着对"人"的价值放大、对"人"的损害降低的内隐结构。总之，大都市基本公共服务绩效评估指标体系结构中处处体现着对"人"的价值的关怀、隐含着对"人"的情感温存、包含着对"人"的真诚理解。

二 大都市基本公共服务绩效评估指标含义说明

大都市基本公共服务绩效评估指标共包括39项指标，下面从12项基本公共服务维度对这39项指标的基本内涵、计算公式与价值意义进行简要说明。

一是公共交通。该维度之下包含每平方公里公路客运量、每平方公里水运客运量、每平方公里民用航空客运量3个指标。每平方公里公路客运量主要反映了大都市公路的使用密度，使用密度越高说明公路交通服务供给越多，对公路交通服务质量要求也越高，都市也越具有活力。其计算公式为：每平方公里公路客运量＝公路客运量÷大都市行政区域面积。每平方公里水运客运量和每平方公里民用航空客运量也具有类似特征，但其横跨的是不同类别的基本交通服务。其计算公式分别为：每平方公里水运客运量＝水运客运量÷大都市行政区域面积；每平方公里民用航空客运量＝民用航空客运量÷大都市行政区域面积。值得注意的是，水运和民用航空的客流量越大，说明大都市国际化程度也越高。

二是公共信息。该维度之下包含拥有互联网用户数占年末总户数、移动电话用户数占年末总户数2个指标。现代大都市中市民的信息素养都很高，很多市民主要通过互联网和移动电话进行信息获取和交流。互联网用户和移动电话用户越多，说明大都市公共信息化水平越高，随之也反映了公共信息服务的质量。拥有互联网用户数占年末总户数主要反映了大都市中互联网接入家庭的比例，计算公式是：拥有互联网用户数占年末总户数＝国际互联网用户数÷年末总户数。移动电话用户数占年末总户数主要反映了大都市中移动电话用户在整个用户中的比例，计算公式是：移动电话用户数占年末总户数＝移动电话年末用户数÷年末总户数。

三是公共科技。该维度之下包含专利申请数、专利授权数、R&D 内部经费支出、R&D 人员数 4 个指标。R&D 被称为研究与试验发展（Research and Experimental Development），是指为增加知识存量以及设计知识的新应用而进行的系统性、创造性工作，包括基础研究、应用研究和试验发展。R&D 经费支出是指报告期为实施 R&D 活动而实际发生的全部经费支出。R&D 经费支出按经费使用主体分为内部支出和外部支出。为避免重复计算，全社会 R&D 经费为调查单位 R&D 经费内部支出的合计。R&D 人员数是指报告期内从事科学研发、应用、推广等人员数量。大都市的生产发展需要基于大量高质量的科技基础服务作为支撑，这样才能更好地吸引人才流入，才能为都市增添动力。

四是公共教育。该维度之下包含生均小学教师数、生均中学教师数、每平方公里小学数、每平方公里中学数、教育经费占地方财政支出比重 5 个指标。生均小学教师数＝小学专任教师数÷小学在校学生人数，生均中学教师数＝中学专任教师数÷中学在校学生人数，每平方公里小学数＝小学学校数÷大都市行政区域面积，每平方公里中学数＝中学学校数÷大都市行政区域面积，教育经费占地方财政支出比重＝教育支出÷地方财政一般预算内支出。教师数、学生数和财政数三个方面基本能较好地反映大都市基本教育服务供给的充足状况，本书采取"生均""地均"和"占比"主要考虑的是更精细地反映大都市基本教育服务的均等化，也就是要考虑大都市基本教育的公平性和可及性。

五是公共医疗。该维度之下包含每万人医院及卫生院数、每万人床位数、每万人医疗人员数 3 个指标。每万人医院及卫生院数＝医院、卫生院数÷

年末总人口数，每万人床位数＝医院、卫生院床位数÷年末总人口数，每万人医疗人员数＝医生、执业医师和执业助理医师数÷年末总人口数。医院数、床位数和医疗人员数基本上反映了公共医疗服务"硬件"和"软件"的核心指标。一般医院数量越多、床位越多、医疗人员越多，医疗服务的总体承载能力和服务能力也越强。本书之所以采取"人均"进行限定，是因为大都市一般这些数值在数量上都很大，区分度不高。如果计算每万人能够享有的医院、床位和医疗人员数则更能体现公共医疗服务的均等化、可及性和公平性。

六是住房服务。该维度之下包含人均住宅开发投资完成额、每平方公里房地产业从业人员数2个指标。人均住宅开发投资完成额＝住宅开发投资完成额÷年末总人口数，每平方公里房地产业从业人员数＝房地产业从业人员数÷年末总人口数。住房是现代大都市年轻人的"三座大山"之一，房子是年轻人在大都市生存的一张"门票"，很多年轻人之所以感觉在大城市不幸福，主要原因是承受的大城市房价的巨大压力。降低大城市房价的重要方式之一是加大住宅供应量，促使房地产市场供需平衡，因此人均住宅开发投资完成额是体现住房服务的核心指标。房地产行业人数的增加也会减小房地产市场信息不对称，促进房产的快速流通，满足人们对房产购买、置换等需求。

七是社会保障。该维度之下包含城镇职工基本养老保险参保人数占年末总人口数、城镇基本医疗保险参保人数占年末总人口数以及卫生、社会保险和社会福利业从业人员数占年末总人口数3个指标。城镇职工基本养老保险参保人数占年末总人口数＝城镇职工基本养老保险参保人数÷年末总人口数，城镇基本医疗保险参保人数占年末总人口数＝城镇基本医疗保险参保人数÷年末总人口数，卫生、社会保险和社会福利业从业人员数占年末总人口数＝卫生、社会保险和社会福利业从业人员数÷年末总人口数。前两个指标主要反映了大都市养老和生病方面的保障情况，第三个指标主要反映了大都市社会救助、社会优抚、社会福利等方面的情况，一般认为从事这些工作的人数越多则能提供的相关服务也越多。

八是文体服务。该维度之下包含每万人公共图书馆藏书、每万人博物馆数、每万人体育馆个数、每平方公里文化、体育和娱乐业从业人员数 4 个指标。每万人公共图书馆藏书＝公共图书馆图书总藏量÷年末总人口数，每万人博物馆数＝博物馆数÷年末总人口数，每万人体育馆个数＝体育场馆数÷年末总人口数，每平方公里文化、体育和娱乐业从业人员数＝文化、体育和娱乐业从业人员数÷大都市行政区域面积。这里从硬件和软件两个方面进行测量，藏书数量、博物馆数、体育馆数主要反映硬件设施情况，而文化、体育和娱乐业从业人员数主要反映软件设施情况。加上"人均"和"地均"主要是克服不同体量大都市带来的统计偏差，更好地反映基本公共服务均等化供给情况。

九是公共就业。该维度之下包含失业保险参保人数占年末总人口数、年末城镇登记失业人员数占年末总人口数 2 个指标。失业保险参保人数占年末总人口数＝失业保险参保人数÷年末总人口数，年末城镇登记失业人员数占年末总人口数＝年末城镇登记失业人员数÷年末总人口数。失业保险参保人数主要是指报告期末按照国家法律、法规和有关政策规定参加了失业保险的城镇企业、事业单位的职工及地方政府规定参加失业保险的其他人员的人数。这能从侧面反映已就业人群的就业服务质量。年末城镇登记失业人员数占年末总人口数主要反映了社会整体的失业状况，从侧面督促城市政府更加注重就业服务，提升就业质量。

十是环境资源。该维度之下包含人均全年用电量、每平方公里水利、环境和公共设施管理业从业人员数、人均水资源总量 3 个指标。人均全年用电量＝全年用电量÷年末总人口数，每平方公里水利、环境和公共设施管理业从业人员数＝水利、环境和公共设施管理业从业人员数÷大都市行政区面积，人均水资源总量＝水资源总量÷年末总人口数。电力属于清洁能源，用电越多则用煤等非清洁能源比例减少，反之则容易对生态环境造成破坏。对于人口密集的大都市而言，水资源越充足，则越利于城市生态平衡。水利、环境和公共设施管理业从业人员比例越大，则表明城市政府在该方面的财政开支越大、服务投入也越大，也更有能力提供更好的生态环境服务。

十一是环境保护。该维度之下包含每增长万元工业废水排放量、每增长万元工业二氧化硫排放量、以及每增长万元工业氮氧化物排放量每增长万元工业烟、粉、尘排放量，4个指标。环境保护主要反映在生产生活过程中城市政府通过一系列的规章、制度、安排等减少环境污染的服务能力。每增长万元工业废水排放量=工业废水排放量÷地区生产总值，每增长万元工业二氧化硫排放量=工业二氧化硫排放量÷地区生产总值，每增长万元工业烟、粉、尘排放量=工业烟、粉、尘排放量÷地区生产总值，每增长万元工业氮氧化物排放量=工业氮氧化物排放量÷地区生产总值。值得注意的是该指标主要是减少生产生活过程中的环境污染，是一种预防性保护。

十二是环境治理。该维度之下包含生活垃圾无害化处理率、一般工业固体废物综合利用率、污水处理厂集中处理率、可吸入细颗粒物年平均浓度4个指标。环境治理主要反映环境污染后城市政府通过一系列措施减小环境污染程度的服务能力。环境资源反映的是城市政府保护环境资源、提高环境承载力的服务能力，环境保护反映的是城市政府在环境污染之前和之中减小环境污染的服务能力，而环境治理反映的是城市政府在环境污染之后采取措施减小环境污染程度的服务能力。三者反映的是城市政府在生态性基本公共服务不同方面的能力，具有不同的指标效力。

三 大都市基本公共服务绩效评估指标使用说明

大都市基本公共服务绩效评估指标体系在使用过程中还需要注意以下几方面。

一是指标体系的使用范围。大都市基本公共服务绩效评估指标体系主要适用于"大城市"的基本公共服务绩效评估，大都市不同于中小城市，也不同于中小城镇和乡村，更不同于省级行政单位，因而在城市类型上需要予以明确。而且,大都市基本公共服务绩效评估指标体系主要针对的是"基本公共服务",而不是非基本公共服务或者生活服务。虽然目前一些基本公共服务、非基本公共服务和生活服务之间的边界越来越模糊,但本书针对的主要是保障大都市人民生存和发展基本需要、与经济社会发展水平相适应的公共服务。

二是指标体系的单位统一。大都市基本公共服务绩效评估指标体系中12个子准则下的39项指标具有不同的指标单位,比如万人、百分比、件、万元、所、张、千册、万千瓦时、立方米、万立方米、吨、万吨、微克等。不同单位之下的数据在换算过程中需要注意单位的标准统一,否则容易造成数据统计错误。比如"万元/万人"和"万元/人"之间差距就很大。因此,在具体分析之前还需要对数据进行标准化处理,有些软件自带标准化处理功能,而有些则需要自己编程处理,这是在使用过程中需要注意的。

三是指标体系的属性统一。大都市基本公共服务绩效评估指标体系中12个子准则下的39项指标中有年末城镇登记失业人员数占年末总人口数、每增长万元工业废水排放量、每增长万元工业二氧化硫排放量、每增长万元工业烟粉尘排放量、每增长万元工业氮氧化物排放量、可吸入细颗粒物年平均浓度6项指标属于负向指标。在统计分析之前需要对这些负向指标进行标准化处理,否则将影响整体绩效测算结果。

四是指标体系的权重计算。大都市基本公共服务绩效评估指标体系包含的三个层次目前都没有进行赋权处理,如果直接采用该指标体系进行绩效评估则意味着接受各个指标的重要程度是一样的,但在实践中不同维度指标的重要程度往往不一样,这就需要对指标体系进行赋权处理。目前指标体系赋权的方法很多,有些是主观赋权、有些是客观赋权、有些则是主观与客观相结合的赋权。不同赋权方式各有利弊,没有孰优孰劣之分,根据评估情境的需要采取合适的方法即可,本书下一章将采用层次分析法对该指标体系进行赋权。

第六章
大都市基本公共服务绩效评估的指标权重

  指标权重调查能够捕捉到个体行为背后的微小心理特点，能够对绩效评估结果背后的深层逻辑做更多的分析和解读。目前测量指标权重的方法有很多，总体上可以分为三大类：第一类是直接主观认定，即根据研究者的经验直接主观确定指标权重；第二类是间接客观认定，即通过搜集的数据按照一定的赋权规则进行计算赋权；第三类是主观与客观相结合的方法，即将基于经验的主观评判与基于流程的客观计算相结合来确定绩效评估指标权重。每种方法各有其优缺点，需要根据研究需要选择合适的绩效评估指标权重确定方法。本章将首先介绍大都市基本公共服务绩效评估指标权重确定的具体方法，在此基础上呈现大都市基本公共服务绩效评估指标权重的结果，最后对该结果进行比较分析。

第一节 权重确定的具体方式

德尔菲—层次分析法是将德尔菲专家咨询法与层次分析法有机结合的一种分析方法。德尔菲分析法是由美国兰德公司于20世纪40年代正式创立的一种专家咨询方法,它是以匿名的方式征求相关领域多名专家意见,并对多名专家意见进行集中汇总,最终得出较为一致结果的经验判断方法。德尔菲方法有效解决了层次分析方法在主观意见收集过程中出现的方法衔接问题,能够较好地将专家意见与层次分析法的计算流程结合起来。德尔菲—层次分析法不仅能够充分发挥德尔菲方法的咨询整理作用,而且能充分利用层次分析法权重确定的规范计算流程,是结合两者优点的组合方法。

一 德尔菲—层次分析法的具体操作

德尔菲—层次分析法的操作可以拆分为两个大的部分:第一部分是数据获取部分;第二部分是数据分析部分。数据获取部分主要是通过德尔菲分析法收集用来确定指标权重的原始数据,数据分析部分主要是利用层次分析法对收集的原始数据进行计算以确定绩效指标权重的过程。下面分别从数据获取和数据分析这两部分的操作做简要介绍。

(一)德尔菲分析法:数据获取

德尔菲分析法看似是一种思路简单的专家咨询方法,但在操作过程中工作量比较大。德尔菲分析法在操作过程中面临着以下几个难题:一是问卷问题可能模糊不清,导致不同专家对特定问题有不同看法;二是为了使专家意见趋于一致,反复进行多轮咨询,造成成本增加和专家回复率显著减少;三是问卷负责人在汇总专家意见时,可能受人为因素影响而过滤掉正确的专家意见;四是德尔菲分析法在反复询问专家意见的过程中,需要依据专家前一次的结果来修正自己的意见,直至达成一致的意见,但这种"一致意见"实际上是落于某一可接受范围之内的。①② 因此,德尔菲分析法在操作过程中至少需要注意问卷设计、调查形式、咨询轮次、意见汇总、专家选择以及工作量等问题。

一是调查形式与咨询轮次设计。德尔菲专家咨询的方式很多,最早主要通过邮寄信件的方式咨询,这种方式费时费力,随着人们生活方式的改变基本上很少使用了。还有一对一电话访谈的咨询方式,该方式主要用于一些需要有深入洞见问题的咨询调查,而且该方式也费时费力,专家观点也难以有效记录和汇总,除一些特殊情况,也较少使用该方式。本书主要采用在线问卷的形式,即将要咨询的问题转化为电子问卷,然后通过微信或邮件发给相关专家进行填写。这种方式成本较低、耗时较少、统计方便,是目前主流的调查咨询形式。本书考虑到多轮咨询将显著降低问卷的回复率,反而导致统计困境,因而选择一次性咨询的方式,这也与层次分析法相适应。层次分析法可以通过矩阵列表将需要咨询的问题一次性转化为问题列表,无需多次反复咨询。

二是调查问卷与匿名处理设计。调查问卷设计思路主要依据层次分析法的原理对咨询问题进行分解,转化为易于操作的判断题。调查问卷设计过程中主要遵循了以下几条原则。首先问卷主要根据指标体系的结构层次进行分解,不做过多的其他辅助性的形式处理,以免引起专家理解不清;其次问卷尽量控制在十分钟以内完成,以免专家填写问卷时过于疲劳而导致测量不准确;再次调查问卷以矩阵表格的形式呈现,这样方便咨询专家理解、比对和分析,进而填写出能够反映其价值取向的比较结果;最后问卷不做基本人口社会学变量的统计,只专门针对问题进行统计,以更好地体现匿名化。问卷主要以问卷星嵌入网页的方式发送至专家邮箱或微信,以保证

---

① 林甦、任泽平:《模糊德尔菲法及其应用》,《中国科技论坛》2009年第5期。
② 徐蔼婷:《德尔菲法的应用及其难点》,《中国统计》2006年第9期。

统计结果是一种双盲的状态，进而避免后续人为因素对统计结果的影响。

三是专家选择与意见汇总设计。考虑到不同人群对大都市基本公共服务绩效的理解可能存在较大偏差，加之不同人群处于不同立场，因此本书选择政府官员、专家学者和普通群众三类人群分别进行调查咨询。另外，由于不同地区人群受地域文化、生活习惯、经济水平等因素影响，可能在大都市基本公共服务认知上存在较大偏差，而这种认知偏差量化后的加总计算容易产生"平均效应"，导致总体结果偏离实际情形，因此为保证样本的一致性和数据的可信度，本书选择广州市范围内的政府官员、专家学者和普通群众作为调查对象。

（二）层次分析法：数据分析

采用层次分析法对调查问卷收集的数据进行分析。层次分析法中导入主观数据的接口设计主要集中在矩阵比较部分，即根据指标体系构建判断矩阵，再邀请咨询专家对判断矩阵进行打分，进而将咨询专家的打分作为收集的主观数据。在权重计算过程中重点解决三个问题。

一是平均值处理。由于本书采用的是一次性咨询的方式，即一次性收齐需要确定指标权重的数据，而不是反复进行咨询和调整，因此采取对数据进行均值化处理的方式获取矩阵比较的原始数据。均值处理过程中先对数据进行清洗，将不符合标准的数据剔除掉，进而对政府官员、专家学者和普通群众的调查数据分成三个表格进行统计，以方便后续处理。

二是一致性检验。层次分析法需要对数据的一致性进行分析，由于受主客观因素的影响，判断矩阵很难出现一致的情况。比如，人们在做判断时认为 A 大于 B，B 大于 C，但又认为 C 小于 A，这就会出现矛盾的现象。这时候就需要对得出的结果进行一致性判断，即通过一致性判断后，才能被认为是可以接受的赋权排序。如果不能通过一致性检验，则可以采取删除极端值、检查异常值等方式进行处理。

三是权重递归处理。由于层次分析法在计算权重的过程中是按照指标的层次一层一层进行计算，因而在后续的指标权重递归过程中，也需要按照指标体系的结构层次从上到下依次递归，这样才能算出正确的指标权重。在计算完权重后需要对权重结果进行检验，将统一层次或统一隶属度下的指标权重加总，判断其是否等于1，如果大于或小于1都可能存在问题。尤其要注意在计算过程中可能出现约等于的情况，加总后会出现略大于1或略小于1的情况，但这种情况也可能是正确的，因为在计算过程中采用四舍五入等计算方式。

二 多元主体绩效评估的优劣势分析

选取政府官员、专家学者和普通群众三类人群作为大都市基本公共服务绩效评估指标权重确定的咨询专家，主要是因为这三类人群在社会地位、价值取向和工作场域等方面的不同，能够更精细地反映大都市基本公共服务绩效评估指标权重的敏感性。虽然这三类群体参与大都市基本公共服务绩效评估指标权重确定能够更精细化地刻画不同群体的价值倾向，但这三类群体参与指标权重确定也各有其优劣势。

（一）政府官员评估的优劣势

政府官员作为咨询专家在大都市基本公共服务绩效评估指标权重确定中既有优势也有劣势，其优势主要体现在以下几个方面：一是系统思考优势。由于政府官员职位的特殊性，其做出的决策往往需要从系统性、多层面进行分析和思考，因而其职位决定了其系统思考的能力，而大都市基本公共服务也处于一种开放的生态系统之中，政府官员的这种系统思考的优势能够在此体现出来。二是实践经验优势。基层政府官员每天需要接触大量的基层群众，为基层群众解决大量复杂矛盾并提供大量基本公共服务。在这一实践中，政府官员能够站在管理者角度看到基本公共服务提供中存在的诸多细节和问题，也能够在这一过程中积累大量知识和经验，而这些知识和经验能很好地帮助其对大都市基本公共服务绩效评估指标权重做出判断。三是知识结构优势。一方面，政府官员每年需要接受大量的培训和学习，能够较好地把握国家政策，洞察社会经济发展的走势；另一方面，政府官员既有大学学习的专业知识，又有政府实践的经验知识，还有工作中长期积累的政策知识，这些知识结构能够激发其在大都市基本公共服务绩效评估指标权重判断中的优势。

政府官员作为咨询专家在大都市基本公共服务绩效评估指标权重确定中的劣势主要体现在以下几个方面：一是角色冲突。政府官员理论上应该具有公共精神，其做出的决定和表现的行为应该体现最广大人民的根本利益，其价值取向应该体现"以人民为中心"的内涵结构，但政府官员同时也是一个具有自身利益的"理性人"，其做出的决定和表现的行为也会体现出其自身的立场和利益，在这种角色冲突之下，政府官员所反映出来的观点可能并不是纯粹的体现公共利益的价值取向，其中可能夹杂着私人利益和个人情感。二是部门主义。处于不同职能部门的政府官员想问题、做决策可能更倾向于从本部门的利益角度出发，这就可能导致不同政府官员所表达出来的观点各有侧重，甚至出现相互冲突的问题。三是职业倦怠。一方面，政府官员长期处于某一岗位上，容易形成职业疲劳，因而给出的评估结果可能也不能体现出真正态度；另一方面，由于政府官员每天疲于应付各种事情，在工作中容易形成"按程序走"的惯性思维，这些因素可能最终限制政府官员在大都市基本公共服务绩效评估指标权重确定中的优势发挥。

（二）专家学者评估的优劣势

专家学者作为咨询专家在大都市基本公共服务绩效评估指标权重确定中既有优势也有劣势，其优势主要体现在以下几个方面：一是独立客观优势。专家学者一般是独立于政府部门的"第三方"，不属于基本公共服务绩效评估对象，而且专家学者往往具有独立的思想意识，能够做出较为独立公平的判断。二是专业知识优势。专家学者一般在某个领域进行了较为深入和系统的长期研究，能够站在更为专业的角度看待问题，更能够从整体的、长远的、细节的层面着手，提出一些直击要害的问题。面对复杂多样的信息，专家学者能够凭借自身知识去粗取精、去伪存真、由此及彼、由表及里，发现事物的本质和背后的运作逻辑，做出比较合理的判断。三是政治理性优势。专家学者一般在思想上更加成熟、理智和科学，这也能够增强评估结果的权威性和可信度。

专家学者作为咨询专家在大都市基本公共服务绩效评估指标权重确定中的劣势主要体现在以下几个方面。一是专业限制。专家学者主要在其自身"耕耘"的领域具有较高的专业性，而基本公共服务涉及的范围较宽，受专家学者专业领域限制，可能做出专业局限的判断；二是信息极差。专家学者往往具有较高的理论视野，能够从宏观上提出具有战略影响性的建议，但其并不是基本公共服务的"局内人"，更不是基本公共服务供给的直接决策者和提供者，因而其获取的信息主要是专家视角，而不是"局内人"视角，因而在做出指标权重评价时容易受到信息极差的影响，而做出偏误的评估；三是公信力减弱。近年来随着自媒体的不断发展，个别专家的不良行为容易被放大和歪曲，给群众留下不好的刻板印象，降低了专家学者参与绩效评估的公信力。

（三）普通群众评估的优劣势

普通群众作为咨询专家在大都市基本公共服务绩效评估指标权重确定中既有优势也有劣势，其优势主要体现在以下几个方面：一是能够直接反映人民的需求。普通群众作为基本公共服务的直接供给对象，参与绩效评估指标权重确定，能够很好地体现被服务群体的切身需求，能够通过问计于民、问需于民、问策于民、问绩于民切实地听民声、汇民意、察民情、聚民智、解民忧。二是能够充分发挥公民自主性。随着社会主要矛盾的转换，人民对生活质量和公共服务的要求越来越高，人民参与公共事务和公共决策的愿望越来越强烈。普通群众作为绩效评估专家进行指标权重打分，不仅能够体现其当家做主的主人翁地位，而且能够激发其对公共事务的关心和维护。三是能够充分体现指标体系的合法性来源。"结果导向和外部责任可以归结为政府绩效评估中的公民为本，要实现绩效评估聚焦于公民期望的结果并使之成为推进责任政府的有效机制，公民在绩效评估过程中的广泛参与至关重要。"① 普通群众参与绩效评估指标权重确定既是一种对人民负责的结果导向，又是一种监督政府内部效率改善的外部责任体现，还是一种绩效评估合法性的来源。

普通群众作为咨询专家在大都市基本公共服务绩效评估指标权重确定中的劣势主要体现在以下几个方面：一是缺乏系统性认知能力。普通群众虽然作为被服务对象能够反映出切身体验和感知，但其在做出判断时可能只是出于短期的利益考量或表面的问题展现，而无法做出系统、科学、长期的判断。二是容易出现集体无意识行为。大部分普通群众在对大都市基本公共服务绩效指标权重进行评分时，可能主要采取随大流的态度，自身缺乏独立的思想主见，容易受少部分群体的集体无意识带节奏。而且，很多人存在"搭便车"的侥幸心理，自己不愿付出、不愿承担责任，而直接采取别人给出的建议。三是群体内部意见冲突比较激烈。普通群众内部结构非常复杂，不同职业、不同年龄、不同身份等都容易造成意见割裂，甚至产生观点冲突。而且由于基本公共服务在人群间、地域间、职业间分配不均，也容易造成普通群众内部观点的割裂和冲突，进而导致在权重确定过程中无所适从、难以取舍。

第二节 不同主体评估的结果呈现

考虑到政府官员、专家学者和普通群众可能在大都市基本公共服务绩

---

① 周志忍主编：《政府绩效评估中的公民参与：中国地方政府的实践与经验》，人民出版社2015年版，第31页。

效评估的认知结构上存在较大差异，强行将三类主体的评分进行整合可能导致评估结果的内在冲突或者评估指标权重不符合实际，因而本书在大都市基本公共服务绩效评估指标权重呈现上以三类不同主体的调查结果分别进行呈现，以体现评估结果的精细性和科学性。值得注意的是，由于不同城市的官员、专家和群众对大都市基本公共服务有不同的实践认知，在构建指标权重过程中为统一标尺，因此在调查咨询范围选择上主要以广州市作为样本，这样可以在一定程度上控制被调查对象受不同环境和文化的影响，减小被调查对象的异质性，避免不同城市调查数据带来的标尺混乱。

一　政府官员视角下的指标权重

由于政府官员从不同角度划分有很多种类型，不同类型的政府官员对大都市基本公共服务的绩效评价会呈现出不同的特点。比如，根据性质的不同可以划分为政务官和事务官，根据行政层级可以划分为中央官员、地方官员和基层官员，根据党政等系统可以划分为政党官员、政府官员、政协官员、人大官员，根据政府内部职能可以划分为民政部门、发改部门、工商部门等官员，在这里我们主要调查的对象是街道层面的基层官员。基层官员更加接近群众，也更加了解基层基本公共服务的供给情况，他们的反馈更能够贴合基层实际，也更能够反馈基层群众的态度和想法。本调查随机从广州市抽取12个街道，每个街道随机抽取15名街道办事处工作人员进行问卷调查，回收有效问卷153份，有效回收率为85%。该调查分析以回收的153份有效问卷调查的平均值作为层次分析法矩阵分析的原始数据。利用SPSS和EXCEL清洗与计算大都市基本公共服务绩效评估指标体系的最大特征根值、一致性指标、平均随机一致性指标、一致性比例以及指标权重等结果，如表6—1所示。

第六章　大都市基本公共服务绩效评估的指标权重

表 6—1　　大都市基本公共服务绩效评估指标权重（政府官员）

	C_1	C_2	C_3	C_4	C_5	C_6	C_7	C_8	C_9	C_{10}	C_{11}	C_{12}	权重
	0.046	0.044	0.044	0.133	0.094	0.149	0.107	0.063	0.159	0.061	0.054	0.045	—
D_1	0.676	—	—	—	—	—	—	—	—	—	—	—	0.031
D_2	0.099	—	—	—	—	—	—	—	—	—	—	—	0.005
D_3	0.225	—	—	—	—	—	—	—	—	—	—	—	0.010
D_4	—	0.453	—	—	—	—	—	—	—	—	—	—	0.020
D_5	—	0.547	—	—	—	—	—	—	—	—	—	—	0.024
D_6	—	—	0.141	—	—	—	—	—	—	—	—	—	0.006
D_7	—	—	0.266	—	—	—	—	—	—	—	—	—	0.012
D_8	—	—	0.308	—	—	—	—	—	—	—	—	—	0.014
D_9	—	—	0.285	—	—	—	—	—	—	—	—	—	0.013
D_{10}	—	—	—	0.252	—	—	—	—	—	—	—	—	0.034
D_{11}	—	—	—	0.240	—	—	—	—	—	—	—	—	0.032
D_{12}	—	—	—	0.156	—	—	—	—	—	—	—	—	0.021
D_{13}	—	—	—	0.147	—	—	—	—	—	—	—	—	0.020
D_{14}	—	—	—	0.205	—	—	—	—	—	—	—	—	0.027
D_{15}	—	—	—	—	0.337	—	—	—	—	—	—	—	0.032
D_{16}	—	—	—	—	0.318	—	—	—	—	—	—	—	0.030
D_{17}	—	—	—	—	0.345	—	—	—	—	—	—	—	0.032
D_{18}	—	—	—	—	—	0.629	—	—	—	—	—	—	0.094
D_{19}	—	—	—	—	—	0.371	—	—	—	—	—	—	0.055
D_{20}	—	—	—	—	—	—	0.361	—	—	—	—	—	0.039
D_{21}	—	—	—	—	—	—	0.354	—	—	—	—	—	0.038
D_{22}	—	—	—	—	—	—	0.285	—	—	—	—	—	0.030
D_{23}	—	—	—	—	—	—	—	0.260	—	—	—	—	0.016

续表

	C_1	C_2	C_3	C_4	C_5	C_6	C_7	C_8	C_9	C_{10}	C_{11}	C_{12}	权重
D_{24}	—	—	—	—	—	—	—	0.253	—	—	—	—	0.016
D_{25}	—	—	—	—	—	—	—	0.247	—	—	—	—	0.016
D_{26}	—	—	—	—	—	—	—	0.240	—	—	—	—	0.015
D_{27}	—	—	—	—	—	—	—	—	0.517	—	—	—	0.082
D_{28}	—	—	—	—	—	—	—	—	0.483	—	—	—	0.077
D_{29}	—	—	—	—	—	—	—	—	—	0.346	—	—	0.021
D_{30}	—	—	—	—	—	—	—	—	—	0.298	—	—	0.018
D_{31}	—	—	—	—	—	—	—	—	—	0.356	—	—	0.022
D_{32}	—	—	—	—	—	—	—	—	—	—	0.258	—	0.014
D_{33}	—	—	—	—	—	—	—	—	—	—	0.252	—	0.014
D_{34}	—	—	—	—	—	—	—	—	—	—	0.250	—	0.014
D_{35}	—	—	—	—	—	—	—	—	—	—	0.240	—	0.013
D_{36}	—	—	—	—	—	—	—	—	—	—	—	0.246	0.011
D_{37}	—	—	—	—	—	—	—	—	—	—	—	0.244	0.011
D_{38}	—	—	—	—	—	—	—	—	—	—	—	0.249	0.011
D_{39}	—	—	—	—	—	—	—	—	—	—	—	0.261	0.012

二　专家学者视角下的指标权重

由于专家学者研究的方向和主攻的领域不一样，其评估的结果可能也会呈现出不同差异，因而在选择咨询对象过程中我们主要邀请那些主攻方向与公共服务相关的专家学者，主要涉及公共管理学、政治学、经济学、管理学、社会学、法学、哲学等学科。另外，考虑到不同城市的专家学者在城市体验和城市感受方面可能存在较大差异，因而在专家学者的选择过程中主要以广州市的高校专家作为选择范围。本书向中山大学、华南理工大学、广州大学、深圳大学、华南农业大学、华南师范大学、广东财经大学、广东金融学院 8 所学校共发放 89 份问卷，共回收有效问卷 66 份，有效回收率为 74.16%。该调查分析以回收的 66 份有效问卷调查的平均值作为层次分析法矩阵分析的原始数据。利用 SPSS 和 EXCEL 清洗和计算大都市基本公共服务绩效评估指标体系的最大特征根值、一致性指标、平均随机一致性指标、一致性比例以及指标权重等结果，如表 6—2 所示。

表 6—2　　大都市基本公共服务绩效评估指标权重（专家学者）

	C_1	C_2	C_3	C_4	C_5	C_6	C_7	C_8	C_9	C_{10}	C_{11}	C_{12}	权重
	0.043	0.041	0.044	0.151	0.108	0.141	0.117	0.071	0.154	0.046	0.044	0.039	—
D_1	0.632	—	—	—	—	—	—	—	—	—	—	—	0.027
D_2	0.140	—	—	—	—	—	—	—	—	—	—	—	0.006
D_3	0.228	—	—	—	—	—	—	—	—	—	—	—	0.010
D_4	—	0.490	—	—	—	—	—	—	—	—	—	—	0.020
D_5	—	0.510	—	—	—	—	—	—	—	—	—	—	0.021
D_6	—	—	0.162	—	—	—	—	—	—	—	—	—	0.007
D_7	—	—	0.279	—	—	—	—	—	—	—	—	—	0.012
D_8	—	—	0.276	—	—	—	—	—	—	—	—	—	0.012
D_9	—	—	0.283	—	—	—	—	—	—	—	—	—	0.012
D_{10}	—	—	—	0.252	—	—	—	—	—	—	—	—	0.038
D_{11}	—	—	—	0.239	—	—	—	—	—	—	—	—	0.036
D_{12}	—	—	—	0.164	—	—	—	—	—	—	—	—	0.025
D_{13}	—	—	—	0.157	—	—	—	—	—	—	—	—	0.024
D_{14}	—	—	—	0.188	—	—	—	—	—	—	—	—	0.028
D_{15}	—	—	—	—	0.318	—	—	—	—	—	—	—	0.034

续表

	C_1	C_2	C_3	C_4	C_5	C_6	C_7	C_8	C_9	C_{10}	C_{11}	C_{12}	权重
D_{16}	—	—	—	—	0.330	—	—	—	—	—	—	—	0.036
D_{17}	—	—	—	—	0.352	—	—	—	—	—	—	—	0.038
D_{18}	—	—	—	—	—	0.773	—	—	—	—	—	—	0.109
D_{19}	—	—	—	—	—	0.227	—	—	—	—	—	—	0.032
D_{20}	—	—	—	—	—	—	0.342	—	—	—	—	—	0.040
D_{21}	—	—	—	—	—	—	0.346	—	—	—	—	—	0.040
D_{22}	—	—	—	—	—	—	0.312	—	—	—	—	—	0.037
D_{23}	—	—	—	—	—	—	—	0.259	—	—	—	—	0.018
D_{24}	—	—	—	—	—	—	—	0.252	—	—	—	—	0.018
D_{25}	—	—	—	—	—	—	—	0.246	—	—	—	—	0.017
D_{26}	—	—	—	—	—	—	—	0.243	—	—	—	—	0.017
D_{27}	—	—	—	—	—	—	—	—	0.471	—	—	—	0.073
D_{28}	—	—	—	—	—	—	—	—	0.529	—	—	—	0.081
D_{29}	—	—	—	—	—	—	—	—	—	0.341	—	—	0.016
D_{30}	—	—	—	—	—	—	—	—	—	0.318	—	—	0.015
D_{31}	—	—	—	—	—	—	—	—	—	0.341	—	—	0.016
D_{32}	—	—	—	—	—	—	—	—	—	—	0.257	—	0.011
D_{33}	—	—	—	—	—	—	—	—	—	—	0.255	—	0.011
D_{34}	—	—	—	—	—	—	—	—	—	—	0.247	—	0.011
D_{35}	—	—	—	—	—	—	—	—	—	—	0.241	—	0.011
D_{36}	—	—	—	—	—	—	—	—	—	—	—	0.254	0.010
D_{37}	—	—	—	—	—	—	—	—	—	—	—	0.249	0.010
D_{38}	—	—	—	—	—	—	—	—	—	—	—	0.246	0.010
D_{39}	—	—	—	—	—	—	—	—	—	—	—	0.251	0.010

三 普通群众视角下的指标权重

普通群众所表达出来的观点能够较好地反映其对大都市基本公共服务的态度，但不同城市的普通群众在都市基本公共服务上的认知可能存在较大差异。因此本书主要以广州市作为调查对象，以尽量减少普通群众的"异质性"，提高调查样本的内部效度。本书基于分层随机抽样的方法，随机从广州市中抽选6个街道，每个街道下面抽选2个社区，每个社区发放问卷100份，共回收有效问卷866份，有效回收率为72.16%。该调查分析以回收的866份有效问卷调查的平均值作为层次分析法矩阵分析的原始数据。利用SPSS和EXCEL清洗和计算大都市基本公共服务绩效评估指标体系的最大特征根值、一致性指标、平均随机一致性指标、一致性比例以及指标权重等结果，如表6—3所示。

表6—3　大都市基本公共服务绩效评估指标权重（普通群众）

	C_1	C_2	C_3	C_4	C_5	C_6	C_7	C_8	C_9	C_{10}	C_{11}	C_{12}	权重
	0.042	0.031	0.029	0.148	0.111	0.19	0.12	0.068	0.161	0.027	0.034	0.04	—
D_1	0.745	—	—	—	—	—	—	—	—	—	—	—	0.031
D_2	0.090	—	—	—	—	—	—	—	—	—	—	—	0.004
D_3	0.165	—	—	—	—	—	—	—	—	—	—	—	0.007
D_4	—	0.769	—	—	—	—	—	—	—	—	—	—	0.024
D_5	—	0.231	—	—	—	—	—	—	—	—	—	—	0.007
D_6	—	—	0.182	—	—	—	—	—	—	—	—	—	0.005
D_7	—	—	0.343	—	—	—	—	—	—	—	—	—	0.010
D_8	—	—	0.144	—	—	—	—	—	—	—	—	—	0.004
D_9	—	—	0.331	—	—	—	—	—	—	—	—	—	0.010
D_{10}	—	—	—	0.210	—	—	—	—	—	—	—	—	0.031
D_{11}	—	—	—	0.196	—	—	—	—	—	—	—	—	0.029
D_{12}	—	—	—	0.223	—	—	—	—	—	—	—	—	0.033

续表

	C_1	C_2	C_3	C_4	C_5	C_6	C_7	C_8	C_9	C_{10}	C_{11}	C_{12}	权重
D_{13}	—	—	—	0.227	—	—	—	—	—	—	—	—	0.034
D_{14}	—	—	—	0.144	—	—	—	—	—	—	—	—	0.021
D_{15}	—	—	—	—	0.403	—	—	—	—	—	—	—	0.045
D_{16}	—	—	—	—	0.270	—	—	—	—	—	—	—	0.030
D_{17}	—	—	—	—	0.327	—	—	—	—	—	—	—	0.036
D_{18}	—	—	—	—	—	0.871	—	—	—	—	—	—	0.165
D_{19}	—	—	—	—	—	0.129	—	—	—	—	—	—	0.025
D_{20}	—	—	—	—	—	—	0.437	—	—	—	—	—	0.052
D_{21}	—	—	—	—	—	—	0.423	—	—	—	—	—	0.051
D_{22}	—	—	—	—	—	—	0.140	—	—	—	—	—	0.017
D_{23}	—	—	—	—	—	—	—	0.267	—	—	—	—	0.018
D_{24}	—	—	—	—	—	—	—	0.244	—	—	—	—	0.017
D_{25}	—	—	—	—	—	—	—	0.269	—	—	—	—	0.018
D_{26}	—	—	—	—	—	—	—	0.220	—	—	—	—	0.015
D_{27}	—	—	—	—	—	—	—	—	0.306	—	—	—	0.049
D_{28}	—	—	—	—	—	—	—	—	0.694	—	—	—	0.112
D_{29}	—	—	—	—	—	—	—	—	—	0.343	—	—	0.009
D_{30}	—	—	—	—	—	—	—	—	—	0.282	—	—	0.008
D_{31}	—	—	—	—	—	—	—	—	—	0.375	—	—	0.010
D_{32}	—	—	—	—	—	—	—	—	—	—	0.255	—	0.009
D_{33}	—	—	—	—	—	—	—	—	—	—	0.250	—	0.009
D_{34}	—	—	—	—	—	—	—	—	—	—	0.249	—	0.008
D_{35}	—	—	—	—	—	—	—	—	—	—	0.246	—	0.008
D_{36}	—	—	—	—	—	—	—	—	—	—	—	0.275	0.011
D_{37}	—	—	—	—	—	—	—	—	—	—	—	0.272	0.011
D_{38}	—	—	—	—	—	—	—	—	—	—	—	0.229	0.009
D_{39}	—	—	—	—	—	—	—	—	—	—	—	0.224	0.009

第三节 不同主体评估权重的比较

政府官员、专家学者和普通群众三类不同主体在大都市基本公共服务绩效评估指标权重上的认知既有共同点也有相异之处，三类人群的指标权重评分在一定程度上能够反映不同群体微妙的社会情绪和价值态度，对其进行细致比较能够较好地帮助我们理解大都市基本公共服务的结构重心，为后续提出有针对性的大都市基本公共服务绩效改进对策提供重要参考和依据。根据准则层、子准则层和指标层的评估权重，如表6—4、表6—5所示，本小节将主要从评估权重的共性和异性两个方面进行重点分析。

表6—4 大都市基本公共服务绩效评估指标权重（准则层与子准则层）

	政府官员				专家学者				普通群众			
	B_1	B_2	B_3	权重	B_1	B_2	B_3	权重	B_1	B_2	B_3	权重
	0.135	0.705	0.160	—	0.128	0.743	0.129	—	0.102	0.798	0.100	—
公共交通（C_1）	0.344	—	—	0.046	0.336	—	—	0.043	0.409	—	—	0.042
公共信息（C_2）	0.328	—	—	0.044	0.322	—	—	0.041	0.306	—	—	0.031
公共科技（C_3）	0.328	—	—	0.044	0.342	—	—	0.044	0.285	—	—	0.029
公共教育（C_4）	—	0.189	—	0.133	—	0.203	—	0.151	—	0.185	—	0.148
公共医疗（C_5）	—	0.134	—	0.094	—	0.146	—	0.108	—	0.139	—	0.111
住房服务（C_6）	—	0.211	—	0.149	—	0.190	—	0.141	—	0.238	—	0.190
社会保障（C_7）	—	0.152	—	0.107	—	0.158	—	0.117	—	0.151	—	0.120
文体服务（C_8）	—	0.089	—	0.063	—	0.096	—	0.071	—	0.085	—	0.068
公共就业（C_9）	—	0.225	—	0.159	—	0.207	—	0.154	—	0.202	—	0.161
环境资源（C_{10}）	—	—	0.379	0.061	—	—	0.359	0.046	—	—	0.269	0.027
环境保护（C_{11}）	—	—	0.337	0.054	—	—	0.338	0.044	—	—	0.336	0.034
环境治理（C_{12}）	—	—	0.284	0.045	—	—	0.303	0.039	—	—	0.395	0.040

表 6—5　大都市基本公共服务绩效评估指标权重（三类主体比较）

指标	政府官员	专家学者	普通群众	指标	政府官员	专家学者	普通群众
D_1	0.031	0.027	0.031	D_{21}	0.038	0.040	0.051
D_2	0.005	0.006	0.004	D_{22}	0.03	0.037	0.017
D_3	0.010	0.010	0.007	D_{23}	0.016	0.018	0.018
D_4	0.020	0.020	0.024	D_{24}	0.016	0.018	0.017
D_5	0.024	0.021	0.007	D_{25}	0.016	0.017	0.018
D_6	0.006	0.007	0.005	D_{26}	0.015	0.017	0.015
D_7	0.012	0.012	0.010	D_{27}	0.082	0.073	0.049
D_8	0.014	0.012	0.004	D_{28}	0.077	0.081	0.112
D_9	0.013	0.012	0.010	D_{29}	0.021	0.016	0.009
D_{10}	0.034	0.038	0.031	D_{30}	0.018	0.015	0.008
D_{11}	0.032	0.036	0.029	D_{31}	0.022	0.016	0.010
D_{12}	0.021	0.025	0.033	D_{32}	0.014	0.011	0.009
D_{13}	0.020	0.024	0.034	D_{33}	0.014	0.011	0.009
D_{14}	0.027	0.028	0.021	D_{34}	0.014	0.011	0.008
D_{15}	0.032	0.034	0.045	D_{35}	0.013	0.011	0.008
D_{16}	0.030	0.036	0.030	D_{36}	0.011	0.010	0.011
D_{17}	0.032	0.038	0.036	D_{37}	0.011	0.010	0.011
D_{18}	0.094	0.109	0.165	D_{38}	0.011	0.010	0.009
D_{19}	0.055	0.032	0.025	D_{39}	0.012	0.010	0.009
D_{20}	0.039	0.040	0.052	—	—	—	—

一　评估权重结果的共性比较

政府官员、专家学者和普通群众三类不同评估主体在大都市基本公共服务指标权重上的共同取向主要体现在以下几个方面。

（一）三类主体权重评分的总体比例分布基本一致

从准测层层面而言，三类主体在生产性基本公共服务、生活性基本公共服务和生态性基本公共服务三个维度的权重分配上总体保持基本一致。

三类主体都给生活性基本公共服务赋予了比较高的权重，而且基本占到了整个权重的70%以上的比例，而生产性基本公共服务和生态性基本公共服务的占比也都是在10%以上的比例，整体上相对比较协调。这说明在三类群体眼中大都市中的基本公共服务供给始终要以人的生活为中心，而生活性基本公共服务是能够直接体现人民福祉的维度，生产性基本公共服务和生态性基本公共服务则相对是一种间接的影响人民生活的因素，因而在权重分配上相对较少。从子准则层层面而言，生产性基本公共服务下面的公共交通、公共信息和公共科技的权重基本分布在3%—4%的权重幅度范围内，生活性基本公共服务下面的公共教育、公共医疗、住房服务、社会保障、文体服务和公共就业的权重基本分布在10%左右的权重幅度范围内，生态性基本公共服务下面的环境资源、环境保护和环境治理的权重基本分布在2%—6%的权重幅度范围内。从指标层层面而言，生产性基本公共服务下的9项指标权重基本分布在1%—3%的权重幅度范围内，生活性基本公共服务下的19项指标权重大部分分布在1%—4%的权重幅度范围内，生态性基本公共服务下的11项指标权重大部分分布在1%—2%的权重幅度范围内。从宏观分布上而言，三类主体在准则层、子准则层和指标层的权重分布基本上比较协调，具有总体的一致性特征。

（二）三类主体共同侧重生活性基本公共服务维度

生活性基本公共服务在整个权重比例中占到70%以上，在三类人群的重要性认知中占据绝对优势地位。生活性基本公共服务在大都市基本公共服务绩效评估中为何占据绝对优势，这可能与以下三个原因息息相关。一是生活性基本公共服务更能够直接反映"以人民为中心"的价值理念。"以人民为中心"的价值理念强调在公共服务供给中应该围绕公共服务需求侧的实际需求来提供匹配的公共服务。生活性基本公共服务是围绕人民需求最典型的服务种类，教育、医疗、住房、社保、文体和就业等服务是生活在大都市中的人民的最基本的生活服务需求。大都市之所以具有较强的集聚效应也与这些公共服务的优越性高度相关，例如，大都市的就业、医疗、教育、社保等优质公共服务资源吸引着都市周边群体的进入。二是生活性基本公共服务是三类群体体验认知中的敏感部分。生活性基本公共服务是生活在都市中的个体最容易感知到的服务类型，教育、医疗、住房"三座大山"直接对生活在都市里的人民形成强大的生活压力，社保、文体、就业等服务直接影响市民的生活质量和生活水准。这些服务在大都市人群中是具有一定敏感性的脆弱神经，这些服务如果能够得到保障，大都市人群的压力将大幅度减小。三是生活性基本公共服务对于改善人民的生活状况具有直接影响。生活性基本公共服务质量的提升能够显著提高人民的生活质量，能够起到立竿见影的效果，与人民的利益息息相关，因而三类人群在其评分中赋予了比较大的权重。

（三）三类主体在生产性和生态性服务上共同弱化

生产性基本公共服务和生态性基本公共服务在整个权重比例中分别仅占到10%—20%，在三类人群重要性认知中占据相对弱势地位。造成三类主体在以上两类公共服务上的赋权相对较少的原因有以下几方面。一是这两类基本公共服务对人的影响更多地以间接的形式体现出来。不像生活性基本公共服务对人会产生直接的利益影响，以及对人的生活直接造成极大的不便，生产性基本公共服务和生态性基本公共服务对人的影响链条相对较长，比如，公共科技投入虽然从长期来看会对整个城市甚至整个国家产生比较正面的影响，但大量的资金投入和人才投入并不能立竿见影地提升人们的生活质量，因而在大都市基本公共服务绩效指标权重分配上三类人员更加倾向于赋权那些能够直接对人的生活产生影响的基本公共服务。二是这两类基本公共服务较强的公共性容易导致"搭便车"行为。生产性基本公共服务和生态性基本公共服务具有较强的非竞争性和非排他性，即一个人对这些服务的享用不影响另一个人对这些服务的享用，个人也无法被排除在享用该基本公共服务之外。因而在这些领域容易产生"搭便车"的行为，即没有意识到这些基本公共服务的重要性，而无意识地产生了坐享其成的想法。三是三类主体在实践感知上对这两类基本公共服务相对不太敏感。在实践中，生产性基本公共服务和生态性基本公共服务基本不需要个体进行支出，因此在感官上似乎与人民的福祉联系没有生活性基本公共服务密切，因此这在一定程度上也会影响三类主体的判断。

（四）权重较大的评估指标主要集聚在少数指标上

39个具体绩效评估指标中有2/3左右的指标权重集中在1%至3%，权重较大的指标主要集中在每平方公里公路客运量、生均小学教师数、生均中学教师数、每万人医院及卫生院数、每万人床位数、每万人医疗人员数、人均住宅开发投资完成额、城镇职工基本养老保险参保人数占年末总人口数、城镇基本医疗保险参保人数占年末总人口数、失业保险参保人数占年末总人口数等十几个指标。这些指标具有以下几个共同特征。一是基本反映的是大都市中的热点问题。这些指标基本上集中在交通、教育、医疗、养老、住房、就业这六个方面，而这六个方面都属于大都市的热点问题。这些领域的热点问题牵扯着都市人民的福祉，因而受到三类群体的重视。二是基本上是与个人利益紧密挂钩的问题。这些基本公共服务基本上能够直接影响个人利益，比如，教育服务资源不优直接影响小孩学习能力的提升，住房服务不充足直接导致房价上涨和居住品质下降等，养老服务数量和质量跟不上直接影响老年人甚至整个家庭的生活品质。三是基本上属于该服务领域最具代表性的精炼指标。这些权重比较高的指标基本上是某一具体公共服务领域核心指标，能够在很大程度上代表和反映该公共服务领域的核心特征，并能够有效呈现出该公共服务领域大致的权重结构。

二 评估权重结果的异性比较

政府官员、专家学者和普通群众三类不同评估主体在大都市基本公共服务指标权重上的不同取向主要体现在以下几个方面。

（一）三类主体在准则层上权重分配存在的整体差异

就准则层而言，在生产性基本公共服务方面，政府官员、专家学者和普通群众的赋权分别为 0.135、0.128、0.102，可以明显看到专家学者的赋权最高，而普通群众的赋权最低。其中的原因可能是专家学者一般接受过比较严格的理论训练，思考问题更加具有系统性和前瞻性，他们明白生产性基本公共服务虽然不会直接对人们产生较大影响，但其作为基础性公共服务，其重要性应该受到重视。而普通群众可能更多地从直观的角度以及个人利益角度考虑问题，进而对其重要性没有给予足够重视。在生活性基本公共服务方面，政府官员、专家学者和普通群众的赋权分别为 0.705、0.743、0.798，可以看到从政府官员到普通群众对该维度赋权逐渐上升。这其中可能的原因是政府官员站在更加整体的角度进行考虑，认为大都市基本公共服务除了生活性基本公共服务之外，其他两类基本公共服务也应受到足够重视，因而将权值稍微分配给了其他两类维度，而普通群众则在考虑该问题时更多的是站在自身的感受和切身体会的基础之上，因而赋权较多。专家学者处于中间水平，则显示出相对理性的平衡的态度。在生态性基本公共服务方面，政府官员、专家学者和普通群众的赋权分别为 0.160、0.129、0.010，可以看到从政府官员到普通群众对该维度赋权逐渐降低。这其中可能的原因是政府官员站在都市整体平衡的角度给予生态性公共服务较多重视，而普通群众则可能缺乏从一种相互关联的整体性前瞻角度看待问题，更多的是以眼前利益来进行权衡和赋权。

（二）三类主体在生产性基本公共服务上存在的差异

从子准则层来看，政府官员在公共交通、公共信息和公共科技上的赋权分别为 0.046、0.044、0.044，专家学者在公共交通、公共信息和公共科技上的赋权分别为 0.043、0.041、0.044，普通群众在公共交通、公共信息和公共科技上的赋权分别为 0.042、0.031、0.029。可以发现政府官员和专家学者的赋权相近，但普通群众在公共信息和公共科技上的赋权明显低一些，其中的原因可能是相对于公共信息和公共科技，公共交通与普通民众关系更加密切，因此公共信息和公共科技的基础性作用没有被普通群众所重视。而政府官员和专家学者可能站在更加整体性的视角看到了这三个维度具有共同的重要性。从指标层的 9 个指标来看，每平方公里水运客运量、每平方公里民用航空客运量和专利申请数的权重都没有达到 1%，都属于低权重指标。在这 9 个指标中政府官员最看重的是每平方公里公路客运量、拥有互联网户数占年末总户数、移动电话用户数占年末总户数，专家学者最看重的也是每平方公里公路客运量、拥有互联网户数占年末总户数、移动电话用户数占年末总户数，普通群众最看重的则是每平方公里公路客运量、拥有互联网户数占年末总户数、专利授权数。在这 9 个指标中政府官员最不看重的是每平方公里水运客运量和每平方公里民用航空客运量，专家学者最不看重的是每平方公里水运客运量和专利申请数，普通群众最不看重的则是每平方公里水运客运量和专利申请数。

（三）三类主体在生活性基本公共服务上存在的差异

从子准则层来看，政府官员在公共教育、公共医疗、住房服务、社会保障、文体服务和公共就业上的赋权分别是 0.133、0.094、0.149、0.107、0.063、0.159，专家学者在公共教育、公共医疗、住房服务、社会保障、文体服务和公共就业上的赋权分别是 0.151、0.108、0.141、0.177、0.071、0.154，普通群众在公共教育、公共医疗、住房服务、社会保障、文体服务和公共就业上的赋权分别是 0.148、0.111、0.190、0.120、0.068、0.161。从以上可以看到，政府官员最重视就业和住房服务，专家学者最重视就业和教育服务，普通群众最重视就业和教育服务。从指标层的 19 项指标来看，政府官员最重视的前三项指标是人均住宅投资完成额、失业保险参保人数占年末总人口、年末城镇登记失业人员数占年末总人口数，排在最后的三项指标是每万人公共图书馆藏书、每万人博物馆数、每万人体育馆数。专家学者最重视的前三项指标是人均住宅投资完成额、失业保险参保人数占年末总人口、年末城镇登记失业人员数占年末总人口数，排在最后的三项指标是每万人公共图书馆藏书、每万人博物馆数、每万人体育馆数。普通群众最重视的前三项指标是人均住宅开发完成投资额、失业保险参保人数占年末总人口、镇职工基本医疗保险参保人数占年末总人口数，排在最后的三项指标是每平方公里文化、体育和娱乐业从业人员数、每万人公共图书馆藏书、每万人博物馆数。

（四）三类主体在生态性基本公共服务上存在的差异

从子准则层来看，政府官员在环境资源、环境保护和环境治理上的赋权分别为0.061、0.054、0.045，专家学者在环境资源、环境保护和环境治理上的赋权分别为0.046、0.044、0.039，普通群众在环境资源、环境保护和环境治理上的赋权分别为0.027、0.034、0.040。由此可以看到，相对于专家学者和普通群众，政府官员对生态性基本公共服务更加重视，而且政府官员和专家学者对环境资源和环境保护的重视程度要大于环境治理，而普通群众对环境治理和环境保护的重视程度要大于环境资源。原因可能是近年来我国自上而下不断强调要坚持绿色治理和美丽中国的可持续发展之路，同时政府在实践中也表现出"重保护、轻治理"的思路。从指标层的10个指标来看，政府官员最重视的是人均全年用电量和人均水资源总量，政府官员对其他指标的重视程度相似。专家学者最重视的也是人均全年用电量和人均水资源总量，在其他指标上的重视比政府官员更加均等化。普通群众最重视的则是生活垃圾无害化处理率和一般工业固体废弃物综合利用率，但普通群众在这10项指标上的权重分配差异相对较小。总之，三类主体在生态性基本公共服务上存在的微小差异可以折射出三类群体的不同认知结构。

第七章
大都市基本公共服务绩效评估的结果呈现

　　人民感觉幸福不幸福、安全不安全、满意不满意在很大程度上取决于城市基本公共服务的提供，人民选择迁移不迁移、留下不留下、定居不定居在很大程度上也取决于城市基本公共服务的供给情况。尤其是在当前城市户籍门槛不断降低、人群素质不断提高和传统社会关系网络不断瓦解的背景下，城市基本公共服务的改善对于留住城市人口、改善城市形象和提升城市口碑具有极其重要的作用。而对大都市基本公共服务的绩效和水平进行评估以明确城市与城市之间的差距，不仅能够帮助城市政府认清自身事实，进而做出改善行动，而且能够帮助人民选择适合自身的城市，安家创业。本章将基于前面几章构建的大都市基本公共服务绩效评估指标体系和指标权重，对全国超过100万常住人口的"大都市（大城市）"基本公共服务质量和水平进行对比，以期从结果呈现中寻求改善城市福祉的治理之道。

第一节 大都市基本公共服务绩效评估数据处理

数据处理过程的规范化和透明化是保证评估结果科学性和有效性的重要保障，大都市基本公共服务供给质量和水平的测算是一个复杂的计算过程，为保证整个计算过程和汇总过程的规范性和科学性，本节将对大都市基本公共服务绩效评估的数据处理过程进行详细说明。

一 评估对象的选择与确定

大都市基本公共服务绩效评估的主要对象是大都市基本公共服务，这里需要厘清两个概念，一是基本公共服务，二是大都市。就基本公共服务的内涵和外延而言，其范围较为宽广，可以从行政伦理的公共价值视角、公共经济学的公共产品视角和政府管理学的公共职能视角进行理解。《"十四五"公共服务规划》中指出：基本公共服务是保障全体人民生存和发展基本需要、与经济社会发展水平相适应的公共服务。根据这一概念公共服务应该具有基础性、普惠性和动态性特征。虽然这种界定能够较好地反映基本公共服务的特质，但其在测量和评估视角下却缺少操作的可行性。因此，本书基于城市生态理论、新公共服务理论和系统动力学理论构建了生产、生活和生态三个维度的基本公共服务结构，其中生产性基本公共服务之下具体包括公共交通服务、公共信息服务和公共科技服务，生活性基本公共服务之下具体包括公共教育服务、公共医疗服务、公共住房服务、社会保障服务、文化体育服务和公共就业服务，生态性基本公共服务之下具体包括环境资源服务、环境保护服务和环境治理服务。这个基本公共服务的结构能够较好地服务于绩效评估的需要，能够使得绩效评估有一个较好的依托。

就大都市的内涵和外延而言，其可以从人口规模、人口密度、行政区划、职业构成、城市功能和通勤时间等角度进行界定，但到底"多大规模"才能算大都市这一问题仍然标准不一。从以上六个界定视角来看，先不论大都市应该多大，但可以明确的是这六个界定视角最终指向的是城市的规模，城市规模越大，城市的复杂性越大，城市享有的特权也越多。一般而言，城市规模越大，城市公共服务水平越高，城市的品质和影响力也越大，城市的聚集能力和虹吸能力也越强，因此很多城市也更愿意标榜自己为超大城市或特大城市，中小城市则挤破头想进入大城市行列。2021年10月住房和城乡建设部、应急管理部联合发布了《关于加强超高层建筑规划建设管理的通知》，其指出城区常住人口300万以下城市严格限制新建150米以上超高层建筑，不得新建250米以上超高层建筑。城区常住人口300万以上城市严格限制新建250米以上超高层建筑，不得新建500米以上超高层建筑。这意味着人口规模越大的城市在超高层建设方面的权利越多，而超高层建筑越多在一定程度上也能够反映出城市实力越强，这反过来又会吸引更多优质的社会人口流入，进而形成良好的城市人口支撑和城市品牌效应。

2018年发布的《关于进一步加强城市轨道交通规划建设管理的意见》规定修建地铁要求GDP3000亿元以上、市区人口300万以上、地方一般预算收入300亿元以上，修建轻轨要求GDP1500亿元以上、市区人口150万以上、地方一般预算收入150亿元以上。这也意味着规模越大的城市在交通基础建设方面的特权，而这些现代化的交通基础设施又是吸引城市人口流入和促进城市发展的重要基础变量，因而城市规模成为城市生活品质和城市发展质量的一个重要影响因素。2022年6月国家发改委印发《"十四五"新型城镇化实施方案》提出全面取消城区常住人口300万以下的城市落户限制，确保外地与本地农业转移人口进城落户标准一视同仁。全面放宽城区常住人口300万—500万的Ⅰ型大城市落户条件。完善城区常住人口500万以上的超大特大城市积分落户政策，精简积分项目，确保社会保险缴纳年限和居住年限分数占主要比例，鼓励取消年度落户名额限制。这意味着

第七章　大都市基本公共服务绩效评估的结果呈现 ·211·

城市规模越小，落户的条件越松弛，而城市越大，落户的条件越严格。规模越大的城市为什么反而落户条件越严格呢？因为一般而言，规模越大的城市教育、医疗、社保、就业、信息等公共服务的品质和质量越高，因此即使条件严格也有很多人愿意为此而来。

由此可见，城市规模是影响城市公共服务供给水平的重要因素，而城市规模的核心影响因素是城市人口。一般而言，城市人口规模越大，城市产生的 GDP 也越大，城市基础设施建设的规模和质量也越高，城市的社会影响力也将越大。城市如果出现人口消退，则意味着城市 GDP 将缩减，城市基础设施规模和品质将降低，城市的社会影响力也将逐渐衰退，因此城市人口是大都市划分的重要依据。本书中的"大都市"主要是指"大城市"，而"大城市"的划分标准主要参考了国务院第七次全国人口普查领导小组办公室编制的《2020 中国人口普查分县资料》的划分标准，该资料显示我国共有 105 个大城市，包括 7 个超大城市、14 个特大城市、14 个 I 型大城市以及 70 个 II 型大城市。其中超大城市主要是指城区人口超过 1000 万的城市；特大城市是指城区人口在 500 万—1000 万之间的城市；I 型大城市是指城区人口在 300 万—500 万的城市；II 型大城市是指城区人口在 100 万以上的城市。最新的七普资料显示江苏昆山、福建晋江、浙江义乌和浙江慈溪四个县级市城区人口都突破了 100 万，是新晋的 II 型大城市，但由于这四个新晋城市的数据缺失，因而在绩效分析中将这 4 个城市剔除在本书的绩效评估对象之外。本书的最终评估对象主要依据《中国人口普查分县资料 2020》的划分标准，选择了 101 个大城市，其中包括 7 个超大城市、14 个特大城市、14 个 I 型大城市以及 66 个 II 型大城市。

二　评估数据的整理与清洗

本书的数据主要是在《中国城市统计年鉴（2010—2019）》的基础上，综合各城市政府统计网站、国家统计局网站、各地方城市年鉴等，得到的面板数据。在搜集到这些数据之后第一步是对缺失值进行处理。本书主要采用 SPSS23 对数据进行缺失值处理，该软件主要提供了五种缺失值处理方法。一是序列平均值法，即用该变量的已有数值的平均值作为替换变量补全缺失值。二是临近点平均值法，即用该变量中缺失值邻近的非缺失值的平均值作为替代变量进行补全，其中邻近点的跨度可以根据数据特征进行选择，可以是邻近的 1 个非缺失值，也可以是邻近的多个非缺失值。三是临近点中间值法，即用该变量中缺失值邻近的非缺失值的中位数作为替代变量进行补全，其中邻近点的跨度可以根据数据特征进行选择，可以是邻近的 1 个非缺失值，也可以是邻近的多个非缺失值。四是线性插值法，即主要根据变量中插值点的左右两个邻近值进行估算，这种估算不能等同于求左右两个邻近点的平均值，而是根据左右两个临近点的距离来分配相应的比重，进而估算替换值。五是临近点的线性趋势法，即采用线性拟合的方式来确定替换值。每种方法都各有其优缺点，本书主要采用了线性插值法，因为各城市的基本公共服务绩效评估指标在不同年份之间的变化并不是平均变动或以中位数的方式进行变动，有些年份之间可能变动幅度大，而有些年份则可能变化幅度小，采用线性插值法可以较好地考虑不同年份在变量上的变动距离的特点，据此能够估算出更加准确的替换值。

  运用线性插值法将基础变量的数据缺失值补全之后，第二步是确定变量的数据类型及命名。由于本书中除了"城市"变量属于文本型之外，其他变量都需要进行计算，因此全部设定为数值型。而且为了便于进行查找和比对，对子集列表的所有变量进行重新命名。第三步是对数据进行异常值处理。通过函数计算变量的平均值、中位数、最大值、最小值等分析并核对该数据是否符合正常逻辑。同时通过数据分组的方式对数据的变化值进行统计和对比，分析其是否符合正常的数据变化逻辑。本书将数据按照年份分成不同的组别，对不同组别间的均值、中位数、最大值和最小值等进行比较，以排除可能存在的异常值。第四步是根据构建的大都市基本公共服务绩效评估指标体系来进行变量指标的核对和换算。在 39 个评估指标中，大部分指标需要通过一定的计算和转换才能得到大都市基本公共服务绩效评估的指标。比如每平方公里公路客运量需要用公路客运量除以大都市行政区域面积，每万人医疗人员数需要用医疗人员数除以大都市行政区划内的年末人口数量。值得注意的是在进行评估指标计算和转化过程中，由于两个不同体量大小的数值进行计算，最后得出了比较小的数字，因此在数值的小数点上统一采用了保留五位小数点的做法，这样能够保留更多的变量差异信息。第五步是利用绩效评估模型对数据之间的权重分配和加总进行整体计算，检验评估结果是否能够满足评估需要以及是否存在异常情况。

三 评估数据无量纲化处理

大都市基本公共服务绩效评估指标在性质、量纲和数量级等方面存在明显差异，如果直接将多个不同指标进行综合加总比较，则会导致不同性质、量纲和数量级带来的各种数据差异性之间的消除甚至混乱，因此在分析之前需要对数据进行两个方面的处理，分别是数据的一致性处理和数据的无量纲化处理。数据的一致性处理主要是解决不同指标间性质不同的问题，比如在大都市基本公共服务绩效评估中专利申请数、生均小学教师数、每万人体育馆数等指标属于正向指标，在方向上越大越好，而年末城镇登记失业人员数占年末总人口数、可吸入细颗粒物年平均浓度、每增长万元工业废水排水量等指标属于负向指标，在方向上越小越好。如果将两类指标直接进行加总，则会导致两类指标的属性值被消解，不能反映真正的评估效果。在这种情况下需要对数据的性质进行统一，将负指标的数据进行逆向化处理，使其也变成和正向指标一样，数值越大越好。负向指标一致化处理的方法主要有两种，一是倒数一致化，即对原始数据取倒数处理；二是减法一致法，即用该变量中的最大值减去原始值进行处理。倒数一致法会改变原始变量的分散程度，容易夸大或缩小原有变量的内部差异，而减法一致法则不会改变原始变量的分散程度，相对倒数法更加稳定。由于本书不需要对原始数据进行放大或缩小差异，只需要遵循原始数据的客观事实进行评估，因而本书采用了减法一致法的方式对数据进行倒序处理。

数据的无量纲化处理主要解决的是数据之间的可比性问题，比如专利申请数可能是几百个到几千个的数量，而生活垃圾无害化处理率则是属于0—1 之间的数量，两者直接进行加总比较，专利申请数的数值肯定会遮蔽生活垃圾无害化处理率的数值，造成不同数量级数值之间的遮蔽效应。因此需要对所有数据变量进行标准化处理，即需要按照一定的方法将不同变量的数值范围转化为 0—1 或 –1—1 之间，这样就方便不同量级变量之间进行比较。目前对变量进行标准化的操作方法有十几种之多，这里简单介绍常用的几种无量纲化方法的原理。一是极差标准化法，该方法主要通过每一个观察值减去最小值再除以极差（最大值减去最小值即极差）获得数值，极差标准化后的数据一般都落在 0—1 的区间范围内，变量的作用方向也可以根据情况进行调整（如改成最大值减去观察值再除以极差），但有新的数值加入某变量时，则可能由于最大值和最小值的改变而需要对整个计算过程重新进行定义。二是 Z-score 标准化方法，该方法主要是用变量的每一个观察值减去变量均值再除以标准差而得到标准化的数值，其主要适用于最大值和最小值未知的情况或者有超出取值范围的离群数值的情况，SPSS23 主要采用该方法进行标准化处理。三是线性比例标准法，其有极大化法（用该变量的每个观察值除以最大值）和极小化法（用该变量的最小值除以每一个观察值）两种方式。使用该方法时需要注意小于 0 的变量和负向变量的转换问题。

除了以上三种常用的无量纲化方法之外，还有 log 函数标准化法、反正切函数标准化法、求和归一化、平方和归一化、区间化等方法，每种方法都有各自的优缺点及应用的具体情形，本书主要采用极差标准化方法进行无量纲化处理，原因主要有以下几个。一是由于本书中大都市基本公共服务绩效评估指标变量都属于大于零的正值，因而考虑到后续的指标间的汇总和加总,需要采用全部转化为一定区间的正值的方法,这样可以避免数值加总之间的相互抵消,而极差标准化方法将变量数值全部转换成0至1区间范围内的数值,这样能够方便数据之间的有效汇总。二是该方法能够同时处理正向和负向两类指标的标准化,对于正向指标,其计算公式是:标准化值=(观察值-最小值)/(最大值-最小值),对于负向指标,其计算公式为:标准化值=(最大值-观察值)/(最大值-最小值)。而且该方法的指标性质处理方法与极差标准化方法是统一的,这样能够在一定程度上节省很多时间和精力。三是由于本书中所有变量的观察值是固定的,每个观察值并不存在未知的情况,不需要进行估计和预测,因而采用极差标准法能够相对客观准确地进行数据的标准化处理。本书在数据标准化处理和数据分析过程中交替使用了EXCEL和SPSS两种软件工具,由于两者在不同环节的数据处理上有不同的优势,因而主要使用SPSS对数据进行插值、变量名统一、异常值排查、变量计算、赋权计算等,而主要使用EXCEL进行表格数据汇总、分类汇总、标准化处理等。

第二节 大都市基本公共服务绩效和质量的呈现

在不同指标体系、不同评估主体和不同评估权重之下,大都市基本公共服务绩效评估的结果呈现可能存在较大差异,而通过这些差异可以有效捕捉到不同主体、不同内容和不同年份大都市基本公共服务发展的基本情况,能够为分析大都市基本公共服务供给的优势和短板提供较好的参考依据,也能够为城市政府将大都市基本公共服务的优势有效转化为城市品质、城市温度和城市福祉。提供参考本小节将从大都市基本公共服务的主要内容、发展年份和评估主体三个方面呈现大都市基本公共服务绩效和质量情况。

一 大都市基本公共服务绩效分内容呈现

本部分的分内容呈现主要呈现的是准则层的基本公共服务，分别包括生产性基本公共服务、生活性基本公共服务和生态性基本公共服务。

（一）大都市生产性基本公共服务绩效呈现

生产性基本公共服务主要包括公共交通服务、公共信息服务和公共科技服务，是维持大都市基本运作的重要公共服务。生产性基本公共服务是大都市基本公共服务的重要组成部分，这些也是城市软实力的重要体现。通过表7—1可以发现政府官员、专家学者和普通群众对大都市生产性基本公共服务进行的绩效评估具有以下几个特点。

表7—1　　三类群体视角下大都市生产性基本公共服务绩效评估

序号	地区	政府官员	地区	专家学者	地区	普通群众
1	深圳市	0.05604	深圳市	0.05483	深圳市	0.03585
2	北京市	0.05123	北京市	0.04831	北京市	0.03138
3	上海市	0.03951	上海市	0.03751	上海市	0.02415
4	东莞市	0.03561	东莞市	0.03285	广州市	0.01967
5	广州市	0.03030	广州市	0.02945	东莞市	0.01815
6	厦门市	0.02465	厦门市	0.02446	厦门市	0.01651
7	杭州市	0.02366	杭州市	0.02260	苏州市	0.01553
8	苏州市	0.02223	苏州市	0.02187	杭州市	0.01503
9	中山市	0.02110	中山市	0.01990	中山市	0.01231
10	佛山市	0.01999	佛山市	0.01891	佛山市	0.01226
11	珠海市	0.01933	珠海市	0.01871	成都市	0.01210
12	成都市	0.01864	成都市	0.01782	天津市	0.01209
13	天津市	0.01831	天津市	0.01758	珠海市	0.01161
14	西安市	0.01729	海口市	0.01738	海口市	0.01123
15	海口市	0.01727	宁波市	0.01643	南京市	0.01119

续表

序号	地区	政府官员	地区	专家学者	地区	普通群众
16	宁波市	0.01726	西安市	0.01641	宁波市	0.01114
17	南京市	0.01615	南京市	0.01578	西安市	0.01069
18	郑州市	0.01586	郑州市	0.01501	郑州市	0.00983
19	无锡市	0.01453	无锡市	0.01413	无锡市	0.00971
20	长沙市	0.01320	长沙市	0.01234	贵阳市	0.00869
21	青岛市	0.01294	武汉市	0.01234	温州市	0.00856
22	温州市	0.01282	温州市	0.01219	武汉市	0.00842
23	贵阳市	0.01282	青岛市	0.01218	青岛市	0.00810
24	武汉市	0.01270	合肥市	0.01200	合肥市	0.00809
25	合肥市	0.01262	贵阳市	0.01184	长沙市	0.00795
26	常州市	0.01150	常州市	0.01110	常州市	0.00754
27	太原市	0.01125	济南市	0.01057	济南市	0.00709
28	济南市	0.01114	太原市	0.01040	重庆市	0.00704
29	惠州市	0.01099	泉州市	0.01026	泉州市	0.00700
30	泉州市	0.01073	惠州市	0.01018	福州市	0.00671
31	福州市	0.01064	福州市	0.01001	太原市	0.00645
32	重庆市	0.01009	重庆市	0.00987	绍兴市	0.00645
33	绍兴市	0.01005	绍兴市	0.00956	惠州市	0.00628
34	汕头市	0.00994	汕头市	0.00947	台州市	0.00622
35	台州市	0.00994	台州市	0.00937	汕头市	0.00596
36	昆明市	0.00966	昆明市	0.00903	昆明市	0.00557
37	乌鲁木齐市	0.00907	南昌市	0.00844	南昌市	0.00554
38	江门市	0.00894	江门市	0.00837	江门市	0.00539
39	南昌市	0.00893	乌鲁木齐市	0.00833	南通市	0.00536
40	大连市	0.00875	大连市	0.00819	大连市	0.00513
41	沈阳市	0.00867	沈阳市	0.00810	扬州市	0.00512
42	石家庄市	0.00831	石家庄市	0.00778	沈阳市	0.00504
43	扬州市	0.00810	南通市	0.00777	徐州市	0.00484
44	南通市	0.00807	扬州市	0.00767	石家庄市	0.00483
45	兰州市	0.00791	兰州市	0.00732	莆田市	0.00469
46	徐州市	0.00768	徐州市	0.00728	乌鲁木齐市	0.00469

续表

序号	地区	政府官员	地区	专家学者	地区	普通群众
47	吉林市	0.00715	西宁市	0.00659	兰州市	0.00446
48	西宁市	0.00715	吉林市	0.00646	盐城市	0.00432
49	长春市	0.00673	莆田市	0.00645	长春市	0.00412
50	盐城市	0.00667	长春市	0.00637	西宁市	0.00404
51	莆田市	0.00665	盐城市	0.00633	烟台市	0.00389
52	烟台市	0.00657	烟台市	0.00623	芜湖市	0.00384
53	湛江市	0.00649	湛江市	0.00608	呼和浩特市	0.00378
54	唐山市	0.00645	哈尔滨市	0.00602	湛江市	0.00376
55	哈尔滨市	0.00644	唐山市	0.00597	廊坊市	0.00371
56	赣州市	0.00630	廊坊市	0.00588	淮安市	0.00370
57	廊坊市	0.00623	赣州市	0.00587	赣州市	0.00369
58	芜湖市	0.00621	芜湖市	0.00584	哈尔滨市	0.00367
59	呼和浩特市	0.00610	呼和浩特市	0.00567	齐齐哈尔市	0.00363
60	连云港市	0.00607	淄博市	0.00564	洛阳市	0.00362
61	淮安市	0.00607	洛阳市	0.00563	连云港市	0.00361
62	洛阳市	0.00607	淮安市	0.00563	吉林市	0.00359
63	银川市	0.00603	连云港市	0.00559	唐山市	0.00354
64	淄博市	0.00598	银川市	0.00559	淄博市	0.00348
65	齐齐哈尔市	0.00575	齐齐哈尔市	0.00549	新乡市	0.00345
66	新乡市	0.00572	新乡市	0.00539	银川市	0.00342
67	南宁市	0.00560	南宁市	0.00511	株洲市	0.00309
68	绵阳市	0.00550	绵阳市	0.00506	绵阳市	0.00309
69	大庆市	0.00546	株洲市	0.00494	十堰市	0.00307
70	株洲市	0.00533	大庆市	0.00492	淮南市	0.00307
71	十堰市	0.00516	十堰市	0.00473	南宁市	0.00298
72	柳州市	0.00514	柳州市	0.00472	宜昌市	0.00296
73	上饶市	0.00499	宜昌市	0.00458	保定市	0.00292
74	宜昌市	0.00489	上饶市	0.00458	济宁市	0.00289
75	衡阳市	0.00482	济宁市	0.00454	上饶市	0.00287
76	保定市	0.00480	保定市	0.00451	柳州市	0.00281
77	济宁市	0.00478	衡阳市	0.00443	枣庄市	0.00275

续表

序号	地区	政府官员	地区	专家学者	地区	普通群众
78	邯郸市	0.00464	淮南市	0.00442	大庆市	0.00272
79	淮南市	0.00463	枣庄市	0.00430	衡阳市	0.00272
80	枣庄市	0.00455	邯郸市	0.00429	咸阳市	0.00265
81	咸阳市	0.00451	咸阳市	0.00421	泰安市	0.00250
82	泰安市	0.00430	泰安市	0.00399	邯郸市	0.00250
83	包头市	0.00421	临沂市	0.00389	临沂市	0.00241
84	临沂市	0.00418	包头市	0.00381	襄阳市	0.00232
85	秦皇岛市	0.00395	聊城市	0.00370	聊城市	0.00228
86	聊城市	0.00391	秦皇岛市	0.00364	秦皇岛市	0.00221
87	襄阳市	0.00388	襄阳市	0.00359	遵义市	0.00217
88	桂林市	0.00373	桂林市	0.00347	桂林市	0.00212
89	遵义市	0.00368	遵义市	0.00337	邢台市	0.00207
90	长治市	0.00360	邢台市	0.00333	长治市	0.00198
91	邢台市	0.00351	长治市	0.00330	开封市	0.00197
92	开封市	0.00343	开封市	0.00318	包头市	0.00196
93	岳阳市	0.00339	鞍山市	0.00311	鞍山市	0.00190
94	鞍山市	0.00334	岳阳市	0.00310	岳阳市	0.00189
95	宜宾市	0.00323	宜宾市	0.00297	宜宾市	0.00176
96	泸州市	0.00317	泸州市	0.00289	泸州市	0.00174
97	抚顺市	0.00288	抚顺市	0.00270	抚顺市	0.00165
98	大同市	0.00276	南充市	0.00259	南充市	0.00160
99	南充市	0.00266	大同市	0.00254	大同市	0.00153
100	张家口市	0.00210	张家口市	0.00194	张家口市	0.00114
101	赤峰市	0.00189	赤峰市	0.00172	赤峰市	0.00086

资料来源：根据相关资料整理而得。

第一，超大城市的绩效特点。除重庆市外，六个超大城市的生产性基本公共服务绩效基本分布在前13位，具体绩效分布上具有以下几个特点。一是绩效高低基本上呈现深圳、北京、上海、广州、成都、天津、重庆的顺序分布，这一分布与城区人口规模的上海、北京、深圳、重庆、广州、成都、天津的分布顺序相比，深圳反超北京和上海，重庆则跌落到 30 位左右，低于很多特大城市和 I 型大城市。二是深圳、北京、上海和广州在生产性公共服务的绩效分布上相对稳定，而成都、天津和重庆则不太稳定，在超大城市内部明显分成三个层次。第一层次是深圳、北京、上海和广州；第二层次是成都和天津；第三层次是重庆。三是虽然普通群众在生产性基本公共服务上的绩效得分与政府官员和专家学者基本一致，但从得分来看，其赋予的分值明显低于政府官员和专家学者的赋值。比如同样是分布在第一的深圳，政府官员和专家学者的评估得分分别为 0.05604 分和 0.05483 分，但普通群众的评估得分只有 0.03585 分。

第二，特大城市的绩效特点。14 个特大城市的绩效分布具有以下几个特点。一是特大城市内部明显分为三个层级，第一层级是东莞市、杭州市和佛山市，这三个城市都分布在生产性基本公共服务绩效的前 10 位，而且超过了部分超大城市的绩效水平，表现突出。第二层是西安、南京、郑州、长沙、青岛、武汉、济南，这 7 个城市基本分布在 10—30 位范围内。第三层是昆明、大连、沈阳和哈尔滨，这 4 个城市基本分布在 30—60 位范围内，主要是西南和东北地区的城市，这 4 个城市的绩效得分也低于很多 I 型大城市和 II 型大城市。二是特大城市内部绩效得分方差比较大，比如同样是政府官员评分，东莞市得分 0.03561 分，而哈尔滨得分为 0.00644 分，相差五倍之多。三是西安、南京、郑州、长沙、武汉等城市之间的绩效得分相距很紧，在生产性基本公共服务上形成你追我赶、不甘示弱的局面，这些城市都是未来可能在生产性基本公共服务方面做得很好的潜在大城市。

第三，其他城市的绩效特点。14 个 I 型大城市和 66 个 II 型大城市的绩效分布特征如下。一是 I 型大城市内部也存在明显的层次，第一层次的城市有厦门和苏州，分布在前 10 位，超过很多特大城市。第二层次是宁波、无锡、贵阳、合肥、常州、太原和福州，和很多特大城市的绩效分布呈现相互交织的状态。第三层次是乌鲁木齐、南昌、石家庄、长春和南宁，在 I 型大城市中的绩效分布稍显靠后。二是 II 型大城市中有很多"黑马"，比如中山分布在前10位,珠海、海口分布在前20位,温州、惠州、泉州分布在前30,绍兴、汕头、台州、江门分布在前40。而且这些"黑马"大城市主要分布在我国东南沿海经济发达的地区。三是Ⅰ型大城市以省会城市为主,而Ⅱ型大城市以经济发展型城市为主,前者主要依靠行政力量吸引人口,而后者主要以市场力量吸引人口,虽然前者依靠行政力量在生产性基本公共服务上表现出较好绩效,但后者依靠市场力量在生产性基本公共服务上的表现也很抢眼。

(二)大都市生活性基本公共服务绩效呈现

大都市生活性基本公共服务主要包括公共教育服务、公共医疗服务、公共住房服务、社会保障服务、文化体育服务、公共就业服务,是维持人的基本生存和发展的重要公共服务。通过表7—2可以发现政府官员、专家学者和普通群众眼中的大都市生活性基本公共服务绩效分布具有以下几个特点。

表7—2　　三类群体视角下大都市生活性基本公共服务绩效评估

序号	地区	政府官员	地区	专家学者	地区	普通群众
1	深圳市	0.44395	深圳市	0.45459	深圳市	0.51517
2	东莞市	0.36491	东莞市	0.38953	东莞市	0.43380
3	珠海市	0.32480	珠海市	0.34796	珠海市	0.42149
4	上海市	0.27988	杭州市	0.29749	佛山市	0.34906
5	厦门市	0.27849	上海市	0.29608	杭州市	0.34849
6	中山市	0.27573	广州市	0.29564	厦门市	0.34259
7	广州市	0.27568	厦门市	0.29403	中山市	0.34222
8	佛山市	0.27374	中山市	0.29402	广州市	0.34094
9	杭州市	0.27350	佛山市	0.29079	苏州市	0.34000
10	苏州市	0.27038	苏州市	0.28979	上海市	0.33756
11	北京市	0.26676	北京市	0.28955	南京市	0.32260
12	南京市	0.25711	南京市	0.27599	郑州市	0.31426

续表

序号	地区	政府官员	地区	专家学者	地区	普通群众
13	郑州市	0.24267	乌鲁木齐市	0.26186	北京市	0.30579
14	无锡市	0.23799	郑州市	0.26186	武汉市	0.30186
15	乌鲁木齐市	0.23741	无锡市	0.25546	乌鲁木齐市	0.30030
16	武汉市	0.23622	武汉市	0.25492	无锡市	0.29770
17	海口市	0.22761	海口市	0.24804	昆明市	0.29054
18	宁波市	0.22057	昆明市	0.24286	海口市	0.28817
19	昆明市	0.22040	宁波市	0.23829	宁波市	0.28095
20	太原市	0.21004	太原市	0.23055	西安市	0.26901
21	西安市	0.20940	西安市	0.22685	包头市	0.26670
22	成都市	0.20908	成都市	0.22619	太原市	0.26261
23	常州市	0.20640	包头市	0.22618	常州市	0.26233
24	包头市	0.20521	长沙市	0.22254	长沙市	0.26230
25	长沙市	0.20430	常州市	0.22186	成都市	0.25884
26	青岛市	0.20264	青岛市	0.21935	青岛市	0.25800
27	济南市	0.20128	济南市	0.21846	济南市	0.25635
28	天津市	0.19979	天津市	0.21561	惠州市	0.25606
29	惠州市	0.19379	呼和浩特市	0.21225	天津市	0.25421
30	呼和浩特市	0.19335	惠州市	0.20948	呼和浩特市	0.25264
31	贵阳市	0.19014	兰州市	0.20820	福州市	0.24638
32	兰州市	0.19007	贵阳市	0.20759	贵阳市	0.24196
33	福州市	0.18749	福州市	0.20296	兰州市	0.23969
34	绍兴市	0.18586	绍兴市	0.20070	绍兴市	0.23575
35	沈阳市	0.18057	沈阳市	0.19700	沈阳市	0.22928
36	银川市	0.18014	银川市	0.19685	合肥市	0.22911
37	合肥市	0.17877	西宁市	0.19617	银川市	0.22663
38	西宁市	0.17826	合肥市	0.19359	南昌市	0.22573
39	大连市	0.17793	大连市	0.19342	汕头市	0.22462
40	淄博市	0.17538	淄博市	0.19016	大连市	0.22388
41	南昌市	0.17392	南昌市	0.18849	西宁市	0.22281
42	汕头市	0.17338	长春市	0.18809	温州市	0.22096
43	温州市	0.17269	汕头市	0.18704	长春市	0.21794

续表

序号	地区	政府官员	地区	专家学者	地区	普通群众
44	长春市	0.17257	温州市	0.18681	南宁市	0.21776
45	南通市	0.16923	南通市	0.18230	淄博市	0.21684
46	台州市	0.16718	台州市	0.18051	南通市	0.21456
47	烟台市	0.16642	烟台市	0.18017	台州市	0.21418
48	南宁市	0.16490	南宁市	0.17958	莆田市	0.20988
49	大同市	0.16397	大同市	0.17785	芜湖市	0.20983
50	江门市	0.16316	江门市	0.17630	廊坊市	0.20971
51	莆田市	0.16263	芜湖市	0.17502	江门市	0.20915
52	芜湖市	0.16218	莆田市	0.17501	烟台市	0.20895
53	廊坊市	0.16081	廊坊市	0.17400	泉州市	0.20849
54	泉州市	0.16059	泉州市	0.17314	大同市	0.20310
55	石家庄市	0.15613	石家庄市	0.16932	赤峰市	0.20128
56	唐山市	0.15472	赤峰市	0.16870	石家庄市	0.19998
57	赤峰市	0.15461	哈尔滨市	0.16832	新乡市	0.19991
58	扬州市	0.15447	唐山市	0.16756	柳州市	0.19812
59	柳州市	0.15412	柳州市	0.16756	扬州市	0.19804
60	哈尔滨市	0.15403	扬州市	0.16649	重庆市	0.19715
61	秦皇岛市	0.15339	秦皇岛市	0.16616	徐州市	0.19482
62	咸阳市	0.15247	咸阳市	0.16579	唐山市	0.19478
63	新乡市	0.15202	大庆市	0.16499	绵阳市	0.19469
64	徐州市	0.15174	新乡市	0.16461	哈尔滨市	0.19405
65	大庆市	0.15167	济宁市	0.16381	秦皇岛市	0.19340
66	济宁市	0.15151	徐州市	0.16351	济宁市	0.19170
67	重庆市	0.15102	重庆市	0.16313	枣庄市	0.19161
68	枣庄市	0.15076	宜昌市	0.16278	株洲市	0.19142
69	宜昌市	0.15000	吉林市	0.16268	咸阳市	0.19113
70	吉林市	0.14928	枣庄市	0.16265	宜昌市	0.18926
71	泰安市	0.14926	绵阳市	0.16160	大庆市	0.18784
72	绵阳市	0.14880	泰安市	0.16127	泰安市	0.18736
73	长治市	0.14854	长治市	0.16047	长治市	0.18729
74	抚顺市	0.14676	株洲市	0.15883	遵义市	0.18618

续表

序号	地区	政府官员	地区	专家学者	地区	普通群众
75	株洲市	0.14645	抚顺市	0.15871	衡阳市	0.18591
76	衡阳市	0.14551	洛阳市	0.15758	吉林市	0.18564
77	洛阳市	0.14503	衡阳市	0.15699	淮南市	0.18506
78	遵义市	0.14466	遵义市	0.15651	开封市	0.18369
79	聊城市	0.14330	聊城市	0.15477	聊城市	0.18362
80	淮南市	0.14230	淮南市	0.15315	保定市	0.18301
81	连云港市	0.14198	保定市	0.15310	洛阳市	0.18262
82	保定市	0.14163	连云港市	0.15291	连云港市	0.18214
83	淮安市	0.14138	淮安市	0.15232	抚顺市	0.18051
84	临沂市	0.14098	临沂市	0.15191	淮安市	0.17983
85	盐城市	0.14039	开封市	0.15182	临沂市	0.17982
86	开封市	0.13996	盐城市	0.15110	泸州市	0.17968
87	鞍山市	0.13926	鞍山市	0.15058	盐城市	0.17916
88	南充市	0.13897	南充市	0.15038	邯郸市	0.17845
89	邯郸市	0.13731	邯郸市	0.14847	南充市	0.17822
90	泸州市	0.13721	十堰市	0.14814	邢台市	0.17547
91	邢台市	0.13622	泸州市	0.14796	鞍山市	0.17534
92	十堰市	0.13619	邢台市	0.14698	岳阳市	0.17444
93	岳阳市	0.13596	岳阳市	0.14692	宜宾市	0.17307
94	襄阳市	0.13397	襄阳市	0.14491	湛江市	0.17248
95	湛江市	0.13381	宜宾市	0.14412	桂林市	0.17178
96	宜宾市	0.13360	湛江市	0.14381	襄阳市	0.17096
97	桂林市	0.13264	桂林市	0.14304	张家口市	0.16980
98	张家口市	0.13153	张家口市	0.14216	十堰市	0.16943
99	齐齐哈尔市	0.13020	齐齐哈尔市	0.14111	齐齐哈尔市	0.16307
100	赣州市	0.12340	赣州市	0.13245	上饶市	0.16126
101	上饶市	0.12298	上饶市	0.13219	赣州市	0.15913

资料来源：作者根据分析结果自制。

第一，超大城市的绩效分布特点。7个超大城市在生活性基本公共服务绩效分布上的特征主要体现为以下几方面。一是可以将7个超大城市划分为三个层次，第一层次是深圳、广州、上海和北京，其分布主要集中在前10%，第二层次是成都和天津，主要分布在第20至第30位，第三层次是重庆，跌落至60多位。第三层次与第一层次和第二层次的距离相比于生产性基本公共服务明显拉大。二是在生活性基本公共服务绩效分数上，普通群众的赋权分数明显大于政府官员和专家学者。以深圳市为例，普通群众的赋权绩效分数比专家学者的多0.07122，比政府官员的多0.06058，这说明普通群众对生活性基本公共服务十分重视。三是三类主体基本将超大城市的生活性基本公共服务绩效排序为深圳、上海、广州、北京、成都、天津、重庆，其中普通群众将广州的排序放在第8位，而上海则放在第10位，不同于政府官员和专家学者的排序。

第二，特大城市的绩效分布特点。14个特大城市的绩效分布具有以下几个特点。一是基本形成四个层次，第一层次是东莞、佛山和杭州，基本分布在前10位，第二层次是南京、郑州、武汉、昆明、西安、长沙、青岛和济南，基本分布在第20—30位，第三层次是沈阳和大连，分布在第30—40位，第四层次是哈尔滨，跌落到第60位左右。第二层次和第三层次城市的绩效得分咬合很紧，城市之间存在随时相互赶超的局面。二是从区域上来看，南方地区的绩效得分高于北方地区，东部地区高于中西部地区，西南地区高于东北地区，东北沈阳、大连和哈尔滨在特大城市中分布靠后。东南地区在教育、医疗、住房、就业、社保、文体等方面的得分总体上大于中部、西部和东北地区。三是特大城市的生活性基本公共服务绩效得分被很多Ⅰ型大城市和Ⅱ型大城市反超，特大城市的城区人口数与生活性基本公共服务绩效水平的关系并不呈现线性正相关关系。

第三，其他城市的绩效分布特点。14个Ⅰ型大城市和66个Ⅱ型大城市绩效分布特征如下。一是Ⅰ型大城市基本可以划分为三个层次，厦门和苏州为第一层次，进入前十，无锡、乌鲁木齐、宁波、太原、常州为第二层次，分布在第10—30位，贵阳、福州、合肥、南昌、长春、南宁、石家庄，分布在第30—55位。二是Ⅱ型大城市中珠海、中山冲进前十，海口冲进前

20，包头、惠州、呼和浩特进入前30，兰州、绍兴、银川、西宁、淄博冲进前40。这些Ⅱ型大城市的城区人口只有100万—300万，相对于超大城市和特大城市而言，其城市生活性服务的拥挤程度应该更低，体验感应该更好。三是在生活性基本公共服务绩效分布上南宁市冲进前50，而在生产性基本公共服务绩效分布上其落到70位左右，这说明南宁市围绕生产建设的基本公共服务尚待完善。重庆的生产性基本公共服务绩效分布在30位左右，而生活性基本公共服务绩效分布在60多位，这说明重庆在生产建设上的公共服务受到了更多的重视。

（三）大都市生态性基本公共服务绩效呈现

大都市生态性基本公共服务主要包括环境资源、环境保护和环境治理，是维持良好生态环境的基本公共服务。通过表7—3可以发现政府官员、专家学者和普通群众眼中的大都市生态性基本公共服务绩效分布具有以下几个特点。

表7—3　　三类群体视角下大都市生态性基本公共服务绩效评估

序号	地区	政府官员	地区	专家学者	地区	普通群众
1	深圳市	0.12259	深圳市	0.09968	深圳市	0.07956
2	东莞市	0.11437	东莞市	0.09349	东莞市	0.07494
3	广州市	0.10833	广州市	0.08929	广州市	0.07377
4	上海市	0.10651	上海市	0.08800	海口市	0.07369
5	海口市	0.10583	海口市	0.08766	上海市	0.07206
6	珠海市	0.10548	珠海市	0.08686	珠海市	0.07159
7	佛山市	0.10460	佛山市	0.08620	台州市	0.07150
8	宁波市	0.10332	宁波市	0.08495	佛山市	0.07135
9	中山市	0.10327	中山市	0.08474	温州市	0.07105
10	台州市	0.10261	台州市	0.08470	宁波市	0.07063
11	厦门市	0.10197	厦门市	0.08443	杭州市	0.07012
12	苏州市	0.10173	温州市	0.08382	厦门市	0.06981

第七章 大都市基本公共服务绩效评估的结果呈现

续表

序号	地区	政府官员	地区	专家学者	地区	普通群众
13	杭州市	0.10143	苏州市	0.08374	中山市	0.06966
14	温州市	0.10136	杭州市	0.08373	汕头市	0.06947
15	惠州市	0.10055	无锡市	0.08291	无锡市	0.06943
16	无锡市	0.10021	惠州市	0.08271	惠州市	0.06898
17	江门市	0.09906	江门市	0.08167	泉州市	0.06894
18	西宁市	0.09850	汕头市	0.08163	苏州市	0.06892
19	汕头市	0.09839	西宁市	0.08127	江门市	0.06866
20	绍兴市	0.09820	泉州市	0.08122	南昌市	0.06860
21	泉州市	0.09817	绍兴市	0.08115	乌鲁木齐市	0.06808
22	南昌市	0.09781	乌鲁木齐市	0.08097	绍兴市	0.06808
23	乌鲁木齐市	0.09773	南昌市	0.08091	武汉市	0.06786
24	桂林市	0.09657	武汉市	0.08011	桂林市	0.06782
25	武汉市	0.09642	桂林市	0.07983	莆田市	0.06766
26	常州市	0.09637	常州市	0.07981	西宁市	0.06755
27	成都市	0.09611	成都市	0.07961	常州市	0.06736
28	长沙市	0.09594	福州市	0.07940	南宁市	0.06734
29	福州市	0.09580	莆田市	0.07939	福州市	0.06732
30	莆田市	0.09571	长沙市	0.07936	赣州市	0.06728
31	株洲市	0.09547	株洲市	0.07888	成都市	0.06727
32	赣州市	0.09509	赣州市	0.07874	上饶市	0.06698
33	上饶市	0.09488	南宁市	0.07860	长沙市	0.06692
34	南宁市	0.09463	上饶市	0.07853	大连市	0.06689
35	北京市	0.09418	大连市	0.07817	株洲市	0.06682
36	大连市	0.09394	北京市	0.07790	青岛市	0.06631
37	包头市	0.09393	青岛市	0.07765	南通市	0.06631
38	柳州市	0.09350	南通市	0.07763	绵阳市	0.06588
39	南京市	0.09342	南京市	0.07746	徐州市	0.06550
40	南通市	0.09342	柳州市	0.07701	十堰市	0.06534
41	青岛市	0.09329	包头市	0.07694	南京市	0.06533
42	绵阳市	0.09257	绵阳市	0.07689	连云港市	0.06525
43	郑州市	0.09205	郑州市	0.07663	郑州市	0.06521

续表

序号	地区	政府官员	地区	专家学者	地区	普通群众
44	西安市	0.09175	徐州市	0.07636	湛江市	0.06511
45	徐州市	0.09171	西安市	0.07626	柳州市	0.06504
46	十堰市	0.09169	十堰市	0.07626	扬州市	0.06485
47	烟台市	0.09164	烟台市	0.07599	西安市	0.06477
48	天津市	0.09155	连云港市	0.07597	兰州市	0.06472
49	贵阳市	0.09151	天津市	0.07594	北京市	0.06460
50	连云港市	0.09124	湛江市	0.07583	泸州市	0.06449
51	湛江市	0.09123	扬州市	0.07574	烟台市	0.06415
52	扬州市	0.09102	兰州市	0.07561	廊坊市	0.06406
53	银川市	0.09094	贵阳市	0.07550	天津市	0.06404
54	兰州市	0.09086	廊坊市	0.07529	长春市	0.06389
55	太原市	0.09064	济南市	0.07511	宜宾市	0.06384
56	廊坊市	0.09058	泸州市	0.07501	合肥市	0.06383
57	济南市	0.09030	太原市	0.07488	济南市	0.06379
58	遵义市	0.09029	合肥市	0.07478	开封市	0.06364
59	泸州市	0.09026	银川市	0.07471	张家口市	0.06350
60	重庆市	0.09022	重庆市	0.07469	重庆市	0.06341
61	合肥市	0.08995	遵义市	0.07464	遵义市	0.06315
62	长春市	0.08980	长春市	0.07464	沈阳市	0.06313
63	沈阳市	0.08957	沈阳市	0.07433	贵阳市	0.06291
64	宜宾市	0.08918	宜宾市	0.07419	太原市	0.06283
65	开封市	0.08883	开封市	0.07406	芜湖市	0.06283
66	芜湖市	0.08879	芜湖市	0.07362	济宁市	0.06278
67	张家口市	0.08838	张家口市	0.07360	盐城市	0.06236
68	衡阳市	0.08789	盐城市	0.07282	包头市	0.06186
69	岳阳市	0.08764	济宁市	0.07275	衡阳市	0.06183
70	盐城市	0.08756	呼和浩特市	0.07274	呼和浩特市	0.06174
71	呼和浩特市	0.08750	衡阳市	0.07273	石家庄市	0.06169
72	大庆市	0.08721	岳阳市	0.07252	临沂市	0.06162
73	济宁市	0.08714	石家庄市	0.07223	岳阳市	0.06153
74	昆明市	0.08709	大庆市	0.07216	枣庄市	0.06120

续表

序号	地区	政府官员	地区	专家学者	地区	普通群众
75	石家庄市	0.08678	昆明市	0.07179	银川市	0.06100
76	唐山市	0.08668	唐山市	0.07176	大庆市	0.06098
77	宜昌市	0.08634	临沂市	0.07157	襄阳市	0.06066
78	淄博市	0.08600	宜昌市	0.07143	咸阳市	0.06062
79	临沂市	0.08599	淄博市	0.07129	唐山市	0.06059
80	襄阳市	0.08576	襄阳市	0.07126	哈尔滨市	0.06055
81	洛阳市	0.08532	洛阳市	0.07092	洛阳市	0.06045
82	枣庄市	0.08480	枣庄市	0.07079	淮安市	0.06009
83	咸阳市	0.08479	咸阳市	0.07068	保定市	0.06006
84	哈尔滨市	0.08474	哈尔滨市	0.07053	淄博市	0.06003
85	南充市	0.08439	保定市	0.07012	宜昌市	0.06001
86	保定市	0.08428	淮安市	0.07001	邢台市	0.05999
87	淮安市	0.08415	南充市	0.06980	齐齐哈尔市	0.05976
88	邢台市	0.08370	邢台市	0.06975	昆明市	0.05973
89	齐齐哈尔市	0.08334	齐齐哈尔市	0.06933	邯郸市	0.05949
90	邯郸市	0.08299	邯郸市	0.06909	南充市	0.05904
91	秦皇岛市	0.08236	秦皇岛市	0.06833	泰安市	0.05881
92	新乡市	0.08173	泰安市	0.06822	秦皇岛市	0.05868
93	泰安市	0.08173	新乡市	0.06817	新乡市	0.05865
94	聊城市	0.08010	聊城市	0.06688	聊城市	0.05762
95	鞍山市	0.07866	长治市	0.06521	长治市	0.05638
96	抚顺市	0.07835	赤峰市	0.06478	赤峰市	0.05624
97	长治市	0.07800	鞍山市	0.06469	鞍山市	0.05410
98	赤峰市	0.07742	抚顺市	0.06457	抚顺市	0.05386
99	吉林市	0.07628	吉林市	0.06316	吉林市	0.05367
100	大同市	0.07464	大同市	0.06221	大同市	0.05365
101	淮南市	0.07333	淮南市	0.06147	淮南市	0.05357

资料来源：作者根据分析结果自制。

第一，超大城市的绩效分布特点。7个超大城市在生态性基本公共服务绩效分布上的特征主要体现为以下几方面。一是基本呈现三个层次，深圳、广州和上海为第一层次，分布在前5。成都和北京为第二层次，分布在第25—40位之间。天津和重庆为第三层次，分布在第45—60位之间。与生产性和生活性基本公共服务相比，成都在生态性基本公共服务上的上升幅度较大，而北京则跌落比较严重。二是在绩效得分上，政府官员赋予的权重最大，其次是专家学者，最后是普通群众。以深圳市为例，政府官员的赋权得分比普通群众的赋权得分高0.04303分。但生态性基本公共服务绩效得分的排序差距极小，在实际分值上的差距明显不如生活性基本公共服务和生产性基本公共服务大。三是在普通群众的赋权绩效得分分布中，上海、成都、北京和天津的都低于政府官员和专家学者的排序，因为普通群众赋权环境治理服务的权重较大，这说明这些城市在环境治理服务上的绩效尚待提高。

第二，特大城市的绩效分布特点。14个特大城市的绩效分布具有以下几个特点。一是基本呈现为三个层次，东莞、佛山和杭州为低层次，分布在前15位。武汉、长沙、大连、青岛、南京、郑州、西安为第二层次，分布在第20—50位之间。济南、沈阳、昆明、哈尔滨为第三层次，分布第55—85位之间。特大城市内部的绩效分布跨度较大，一些城区人口较多的特大城市在生态性公共服务上的重视还不足，而这些城市也是人口外流较为严重的城市。二是在绩效分布上依旧是东南沿海高于中西部地区和东北地区，尤其是东莞和佛山两个非省会城市在绩效分布上进入前十，超过了很多超大城市，成为比较亮眼的存在。东莞和佛山属于典型的制造业城市，人口规模大、工业发达，因而城市政府在环境保护和环境治理上的注意力分配也较多。三是昆明和哈尔滨这样的旅游业占比较大的城市在生态性基本公共服务方面的绩效得分反而较低，一方面可能因为其城市生态环境本来就基础好，无需过多保护和治理；另一方面也可能是因为城市政府占着自身优势而忽视了环境保护。

第三，其他城市的绩效分布特点。14个Ⅰ型大城市和66个Ⅱ型大城市绩效分布特征如下。一是Ⅰ型大城市基本可以划分为三个层次，宁波、厦门、苏州、无锡为第一层次，分布在前20位。南昌、乌鲁木齐、常州、福州、南宁为第二层次，分布在第20—35位之间。贵阳、太原、合肥、长春、石家庄为第三层次，分布在第45—75位之间。Ⅰ型大城市在生态性基本公共服务上的绩效得分内部分化较大，绩效得分分布靠前的仍然以沿海城市为主。二是Ⅱ型大城市中出现较多"黑马"，海口、珠海、中山、台州进入前10，温州、惠州、江门、西宁、汕头、绍兴、泉州、桂林等城市都进入前30，这些城市在生产性和生活性基本公共服务的绩效得分都不如生态性基本公共服务的绩效得分，这说明这些城市在生态环境治理与保护方面予以了较高重视。三是虽然各城市之间有绩效分布上的差距，但各城市在生态性基本公共服务上的绩效得分差距并不大，这说明各城市在生态性基本公共服务上都有一定的投入。

二 大都市基本公共服务绩效分年份呈现

大都市基本公共服务绩效在不同年份会呈现出不同程度的波动，本书以2010—2019年各大城市的绩效分布作为基础，对各大城市基本公共服务绩效波动情况进行简要分析，如表7—4所示。这里主要选择政府官员视角下的大都市基本公共服务绩效分布作为分析对象。

表7—4 政府官员视角下大都市基本公共服务绩效得分（2010—2019）

年份 序号	2010	2011	2012	2013	2014	2015	2016	2017	2018	2019
1	深圳市	深圳市	深圳市	深圳市	深圳市	深圳市	深圳市	深圳市	深圳市	深圳市
2	东莞市	东莞市	东莞市	东莞市	东莞市	东莞市	东莞市	东莞市	东莞市	东莞市
3	珠海市	中山市	珠海市	厦门市	珠海市	珠海市	珠海市	珠海市	珠海市	珠海市
4	厦门市	珠海市	中山市	珠海市	厦门市	北京市	北京市	北京市	中山市	上海市
5	中山市	厦门市	厦门市	中山市	中山市	厦门市	厦门市	厦门市	北京市	广州市
6	海口市	北京市	北京市	北京市	北京市	中山市	中山市	中山市	上海市	北京市

续表

年份 序号	2010	2011	2012	2013	2014	2015	2016	2017	2018	2019
7	北京市	上海市	上海市	海口市	上海市	上海市	上海市	上海市	佛山市	厦门市
8	上海市	佛山市	佛山市	上海市	广州市	海口市	海口市	苏州市	厦门市	中山市
9	佛山市	海口市	广州市	佛山市	佛山市	广州市	佛山市	广州市	杭州市	杭州市
10	银川市	广州市	海口市	广州市	杭州市	杭州市	广州市	杭州市	广州市	佛山市
11	芜湖市	苏州市	苏州市	杭州市	苏州市	佛山市	杭州市	佛山市	苏州市	苏州市
12	太原市	无锡市	杭州市	苏州市	海口市	武汉市	苏州市	海口市	南京市	南京市
13	乌鲁木齐市	杭州市	武汉市	无锡市	武汉市	苏州市	武汉市	南京市	沈阳市	无锡市
14	呼和浩特市	沈阳市	无锡市	武汉市	无锡市	无锡市	南京市	无锡市	无锡市	海口市
15	大庆市	太原市	成都市	沈阳市	成都市	成都市	郑州市	郑州市	海口市	郑州市
16	沈阳市	成都市	青岛市	贵阳市	贵阳市	太原市	天津市	武汉市	天津市	武汉市
17	无锡市	武汉市	沈阳市	成都市	昆明市	南京市	无锡市	宁波市	乌鲁木齐市	乌鲁木齐市
18	合肥市	乌鲁木齐市	长沙市	太原市	天津市	贵阳市	太原市	长沙市	宁波市	宁波市
19	广州市	南京市	太原市	大连市	沈阳市	郑州市	济南市	昆明市	济南市	成都市
20	包头市	大连市	南京市	常州市	太原市	济南市	贵阳市	成都市	太原市	西安市
21	苏州市	常州市	大连市	南京市	惠州市	天津市	宁波市	济南市	昆明市	昆明市
22	兰州市	天津市	贵阳市	宁波市	宁波市	宁波市	昆明市	贵阳市	汕头市	常州市
23	贵阳市	长沙市	天津市	乌鲁木齐市	南京市	乌鲁木齐市	成都市	西安市	青岛市	长沙市
24	莆田市	西安市	常州市	银川市	常州市	昆明市	银川市	青岛市	长沙市	太原市
25	汕头市	宁波市	郑州市	西安市	济南市	西安市	长沙市	乌鲁木齐市	西安市	天津市
26	成都市	济南市	乌鲁木齐市	天津市	乌鲁木齐市	常州市	惠州市	天津市	武汉市	青岛市
27	南京市	银川市	西宁市	昆明市	长沙市	沈阳市	乌鲁木齐市	太原市	常州市	惠州市
28	长沙市	贵阳市	昆明市	长沙市	西安市	银川市	西安市	常州市	惠州市	包头市
29	武汉市	呼和浩特市	惠州市	惠州市	汕头市	长沙市	福州市	福州市	贵阳市	济南市

第七章 大都市基本公共服务绩效评估的结果呈现

续表

年份序号	2010	2011	2012	2013	2014	2015	2016	2017	2018	2019
30	常州市	青岛市	福州市	济南市	大连市	青岛市	青岛市	惠州市	银川市	贵阳市
31	杭州市	福州市	西安市	青岛市	莆田市	惠州市	常州市	银川市	绍兴市	绍兴市
32	济南市	西宁市	宁波市	福州市	郑州市	大庆市	汕头市	绍兴市	成都市	福州市
33	秦皇岛市	汕头市	济南市	郑州市	福州市	汕头市	呼和浩特市	温州市	兰州市	兰州市
34	福州市	烟台市	汕头市	汕头市	银川市	福州市	绍兴市	兰州市	温州市	呼和浩特市
35	天津市	郑州市	合肥市	呼和浩特市	绍兴市	大连市	兰州市	大连市	福州市	温州市
36	西宁市	淄博市	银川市	莆田市	青岛市	呼和浩特市	温州市	汕头市	大连市	西宁市
37	廊坊市	兰州市	淄博市	大庆市	西宁市	绍兴市	沈阳市	沈阳市	郑州市	汕头市
38	宁波市	合肥市	莆田市	温州市	温州市	莆田市	大连市	西宁市	合肥市	合肥市
39	大连市	昆明市	呼和浩特市	淄博市	大庆市	合肥市	西宁市	台州市	秦皇岛市	南昌市
40	鞍山市	大庆市	兰州市	烟台市	淄博市	兰州市	淄博市	烟台市	南昌市	大连市
41	郑州市	莆田市	南昌市	合肥市	合肥市	温州市	莆田市	莆田市	台州市	台州市
42	淄博市	包头市	烟台市	绍兴市	呼和浩特市	淄博市	泉州市	合肥市	淄博市	沈阳市
43	青岛市	惠州市	大庆市	西宁市	烟台市	廊坊市	石家庄市	南通市	包头市	银川市
44	抚顺市	鞍山市	温州市	南通市	芜湖市	南昌市	台州市	淄博市	泉州市	江门市
45	惠州市	温州市	绍兴市	南昌市	包头市	烟台市	烟台市	廊坊市	西宁市	南通市
46	淮南市	长春市	株洲市	芜湖市	秦皇岛市	西宁市	廊坊市	泉州市	南通市	泉州市
47	烟台市	绍兴市	长春市	泉州市	南通市	南通市	秦皇岛市	南昌市	烟台市	长春市
48	株洲市	廊坊市	南通市	唐山市	株洲市	芜湖市	南昌市	石家庄市	廊坊市	淄博市
49	昆明市	秦皇岛市	芜湖市	鞍山市	泉州市	台州市	芜湖市	包头市	扬州市	南宁市
50	西安市	唐山市	包头市	哈尔滨市	长春市	泉州市	南通市	呼和浩特市	江门市	莆田市
51	齐齐哈尔市	抚顺市	淮南市	抚顺市	廊坊市	包头市	扬州市	长春市	连云港市	烟台市

续表

年份 序号	2010	2011	2012	2013	2014	2015	2016	2017	2018	2019
52	绍兴市	江门市	台州市	江门市	南昌市	咸阳市	连云港市	江门市	长春市	廊坊市
53	泉州市	石家庄市	泉州市	长春市	咸阳市	石家庄市	包头市	芜湖市	莆田市	芜湖市
54	台州市	南通市	抚顺市	兰州市	兰州市	长春市	长春市	扬州市	宜昌市	扬州市
55	长治市	南昌市	咸阳市	石家庄市	台州市	抚顺市	大同市	南宁市	呼和浩特市	柳州市
56	温州市	芜湖市	江门市	包头市	重庆市	扬州市	合肥市	重庆市	南宁市	重庆市
57	南昌市	泉州市	鞍山市	咸阳市	抚顺市	哈尔滨市	重庆市	柳州市	芜湖市	石家庄市
58	扬州市	台州市	扬州市	廊坊市	扬州市	淮南市	宜昌市	株洲市	株洲市	徐州市
59	唐山市	哈尔滨市	哈尔滨市	枣庄市	石家庄市	株洲市	抚顺市	哈尔滨市	重庆市	唐山市
60	南通市	淮南市	廊坊市	扬州市	哈尔滨市	唐山市	柳州市	秦皇岛市	石家庄市	株洲市
61	长春市	扬州市	济宁市	济宁市	江门市	秦皇岛市	株洲市	徐州市	柳州市	绵阳市
62	石家庄市	吉林市	枣庄市	淮南市	唐山市	重庆市	咸阳市	枣庄市	哈尔滨市	哈尔滨市
63	大同市	泰安市	吉林市	台州市	淮南市	枣庄市	南宁市	济宁市	开封市	大庆市
64	泰安市	齐齐哈尔市	石家庄市	泰安市	枣庄市	徐州市	哈尔滨市	泰安市	唐山市	济宁市
65	吉林市	枣庄市	齐齐哈尔市	齐齐哈尔市	济宁市	柳州市	唐山市	洛阳市	徐州市	咸阳市
66	柳州市	株洲市	唐山市	聊城市	吉林市	南宁市	徐州市	大庆市	大庆市	大同市
67	江门市	新乡市	泰安市	吉林市	齐齐哈尔市	济宁市	长治市	宜昌市	枣庄市	宜昌市
68	哈尔滨市	洛阳市	南宁市	秦皇岛市	宜昌市	大同市	济宁市	盐城市	盐城市	枣庄市
69	赤峰市	邯郸市	秦皇岛市	徐州市	徐州市	江门市	泰安市	连云港市	洛阳市	秦皇岛市
70	咸阳市	长治市	聊城市	株洲市	开封市	鞍山市	江门市	唐山市	泰安市	新乡市
71	岳阳市	宜昌市	新乡市	重庆市	泰安市	吉林市	吉林市	咸阳市	济宁市	连云港市
72	新乡市	咸阳市	大同市	开封市	鞍山市	泰安市	十堰市	淮安市	淮安市	遵义市
73	宜昌市	聊城市	长治市	大同市	大同市	宜昌市	盐城市	新乡市	张家口市	衡阳市
74	邯郸市	南宁市	洛阳市	新乡市	淮安市	十堰市	枣庄市	抚顺市	遵义市	洛阳市
75	开封市	济宁市	柳州市	邯郸市	南宁市	开封市	新乡市	吉林市	新乡市	泰安市

第七章　大都市基本公共服务绩效评估的结果呈现 ·235·

续表

年份序号	2010	2011	2012	2013	2014	2015	2016	2017	2018	2019
76	连云港市	临沂市	宜昌市	宜昌市	柳州市	新乡市	鞍山市	十堰市	吉林市	盐城市
77	枣庄市	柳州市	徐州市	洛阳市	湛江市	盐城市	淮安市	桂林市	咸阳市	赤峰市
78	洛阳市	重庆市	淮安市	淮安市	洛阳市	襄阳市	遵义市	大同市	襄阳市	十堰市
79	济宁市	衡阳市	岳阳市	柳州市	新乡市	长治市	保定市	岳阳市	抚顺市	桂林市
80	十堰市	徐州市	临沂市	长治市	聊城市	聊城市	洛阳市	开封市	鞍山市	吉林市
81	衡阳市	岳阳市	邯郸市	临沂市	襄阳市	绵阳市	绵阳市	临沂市	绵阳市	开封市
82	桂林市	大同市	重庆市	十堰市	长治市	淮安市	齐齐哈尔市	聊城市	湛江市	淮安市
83	临沂市	保定市	十堰市	南充市	邯郸市	临沂市	聊城市	襄阳市	临沂市	湛江市
84	南宁市	十堰市	襄阳市	南宁市	十堰市	洛阳市	开封市	保定市	长治市	临沂市
85	徐州市	开封市	绵阳市	绵阳市	盐城市	邯郸市	桂林市	邯郸市	十堰市	保定市
86	聊城市	桂林市	开封市	襄阳市	临沂市	连云港市	临沂市	湛江市	桂林市	泸州市
87	南充市	襄阳市	南充市	岳阳市	绵阳市	保定市	淮南市	遵义市	大同市	长治市
88	邢台市	邢台市	盐城市	盐城市	连云港市	桂林市	张家口市	鞍山市	保定市	抚顺市
89	保定市	淮安市	连云港市	赤峰市	岳阳市	赤峰市	大庆市	衡阳市	泸州市	聊城市
90	湛江市	绵阳市	桂林市	桂林市	南充市	邢台市	襄阳市	赤峰市	聊城市	岳阳市
91	张家口市	张家口市	赤峰市	邢台市	桂林市	湛江市	衡阳市	淮南市	南充市	南充市
92	襄阳市	赤峰市	保定市	湛江市	遵义市	遵义市	湛江市	泸州市	邢台市	宜宾市
93	盐城市	上饶市	宜宾市	保定市	衡阳市	南充市	赤峰市	张家口市	衡阳市	邯郸市
94	重庆市	南充市	邢台市	宜宾市	保定市	岳阳市	泸州市	长治市	宜宾市	赣州市
95	淮安市	连云港市	湛江市	张家口市	邢台市	衡阳市	岳阳市	邢台市	邯郸市	襄阳市
96	遵义市	湛江市	衡阳市	遵义市	赤峰市	张家口市	邢台市	赣州市	淮南市	邢台市
97	上饶市	盐城市	遵义市	泸州市	泸州市	泸州市	南充市	齐齐哈尔市	岳阳市	上饶市
98	绵阳市	宜宾市	上饶市	衡阳市	宜宾市	宜宾市	邯郸市	宜宾市	赤峰市	张家口市
99	宜宾市	遵义市	泸州市	上饶市	张家口市	赣州市	赣州市	绵阳市	赣州市	鞍山市
100	赣州市	泸州市	张家口市	赣州市	上饶市	上饶市	宜宾市	南充市	上饶市	淮南市
101	泸州市	赣州市	赣州市	连云港市	赣州市	齐齐哈尔市	上饶市	上饶市	齐齐哈尔市	齐齐哈尔市

资料来源：作者根据分析结果自制。

第一，超大城市的绩效分布特点。7个超大城市的绩效分布特征主要体现为以下几方面。一是从2010—2019年的数据来看，超大城市整体上可以划分为三个层级。深圳、北京、上海和广州为第一层级，各年份间绩效分布波动较小，稳定在全国前十；成都和天津为第二层级，成都在第15—32位之间波动，天津在第16—35位之间波动，波动幅度较大；重庆为第三层级，其在第56—94位之间波动，但近十年绩效分布整体呈上扬趋势。二是除深圳市稳居第一位之外，其他6个超大型城市的绩效分布都有波动，但波动分为两种类型，一种是波动型上升，比如重庆、广州，另一种是波动型下滑，比如天津。三是成都、天津和重庆在2010—2019年十年间的波动幅度比较大，表现出不同年份在基本公共服务的绩效表现上呈现较大差异的现象，这种不稳定的"跳动"与这几个城市在生活型基本公共服务和生产型基本公共服务上表现不稳定有很大关系，而这种不稳定背后又有多重城市注意力分配的影响因素。

第二，特大城市的绩效分布特点。14个特大城市的绩效分布具有以下几个特点。一是除了东莞和哈尔滨之外，其他特大城市大部分分布在第10—30位之间，这些城市的基本公共服务水平基本代表了我国规模在500万以上城区人口城市的平均水平，是大都市基本公共服务绩效表现的"中坚力量"。东莞属于特大城市乃至所有大城市中基本公共服务绩效表现较好的头部城市，而哈尔滨的表现则落后于特大城市的平均水平。二是在特大城市绩效分布中基本呈现三种趋势，第一种是稳定波动型，如佛山、杭州等；第二种是波动下滑型，如大连、沈阳；第三种是波动上升型，如昆明、长沙。值得注意的是东北地区部分城市的绩效得分下滑比较严重，在十年内排序下滑较大，而一些被列入新一线的城市则在绩效得分上呈上扬趋势。三是特大城市内部的绩效得分紧扣，在不同年份之中，很多城市的绩效得分排序波动曲线呈现交叉的形态，这说明特大城市之间的基本公共服务竞争非常激烈，有一种你追我赶、不分伯仲的态势。

第三，其他城市的绩效分布特点。14个Ⅰ型大城市和66个Ⅱ型大城市绩效分布特征如下。一是Ⅰ型大城市基本上呈现三个层级。第一层级是厦门市，2010—2019年其稳定地分布在前十位，但呈现微小下滑趋势。第二层级包括苏州、无锡、乌鲁木齐、合肥、贵阳、常州、福州、宁波，这些城市在十年间绩效分布呈波动趋势，主要分布在第10—30位之间，而且分布曲线相互交叉，说明这些城市之间竞争激烈。第三层次是长春、石家庄、南宁，绩效分布基本在第50—70位之间波动。二是在Ⅱ型大城市中，表现比较突出的"黑马型"城市主要有珠海、中山、海口、银川、汕头、惠州、绍兴等城市。这些城市大部分分布在东南沿海地区，而且珠海、中山、海口等城市的绩效得分超过了很多超大城市和特大城市。三是Ⅰ型大城市和Ⅱ型大城市的"头部城市"对特大城市和超大城市形成基本公共服务供给的巨大压力，尤其是一些"新一线城市"通过基本公共服务的不断改善，对青年群体形成巨大吸引力。

三　大都市基本公共服务绩效分主体呈现

政府官员、专家学者和普通群众三类人群在大都市基本公共服务绩效评估指标体系上赋予了不同的权重，那么这种权重赋予在大都市的绩效得分分布上呈现怎样的特征呢？本部分将基于2019年各大城市的截面数据，分别对三类人群赋权视角下的大都市基本公共服务绩效分布和变动进行呈现，如表7—5所示。

表7—5　　三类人群对大都市基本公共服务绩效评估的结果

序号	城市	政府官员	城市	专家学者	城市	普通群众
1	深圳市	0.62257	深圳市	0.60911	深圳市	0.63057
2	东莞市	0.51489	东莞市	0.51587	东莞市	0.52689
3	珠海市	0.44960	珠海市	0.45353	珠海市	0.50470
4	上海市	0.42590	上海市	0.42159	广州市	0.43437

续表

序号	城市	政府官员	城市	专家学者	城市	普通群众
5	广州市	0.41430	北京市	0.41575	上海市	0.43378
6	北京市	0.41217	广州市	0.41438	杭州市	0.43364
7	厦门市	0.40511	杭州市	0.40383	佛山市	0.43267
8	中山市	0.40010	厦门市	0.40292	厦门市	0.42891
9	杭州市	0.39859	中山市	0.39866	苏州市	0.42445
10	佛山市	0.39832	佛山市	0.39590	中山市	0.42419
11	苏州市	0.39434	苏州市	0.39540	北京市	0.40177
12	南京市	0.36668	南京市	0.36923	南京市	0.39912
13	无锡市	0.35273	郑州市	0.35349	郑州市	0.38929
14	海口市	0.35070	海口市	0.35308	武汉市	0.37814
15	郑州市	0.35058	无锡市	0.35250	无锡市	0.37684
16	武汉市	0.34534	乌鲁木齐市	0.35115	海口市	0.37309
17	乌鲁木齐市	0.34421	武汉市	0.34736	乌鲁木齐市	0.37307
18	宁波市	0.34115	宁波市	0.33966	宁波市	0.36272
19	成都市	0.32383	昆明市	0.32367	昆明市	0.35583
20	西安市	0.31845	成都市	0.32363	西安市	0.34447
21	昆明市	0.31714	西安市	0.31952	成都市	0.33821
22	常州市	0.31427	太原市	0.31583	常州市	0.33723
23	长沙市	0.31344	长沙市	0.31423	长沙市	0.33717
24	太原市	0.31193	常州市	0.31278	青岛市	0.33241
25	天津市	0.30966	青岛市	0.30919	太原市	0.33190
26	青岛市	0.30887	天津市	0.30912	惠州市	0.33131
27	惠州市	0.30533	包头市	0.30693	包头市	0.33052
28	包头市	0.30334	济南市	0.30414	天津市	0.33034
29	济南市	0.30272	惠州市	0.30238	济南市	0.32723
30	贵阳市	0.29446	贵阳市	0.29493	福州市	0.32041
31	绍兴市	0.29411	福州市	0.29237	呼和浩特市	0.31816

第七章　大都市基本公共服务绩效评估的结果呈现　　·239·

续表

序号	城市	政府官员	城市	专家学者	城市	普通群众
32	福州市	0.29393	绍兴市	0.29142	贵阳市	0.31356
33	兰州市	0.28885	兰州市	0.29113	绍兴市	0.31028
34	呼和浩特市	0.28695	呼和浩特市	0.29066	兰州市	0.30887
35	温州市	0.28687	西宁市	0.28404	合肥市	0.30104
36	西宁市	0.28391	温州市	0.28282	温州市	0.30056
37	汕头市	0.28171	合肥市	0.28038	汕头市	0.30006
38	合肥市	0.28133	大连市	0.27978	南昌市	0.29987
39	南昌市	0.28066	沈阳市	0.27943	沈阳市	0.29745
40	大连市	0.28063	汕头市	0.27815	大连市	0.29590
41	台州市	0.27973	南昌市	0.27785	西宁市	0.29440
42	沈阳市	0.27882	银川市	0.27714	台州市	0.29189
43	银川市	0.27711	台州市	0.27458	银川市	0.29104
44	江门市	0.27115	长春市	0.26910	南宁市	0.28807
45	南通市	0.27071	南通市	0.26770	南通市	0.28622
46	泉州市	0.26949	淄博市	0.26708	长春市	0.28595
47	长春市	0.26911	江门市	0.26634	泉州市	0.28443
48	淄博市	0.26736	泉州市	0.26463	江门市	0.28320
49	南宁市	0.26513	南宁市	0.26328	莆田市	0.28224
50	莆田市	0.26499	烟台市	0.26239	淄博市	0.28035
51	烟台市	0.26462	莆田市	0.26085	廊坊市	0.27748
52	廊坊市	0.25761	廊坊市	0.25517	烟台市	0.27700
53	芜湖市	0.25719	芜湖市	0.25448	芜湖市	0.27650
54	扬州市	0.25359	扬州市	0.24989	扬州市	0.26801
55	柳州市	0.25276	石家庄市	0.24932	重庆市	0.26759
56	重庆市	0.25133	柳州市	0.24929	石家庄市	0.26650
57	石家庄市	0.25121	重庆市	0.24769	柳州市	0.26596
58	徐州市	0.25114	徐州市	0.24715	徐州市	0.26517

续表

序号	城市	政府官员	城市	专家学者	城市	普通群众
59	唐山市	0.24786	唐山市	0.24529	绵阳市	0.26366
60	株洲市	0.24726	哈尔滨市	0.24486	新乡市	0.26201
61	绵阳市	0.24686	绵阳市	0.24354	株洲市	0.26133
62	哈尔滨市	0.24521	株洲市	0.24265	唐山市	0.25892
63	大庆市	0.24435	大同市	0.24260	赤峰市	0.25838
64	济宁市	0.24343	大庆市	0.24208	大同市	0.25827
65	咸阳市	0.24177	济宁市	0.24110	哈尔滨市	0.25827
66	大同市	0.24137	咸阳市	0.24068	济宁市	0.25737
67	宜昌市	0.24123	宜昌市	0.23880	枣庄市	0.25556
68	枣庄市	0.24010	新乡市	0.23817	咸阳市	0.25440
69	秦皇岛市	0.23970	秦皇岛市	0.23813	秦皇岛市	0.25429
70	新乡市	0.23948	枣庄市	0.23774	宜昌市	0.25223
71	连云港市	0.23930	赤峰市	0.23519	大庆市	0.25155
72	遵义市	0.23863	遵义市	0.23452	遵义市	0.25150
73	衡阳市	0.23821	连云港市	0.23446	连云港市	0.25099
74	洛阳市	0.23642	衡阳市	0.23415	衡阳市	0.25046
75	泰安市	0.23529	洛阳市	0.23413	开封市	0.24931
76	盐城市	0.23462	泰安市	0.23348	泰安市	0.24866
77	赤峰市	0.23392	吉林市	0.23229	洛阳市	0.24669
78	十堰市	0.23304	盐城市	0.23025	保定市	0.24599
79	桂林市	0.23294	十堰市	0.22912	泸州市	0.24591
80	吉林市	0.23271	开封市	0.22907	盐城市	0.24585
81	开封市	0.23222	长治市	0.22898	长治市	0.24565
82	淮安市	0.23160	淮安市	0.22795	临沂市	0.24385
83	湛江市	0.23153	保定市	0.22772	淮安市	0.24361
84	临沂市	0.23114	临沂市	0.22737	聊城市	0.24352
85	保定市	0.23070	桂林市	0.22634	吉林市	0.24289

续表

序号	城市	政府官员	城市	专家学者	城市	普通群众
86	泸州市	0.23065	抚顺市	0.22598	桂林市	0.24171
87	长治市	0.23015	泸州市	0.22587	淮南市	0.24169
88	抚顺市	0.22799	湛江市	0.22572	湛江市	0.24135
89	聊城市	0.22732	聊城市	0.22536	邯郸市	0.24043
90	岳阳市	0.22699	南充市	0.22277	南充市	0.23885
91	南充市	0.22602	岳阳市	0.22254	宜宾市	0.23868
92	宜宾市	0.22602	邯郸市	0.22185	岳阳市	0.23786
93	邯郸市	0.22493	宜宾市	0.22128	十堰市	0.23784
94	赣州市	0.22480	邢台市	0.22006	邢台市	0.23753
95	襄阳市	0.22362	襄阳市	0.21977	抚顺市	0.23602
96	邢台市	0.22344	淮南市	0.21904	张家口市	0.23445
97	上饶市	0.22285	鞍山市	0.21839	襄阳市	0.23394
98	张家口市	0.22201	张家口市	0.21770	鞍山市	0.23133
99	鞍山市	0.22125	赣州市	0.21706	上饶市	0.23111
100	淮南市	0.22025	齐齐哈尔市	0.21594	赣州市	0.23010
101	齐齐哈尔市	0.21929	上饶市	0.21530	齐齐哈尔市	0.22647

资料来源：作者根据分析结果自制。

第一，超大城市的绩效分布特点。7个超大城市的绩效分布特征主要体现为以下几方面。一是在三类群体的视角下超大城市的绩效分布基本呈现三个层次，第一层次是深圳、上海、广州和北京，基本分布在前10位。第二层次是成都和天津，基本分布在第20—30位。第三层次是重庆，分布在56位左右。但值得注意的是普通群众视角下广州和北京绩效得分在第4和第10，这与政府官员和专家学者视角下的绩效得分有所不同。二是普通群众赋权下的绩效得分高于政府官员和专家学者，这说明普通群众在得分比较高的指标上可能赋予了比较高的权重，而专家学者的赋权视角下的绩效得分最低，这说明专家学者可能在得分比较高的指标上赋予了比较低的权重。三是虽然7个超大城市在城区人口上都是巨大的，但从基本公共服务供给水平上而言，城区人口与服务绩效之间的关系并不一定完全呈现正相关关系，这与城市政府的重视程度、城市发展策略、城市资源禀赋、城市区位优势以及城市文化气质等息息相关。

第二，特大城市的绩效得分特点。14个特大城市的绩效分布具有以下几个特点。一是三类群体在绩效得分上基本将特大城市划分为四个层级。第一层级是东莞、杭州、佛山，分布在前十位。第二层级是南京、郑州、武汉、西安、昆明、长沙、青岛、济南，分布在10—30位之间。第三层次是大连和沈阳，分布在40位左右。第四层次是哈尔滨，分布在62位左右。二是普通群众给出的绩效得分权重更偏重于东南沿海城市，比如杭州、佛山、青岛等城市。同样的城市，政府官员的绩效得分则略低于专家学者和普通群众的绩效得分，而专家学者的绩效得分则处于政府官员和普通群众的中间水平。整体上三类群体在特大城市上的绩效得分呈现一定梯度，但这种梯度的跨度不是特别大。三是在三类人群视角下大部分特大城市的绩效得分位次差距控制在3—4个位次上，而且东莞、南京、长沙等城市的位次基本一致，这说明三类人群视野下在特大城市上的绩效得分的区分度并不是很强，这也反映出这些城市是具有相互替代性质的潜在竞争对手。

第三，其他城市的绩效得分特点。14个Ⅰ型大城市和66个Ⅱ型大城市绩效分布特征如下。一是就Ⅰ型大城市而言。三类群体基本上将其划分为四个层次：第一层次是厦门和苏州；第二层次是苏州、无锡、乌鲁木齐、宁波、常州、太原；第三层次是贵阳、福州、合肥、南昌；第四层次是长春、南宁、石家庄。三类人群在这些城市的绩效评分上整体差距集中在1—3位，这说明三类人群对这些城市的区分并不明显，没有形成特别的偏好。二是Ⅱ型大城市的绩效得分也和生产性、生活性和生态性基本公共服务的绩效得分差不多，并未出现数据加总后绩效分布急剧变化的情况。珠海、中山、海口依然属于Ⅱ型大城市的头部城市，这些城市的基本公共服务绩效超过了很多超大城市和特大城市。三类人群在Ⅱ型大城市绩效得分上的差距也不大，区分度并不明显。三是Ⅰ型大城市和Ⅱ型大城市的基本公共服务质量在三类人群赋权评价上并不与城市人口数量呈完全的正相关关系，一些城区人口少但基本公共服务质量好的城市仍然不在少数，这些城市也是未来超大城市与特大城市在人口吸纳上的潜在竞争对手。

第三节 大都市基本公共服务绩效评估结果分析

从以上结果呈现来看，大都市基本公共服务绩效受很多因素影响，不同影响因素将大都市基本公共服务绩效拉向不同的方向，进而在这一过程中产生内在张力。因此，厘清影响大都市基本公共服务绩效的影响因素，是消解这种内在张力的重要路径。本节将基于上述大都市基本公共服务分内容、分时间、分主体的呈现结果，试图总结和归纳大都市基本公共服务绩效的核心影响因素。

一 人口规模与大都市基本公共服务绩效

一般而言城市人口规模越大，城市的基本公共服务水平越高，因为人口规模越大，意味着城市基本公共服务供给的数量也越大，城市基本公共服务的质量也会随着城市规模的复杂性增加而被动提高，否则城市将无法聚集大规模人口，城市人口可能随着公共服务质量的降低而不断流失，因此总体上而言，城市人口规模越大基本公共服务水平越高。但通过以上数据呈现可以看到，不同人口规模的大城市的基本公共服务供给绩效并不严格遵循人口规模与服务绩效的线性正相关规则，虽然特大城市和超大城市的绩效得分整体上主要分布在前50%，但一些Ⅰ型大城市和Ⅱ型大城市的基本公共服务绩效表现明显优于特大城市和超大城市。这说明人口规模只是影响大都市基本公共服务绩效的一个基础性变量，大都市基本公共服务绩效不只是单纯地由人口规模因素决定，其还受到许多其他因素的影响。一些Ⅰ型大城市和Ⅱ型大城市的人口规模在量级上明显不如特大城市和超大城市，但其利用自身的资源禀赋、区位优势、城市品牌、城市文化等因素因地制宜地改善和提升了基本公共服务绩效水平。比如珠海、厦门、中山、无锡、苏州、海口、宁波等Ⅰ型大城市和Ⅱ型大城市的基本公共服务绩效水平超过了很多超大城市和特大城市。这些城市在人口规模上明显不如特大城市和超大城市，但都凭借其各自特色跻身基本公共服务绩效的"头部"区域。因此，人口规模与大都市基本公共服务绩效之间并不完全呈现严格的线性正相关关系。

但也不能否认人口规模在促进和提升大都市基本公共服务绩效上的基础性作用。从整体上而言，人口规模越大的城市，基本公共服务水平整体上还是越高的。人口规模的扩大从正向和负向两个方面促进基本公共服务水平的提升。从正向上而言，城市人口规模扩大意味着城市经济规模增长，城市的专业化效应越强，城市内部的学习效应也越强，这些因素的叠加会促使城市政府提供更好的基本公共服务来维持城市规模效应的优势。从负向上而言，城市人口规模扩大意味着城市主体多样性、资源的稀缺性和社会关系的复杂性将几何倍数增加，而这些将会增加城市治理的复杂性、不确定性和脆弱性。城市政府为减小这种治理成本和治理风险需要以更多的资源投入、注意力投入来改善基本公共服务水平，以保障城市整体向上的发展态势。而且从行政审批视角而言，一定体量的城市人口规模是不断改善城市基本公共服务、提升基本公共服务质量的重要前提保障。只有具备一定城市人口规模，城市地铁、城市高层建筑、城市大型体育馆等公共基础设施才能予以审批。由此可见，保持一定规模人口是保证基本公共服务质量和提升基本公共服务水平的重要基础性影响变量。如果城市人口流失，城市经济将失去活力，城市文化将逐渐衰退，城市服务将逐渐萎缩，城市影响力也会逐渐下降，因此很多城市政府在国家宏观政策允许下，制定了比较宽松的人口流动政策，以吸引人口流入，尤其是吸引高质量（高学历、高素质、年轻化）的人才流入。

二 地域分布与大都市基本公共服务绩效

从绩效分布结果来看，越是经济发达的地区基本公共服务绩效越高。从整体区域分布上而言，东南沿海城市的基本公共服务绩效高于中部地区、中部地区高于华北地区、华北地区高于西部地区、西部地区高于西南地区、西南地区高于东北地区，这一分布基本与经济发展水平相关。比如绩效评估结果靠前的深圳、东莞、珠海、上海、广州、北京、厦门等城市的经济发展水平都属于比较靠前的位置。也许地域因素只是影响大城市基本公共服务绩效的一个中介影响变量，地域因素背后可能还隐藏着诸如行政等级、国家战略、城市定位、人口流动、政策引导等诸多影响因素，但无论怎样，大都市基本公共服务绩效在地域分布上的分化是显而易见的。在我国"孔雀东南飞"的大背景下，东南沿海城市凭借其地理区位优势，吸引了中西部地区大量劳动人口的流入，东南沿海城市能够提供给这些流动人口在比其家乡工作更高的薪资水平，沿海城市是人口流入的"工资高地"。沿海城市走上了以区位撬动经济，以经济吸纳人口，以人口扩大规模，以规模提升服务质量的发展道路。但是需要注意的是这种城市区位优势是一种相对比较的结果，而不是一种绝对分布。例如在西部地区西安、兰州、乌鲁木齐等这样的大城市虽然在经济规模上无法与北、上、广、深等城市相提并论，但其在自身的影响力范围内具有相对比较优势，这也能够在很大程度上吸引部分人口，进而提升其基本公共服务质量。

地域因素与大都市基本公共服务绩效之间可能主要存在以下几种机制。一是地域优势与服务绩效之间的"马太效应"。东南沿海地区的大城市凭借地域优势吸引了大批流动人口加入，而流动人口的加入又进一步扩大了城市规模，城市规模的集聚扩大又倒逼城市基本公共服务的提质升级，这就形成一种良性循环。而对于那些地域优势相对较差的中西部大城市而言，由于地域的经济吸引力、文化吸引力和服务吸引力不够，导致所属区域的人口不断外流，城市规模不断萎缩，城市公共服务开支不断缩减，城市基本公共服务改善的动力也趋于衰减，进而导致城市基本公共服务供给水平衰落，这就形成一种恶性循环。由此，形成了不同地域间强者越强弱者越弱的分化局面。二是地域层级的优势富集效应。一些城市在刚开始竞争的时候实力是差不多的，但由于一些城市以起点上的微小优势产生了更大级别的优势积累，进而在后续的发展过程中凸显出来。比如中山、佛山、东莞等城市，这些城市处于珠三角，在最初的时候并没有很多的政策优势，但其凭借处于珠三角的微弱地理优势，慢慢积累工业生产优势，并在这一过程中不断积累优势，进而形成了比较大的影响力。三是地域宣传中的晕轮效应。一些长三角、珠三角和京津冀的大城市，利用城市宣传中的人的认知障碍的特点，不断积累自身优势，扩大自身影响力。比如无锡、常州等城市在宣传中经常使用"长三角核心城市"概念，这种地域捆绑式营销有利于提升同板块中处于弱势地位城市的影响力。

三 城市竞争与大都市基本公共服务绩效

改革开放 40 多年来，我国城市建设取得了巨大进步，城市发展模式从"经营企业"到"经营土地"再到"经营资本"的转变。城市竞争的方式和竞争的激烈程度主要体现为城市经营，城市经营主要是指运用市场经济手段，对城市所有资产进行集聚、重组、运营，从中获取收益，谋求城市自我积累和自我发展。改革开放之初我国城市竞争的主要方式是经营企业，即通过招商引资等方式将大型企业引入到城市，增加城市的税收和经济活力，进而提升城市影响力和竞争力的模式。经营企业的方式收效较慢，企业的利润周期较长，而且企业自身的经营风险也会给城市营收带来不确定性，因而在 20 世纪末期，很多城市政府开始通过经营土地的方式来提升自身竞争力。经营土地主要是通过"土地财政"的方式给城市快速输血，快速改善城市基础设施建设和基本公共服务供给。但城市土地十分有限，城市发展也不可能无限制地往城市外围蔓延，因而"土地财政"的城市经营模式不可持续，因此很多城市开始转型，慢慢转向经营城市资本。城市政府通过城市资产的抵押来搭建城市融资平台，通过城市政府的金融资本的运营来带动城市建设和城市发展，进而提升城市竞争力。比在如城中村的城市更新改造中，通过吸引城投公司、城市开发企业、城市政府之间的资本合作来推动城市老城改造。城市资本运营对于快速发展城市政府具有强大的撬动和推力作用，但资本所附带的盈利本性和剥削本质，也容易造成城市贫富分化、利益绑架和城市风险等问题。

城市间的竞争从"经营企业"到"经营土地"再到"经营资本"，在很大程度上提升了大都市基本公共服务的供给水平。城市政府在经营企业、土地和资本的过程中产生的"收入"，主要用于城市基础设施建设和基本公共服务投入。城市基础设施等硬件是一个城市的外在形象，而城市基本公共服务等软件是一个城的内在气质。从短时间来看，人们选择一个城市主要根据其"外在形象"进行判断和选择，而从长时段来看，人们选择一个城市主要根据其"内在气质"来决定和定夺。人们选择一个城市不能光看其物质条件是否舒适，更看重其"脾气性格"等内在因素，这些才是决定其长期"相处"的重要影响因素。在城市竞争中，软实力越来越重要，尤其是现代化大都市的物质条件都在很大程度上得到改善，在这种情境下，城市品牌、城市品质、城市文化、城市服务、城市口碑等"软性因素"越来越重要。城市运营的"收入"在城市软实力建设中的投入比重也越来越高，城市基本公共服务的质量也不断得到提升。从以上绩效分布结果可以看到，很多特大城市、Ⅰ型大城市和Ⅱ型大城市在基本公共服务绩效上的差距也越来越小，呈现你追我赶的交叉型波动趋势。未来大都市的人口流入、城市品牌、城市口碑等在很大程度上是由城市基本公共服务供给质量决定，尤其是在当前物质优越的时代，青年人群对精神层面的需求极其敏感，城市基本公共服务质量对其城市选择具有重要影响，城市基本公共服务质量也间接成为城市间竞争的核心影响变量。

四 行政资源与大都市基本公共服务绩效

在我国从行政等级上可以将城市划分为直辖市、计划单列市、省会城市、地级市、县级市和小城镇等类型，不同行政等级的城市占有的行政资源不同，因而也决定了其不同的政治动员和行政吸纳能力。我国有北京、上海、重庆和天津四个直辖市，直辖市在我国城市行政等级上属于最高级别，这意味着国家会对这些城市给予专门的财政、权力、政策等方面的优惠和支持，而这些优惠和支持又会进一步吸引优质企业和优质人群的流入，进而扩大城市规模和扩大其影响力。城市规模效应将通过正向和负向两种机制促进和倒逼城市基本公共服务质量提升。深圳、青岛、大连、厦门、宁波等计划单列市也得到国家给予的经济发展方面的特殊优待政策，这些城市也更容易吸引高质量企业和高质量人群的流入。省会城市是一个省域行政范围内的首府，其通过强大政治动员能力构建起来的城市资源也在很大程度上超越了其所属范围的地级市和县级市。因此，从行政级别上而言，城市行政等级越高往往具有更强的财政、人事、政策方面的自主权，也具有更强的政治动员和城市影响力。从以上数据呈现可以看到，特大城市和超大城市中大部分属于直辖市、计划单列市和省会城市，其中只有佛山和东莞属于地级市。14个Ⅰ型大城市中也只有苏州、无锡和常州三个地级市。而且通过绩效得分列表来看，这些行政等级越高的城市往往人口规模更加庞大，城市基本公共服务供给的整体绩效水平也越高。

城市行政等级主要依靠行政力量来调节城市间资源分配，不同于城市商业魅力主要依靠城市市场力量来调节城市间资源分配。例如第一财经新一线城市研究所根据城市的经济发展水平和商业魅力将全国337座地级及以上的城市划分为一线城市、新一线城市、二线城市、三线城市、四线城市和五线城市。该榜单中商业魅力指数包含商业资源集聚度（0.26）、城市枢纽性（0.23）、城市人活跃度（0.21）、生活方式多样性（0.15）、未来可塑性（0.15）五个维度，前三个维度的权重超过0.2。该研究所从2013年开始发布《城市商业魅力排行榜》，到2022年共发布了八次（2014年和2015年未发布）。在八次发布的新一线城市名单中，成都、杭州、重庆、武汉、西安、南京、天津、青岛、长沙连续八次上榜，沈阳和苏州七次上榜，宁波、郑州和东莞六次上榜，大连、佛山和无锡三次上榜，厦门和合肥两次上榜，福州、昆明和济南一次上榜。城市商业魅力排行榜主要反映的是城市商业影响力，而城市行政等级排行主要反映的是城市政治影响力，虽然两者的是不同方向上的作用力，但两者都会指向城市基本公共服务能力。城市行政等级通过政治动员和权力影响直接提升城市基本公共服务供给水平，而城市商业魅力通过市场选择和商业宣传间接倒逼城市基本公共服务能力提升。行政力量与市场力量在推动城市基本公共服务供给水平提升上大部分时候是相互促进、相互激励的，但偶尔也有冲突和对抗的时候。

五 首长负责与大都市基本公共服务绩效

在我国城市人民政府实行首长负责制的领导体制下，城市党政"一把手"对城市发展和城市建设具有重要影响。在城市政府的党政班子中，市委书记和市长是两个主要领导，市委书记主要负责政治领导，在政治原则、重大决策、重大方向、财政支出和干部队伍建设等方面起着重要的把控作用，市长则在同级党委的领导下工作，落实具体的行政事务。由于在我国行政机构中又实行党委负责制，城市政府的权力主要集中在党委，尤其是市委书记。因此，一般而言市委书记是城市的最高实际负责人，地位在人大选举出的市长之上，其掌握着城市的重要资源和政策权力，实际掌握着城市重大事项的拍板权，对整个城市的发展起着关键性的核心作用。因此，城市党政首长的政治觉悟、个人经历、身体状况、退休年龄、认知水平、学历背景、廉洁情况、性格爱好等因素对城市的重大决策和发展方向具有重要影响。而且党政主要负责人的晋升、交流、退休和落马等情况都会影响城市的发展，甚至党政负责人晋升、交流、退休或落马的时间也会对城市发展造成影响。另外，城市党政一把手在任期间除了要关心城市居民的民生福祉之外，还会考虑自身的政治升迁。其在晋升冲动下会采取城市空间外延扩张的发展策略，因为城市外延扩展相比于城市内部更新改造成本更加低、社会风险更加小、市场收益更加多，但这种城市空间的过度外扩也会带来通勤成本、环境污染、重复建设等损害民生福祉的负面影响。

　　城市党政"一把手"的注意力对城市发展起着重要作用，一些党政首长比较注重经济发展，上马之后倾向于通过城市经济发展来带动民生建设；一些党政首长倾向于民生工程建设，上任之后将城市资源注入深不见底的民生项目，为城市发展奠定了长远基础；一些党政首长注重经济、生态和生活等多方面协同发展，同时兼顾城市特色资源的挖掘和开发。随着城市政府之间竞争的白热化，在国家出生人口持续走低的情况下，未来城市竞争的焦点是城市人口的规模和质量。要留住城市人口、吸纳人口就必须满足人民的物质和精神需求，而基本公共服务供给是反映人民需求的重要体现。比如城市看病贵不贵、小孩上学难不难、城市买房易不易、上班路上堵不堵、网络信息卡不卡、生态环境优不优、城市就业难不难、城市养老行不行、休闲娱乐有没有、数治能力强不强、空气质量优不优等等。现在已经有很多城市"一把手"已经意识到城市基本公共服务对留住人口的重要性，其在城市基本公共服务方面不断发力，试图通过各种民生工程"苦练内力"来吸引人口。可以预见的未来，城市发展能否真正转型、能否在未来竞争中崭露头角、能否在新一轮城市洗牌中站稳脚跟在很大程度上取决于城市"一把手"的高瞻远瞩能力和提前布局能力。城市政府首长的个人意志和注意力分配看似是一种虚无缥缈的东西，甚至很容易受很多不经意的小事影响，但其却真真实实地对城市命运和大城福祉起着极其重要的作用。

六 城市功能与大都市基本公共服务绩效

大城市的功能一般具有综合性，但其一般也会有其特色功能，这种特色功能往往无形中对城市文化、城市气质和城市品牌等形成深刻影响，进而对城市基本公共服务供给格局和绩效产生影响。在上述大都市基本公共服务绩效评估结果呈现中，很多Ⅰ型大城市和Ⅱ型大城市的城市人口规模并不是最多的，却能给人留下深刻的印象，基本公共服务绩效也处于同类人口规模城市前列。比如厦门市是东南沿海重要的风景旅游城市，鼓浪屿是其城市传播的品牌标签；中山市是香山文化的重要发源地，也是著名的华侨之乡；洛阳市是丝绸之路的东方起点，隋唐大运河的中心等等。从绩效分布结果来看，分布在"头部"的城市几乎都有数张城市名片，这些城市名片体现着城市在某方面的特色功能和能力强项，而这些特色和强项又是吸引人群注意力的重要因素。一些经济功能较强的大城市特别注重城市名片和城市气质的打造，通过这些角色塑造和形象传播"引流"人口流量。一个综合素质比较强的城市功能也往往是由两大部分组成的：一部分是城市产业、资源、基础设施等"硬性"基础功能；另一部分是城市文化、城市饮食、城市时尚等"软性"特色功能。两者相辅相成，共同扩大城市功能的作用。"硬性"基础功能是城市发展的重要基础，而"软性"特色功能是城市影响力扩大的重要媒介。例如长沙作为新一线城市，其不只是有娱乐之都、媒体艺术之都的名片，更有世界工程机械之都、重工业之都、智能制造之城的美称。

城市功能和城市名片如何转化为城市基本公共服务绩效，这里至少有三种城市特色促进大都市基本公共服务绩效提升的叠加机制。一是城市特色吸引流动人口。城市特色就是城市在某一方面突出的功能，这种功能要么是区别于其他城市的特有之处，要么是其他城市无法达到的顶尖状态，也就是有一种"人无我有、人有我优"的状态。这种城市特色能够形成巨大的引流作用，而如果能在引流之前相应地做好城市基础设施建设和基本公共服务供给，那么这种叠加机制能够在一定程度上留下一部分"粉丝"，进而实现人口吸纳的目的。而城市人口规模的扩大也能直接或间接促进大都市基本公共服务水平的提升。二是城市特色引发领导重视。城市建设有两个捷径，分别是抓强项和补短板。抓强项体现了优势累积效应，能够以自身的优势起点积累更大的后发潜力。补短板体现了劣势提档效应，能够通过补齐短板提高城市发展的综合能力。抓强项和补短板都能够有效吸引上级政府注意力，给城市首长积累政治资本，但新上任的城市首长一般倾向于抓强项，发挥城市既有的特色优势，因为补短板存在一定的政治风险。三是城市特色赋能城市竞争。大都市如何在众多的竞争对手中崭露头角、脱颖而出，需要考虑如何有效地将城市特色转换为城市发展效能。城市特色是城市经营的重要切入点，是吸引市场资本进入的敲门砖，也是撬动城市经济发展的重要支点。城市特色赋能城市竞争，通过城市间的竞争间接带动城市基本公共服务的提质升档。

第八章
大都市基本公共服务高质供给的路径选择

  我国人口规模超过100万的大都市数量位居世界第一，而且未来二三十年"农村—小城镇—县城—地级市—省会城市—特大城市"的人口流动规律仍然难以打破。随着社会主要矛盾的转换，未来城市之间的竞争在很大程度上取决于城市的软实力，而城市软实力的核心是高质量的基本公共服务。大城之中的环境污染、交通拥挤、住房紧张、看病排队、上学困难、聚集犯罪、疾病传染等一系列问题最终将指向基本公共服务的高质量供给，因此高质量基本公共服务供给本质上是对城市问题的一种降维治理，也是大城福祉的核心体现。在大都市基本公共服务供给中，保稳是基础、提质是手段、促优是目标。本章将从保稳、提质、促优逻辑上依次推进的三个层次提出优化大都市基本公共服务的路径对策。

第八章　大都市基本公共服务高质供给的路径选择　　·255·

第一节　保稳：巩固大都市基本公共服务的可及性

我国经历了国家基本公共服务体系"十二五"规划和推进基本公共服务均等化的"十三五"时期，已经进入到"十四五"公共服务规划时期。经过多年的建设和发展，我国大都市基本公共服务体系已经基本建立起来，公共服务发展的基础也更加坚实。但为进一步巩固大都市基本公共服务的可及性，保障基本公共服务供给的基础能力，大都市政府还可以从以下几方面持续发力和不断完善。

一　完善大都市基本公共服务的制度体系

制度体系是基本公共服务建设的重要制度基础，也是基本公共服务供给的重要底层逻辑，其对整个公共服务供给体系具有牵一发而动全身的重要作用。在已经搭建起来的基本公共服务制度体系之上，还需要对其进行深化和完善。

（一）动态调整基本公共服务的范围

近年来，我国社会主要矛盾已经发生转化、经济社会发展转向高质量发展阶段、人口结构的"老小"两端正在经历巨大转折、新型信息技术正在不断赋能城市治理体系，这些发展和变迁对大都市基本公共服务的内涵和外延产生巨大影响，因此大都市基本公共服务供给的边界和范围也需要根据城市环境的变化而适时调整：一是要根据时间特征进行调整。随着时间的推移，很多非基本公共服务可能具有基本公共服务的特性，而一些基本公共服务也可能逐渐丧失基本公共服务的特性，因而需要根据时间的变化适时调整大都市基本公共服务的范围。二是要根据空间特征进行调整。

各个大都市的人口规模、经济体量、社会结构等都存在一定差异，因而各个大城市应该根据自身特点实时调整基本公共服务的范围。三是要根据技术特征进行调整。现代信息技术改变了基本公共服务供给的条件和标准，这也会间接影响基本公共服务的边界和范围，因此需要根据技术赋能的复杂影响来重新厘定大都市基本公共服务的边界。

（二）细化具体基本公共服务的标准

基本公共服务涵盖公共教育、公共医疗、公共文化、公共住房、社会保障、公共交通、公共环境等诸多方面，每个领域的基本公共服务供给都是一个复杂的关联性问题，因此除了在宏观层面粗线条地描绘出基本公共服务的制度体系和制度标准之外，还要对每一个具体的基本公共服务领域进行细化和完善。比如，在《国家基本公共服务标准（2021年版）》中关于基本教育服务的内容主要体现在学有所教板块，该板块涵盖学前教育助学服务、义务教育服务、普通高中助学服务、中等职业教育助学服务四个方面，这四个方面列出了学前教育幼儿资助、义务教育阶段免除学杂费、义务教育免费提供教科书、义务教育家庭经济困难学生生活补助、贫困地区学生营养膳食补助、普通高中国家助学金、普通高中免学杂费、中等职业教育国家助学金、中等职业教育免除学费9项核心指标。但这些指标只体现了基本教育服务领域的一些代表性指标，实际上基本教育服务制度体系建设是一个复杂的系统工程，其中还包括教师队伍、资源配置、学校布局等系列制度建设。因此，应该在宏观政策的指导下，进一步完善各具体基本公共服务领域的制度建设，以构建层次更加细致的政策体系。

（三）加强基本公共服务的制度配套

基本公共服务供给是一个复杂的系统工程，完善的制度配套对提升基本公共服务质量具有重要影响。比如在引导多元主体参与大都市基本公共服务过程中面临一系列配套制度的问题。一是2003年实施的《政府采购法》并未将公共服务纳入采购范围，按照该法的执行标准，采购范围仅限于与政府机关自身运行有关的后勤保障服务；二是一些城市政府并未按照政府购买公共服务的要求进行预算编制，这种制度不规范行为直接导致后续的公共服务采购、管理、监督等一系列问题；三是政府购买公共服务中存在"重购买轻管理"的现象，进而导致政府的钱花了，但公共服务供给的效果却不尽如人意。而且政府购买公共服务的整个流程缺乏有效监管或者监管不力，导致服务质量难以保障；四是政府制定的购买服务指导目录过于宽泛，导致出现"超出范围"购买和"应买未买"双重错位的现象；五是很多城市政府的社会组织发育程度不高、种类不齐全、托底能力不强，导致基本公共服务缺乏有效的承接力量。因此，推动城市政府基本公共服务供给应该完善各类配套制度，这样才能使得基本公共服务有效落地。

二 统筹大都市基本公共服务的规划布局

大都市基本公共服务的发展和规划应该根据人口特征、技术特征、国家战略等进行合理科学规划，以适应未来基本公共服务需求的变化。大都市基本公共服务规划布局中应该兼顾成本、效率、公平等原则，从而实现以人民为中心的价值理念。

（一）科学设定服务半径

大都市的公共服务布局应该根据都市人口密度分布、人口职业结构、人口年龄分布、交通主干线路、产业分布特点等情况进行综合设计。为了避免出现一些地方基本公共服务供不应求，而另一些地方基本公共服务供过于求的不匹配、不平衡现象，城市政府在服务半径的测量上应该给予足够重视。从距离上而言，人的适宜的步行距离阈值为787米至1500米[1]，超过一定的距离则人们难以忍受，就会出现公共服务设施利用率不高的情况。

---

[1] 王宁、杜豫川：《社区居民适宜步行距离阈值研究》，《交通运输研究》2015年第2期。

从时间上而言，住建部 2022 年发布的《完整居住社区建设指南》中指出 80% 以上社区居民认为幼儿园、养老设施、便利店和小百货超市应该在步行 10 分钟以内。超出一定的时间范围，居民就会认为社区基本公共服务不便利，社区基本公共服务的获得感和满意度也会大大降低。因此，很多地方提出了 15 分钟生活圈的概念，即在基本公共服务设施、便民商业服务设施、实证配套基础设施、公共活动空间、物业和社区管理中心的规划和布局上构建 15 分钟内步行可达各类生活服务半径，建设"宜居、宜业、宜游、宜学、宜养"的生活服务圈，推动都市教育、医疗、卫生、养老、体育等基础公共服务水平提升。

（二）合理控制设施规模

大都市基本公共服务设施的规划不是规模越大越好，而要根据大都市内部的人口分布、地理特征、产业布局、职住特征、人口密度等进行合理规划。对不同的公共服务设施布局应该采取不同的布局模式，比如，对体育、文化、教育、医疗、卫生等使用频次较高的公共服务设施，可采取小规模多点布局，这样可以减少公共服务使用的"距离"成本；而对使用频次较低或多个具有相关性的服务应该尽量适度集中布局，如等级较高的医院、中学、养老院、图书馆等，这样可以在最大程度上提高利用效率。根据 2018 年 12 月实施的《城市居住区规划设计标准》，城市居住区主要分为四类：第一类是 15 分钟生活圈居住区，人口规模为 5 万人至 10 万人；第二类是 10 分钟生活圈居住区，人口规模约 1.5 万人至 2.5 万人；第三类是 5 分钟生活圈居住区，人口规模为 0.5 万人至 1.2 万人；第四类是居住街坊，居住人口规模在 0.1 万人至 0.3 万人。不同类型居住区在住宅用地、配套设施、公共绿地、城市道路等方面有不同等级的规模要求，这样可以防止城市社区公共服务设施的盲目建设，提高公共服务资源的利用率。

（三）加强设施共建共享

大都市基本公共服务供给在大都市空间中的分布并不是完全根据人口

密度和人口需求而精准均匀配置的，人口会随着大都市外部环境的变化而变化，大都市基本公共服务需求也会随之发生变化，而大都市中的基本公共服务供给还会受到行政区划、服务标准、服务能力等因素限制，比如政务服务中心往往只受理相应行政区划范围内人员的服务需求，而流动人员的服务需求往往难以得到满足。因此，促进大都市基本公共服务资源的共建共享具有重要的现实意义。大都市中虽然可能存在公共服务供给不均等的现象，但由于大都市范围内具有交通类型多样、出行距离相对较短等优点，基本公共服务资源在大都市范围内共建共享，在一定程度会上能够提高基本公共服务的供给效率，满足不同人群对基本公共服务的需求。总之，推动公共服务全区共享或全市共享是未来大都市基本公共服务改革创新的重要方向，未来更需要考虑如何促进各行政边界范围内的公共服务资源共通共享、如何统筹各个部门和各个社区之间的服务标准、如何打破各个政府职能部门的利益本位，这样才能更好地将大都市公共服务资源转化为公共服务效能。

三　推动大都市基本公共服务的重心下移

重心下移是实现大都市基本公共服务可及性的重要方式，很多基本公共服务的供给卡在"最后一公里"的位置，导致公共服务"下而不沉"，公民难以触及。重心下移体现了"以人民为中心"的价值理念，是实现大都市基本公共服务高质量供给的必然选择。

（一）推动服务权力向基层延伸

公共服务权限向基层下放，不仅能够方便老百姓享受到便捷的公共服务，而且能够提升基层业务人员的能力素质，具体而言主要体现在以下三方面：一是推动政务服务事项和权限向街道和社区下放。街道和社区是更接近城市居民的重要服务机构，很多事情如果能够实现"就近办、马上办、高效办",那么公共服务的满意度将大大提升。二是推动职能在基层多点设置办事服务点。例如,推动城管、工商、公安等职能部门机构在城市人口密集的社区设点或派驻人员长期值守,为群众提供更加及时高效的公共服务;加强图书馆、体育馆、文化馆、就业服务中心、退伍军人服务站等在基层的布局,推动服务机构向基层延伸。三是通过服务清单的形式明确区、街和社区各个层面的公共服务事项权限,更好地厘清各层级部门的职责权限,充分发挥各层级部门的服务动力和服务积极性。

(二)促进服务人员向基层下沉

城市基层人口密度大,而且社区工作人员有限、时间有限、财力有限,因而基层工作压力大、服务任务重。在提供基层公共服务过程中,可通过以下几种方式解决基层公共服务供给中的人员不足问题:一是可以探索"党员双报到"制度,解决基层公共服务人员不足问题。充分发挥党员的先锋模范带头作用,党员一方面向所在工作单位报到,另一方面向居住社区报到。居住社区可以动员社区党员利用自身职业优势为社区居民提供社区服务,也可以动员社区党员参与社区人手紧缺的公共服务任务,解决基层服务人员不足问题。二是可以强化"干部下基层"制度,解决基层公共服务供给中的难点问题。设定主要领导干部基层调查日,干部通过集结行政力量为社区服务中的急难愁盼等难点问题进行专门"诊治",以在最大程度上解决基层公共服务供给中的"卡脖子"问题。

(三)推动服务资源向基层倾斜

大都市中基本公共服务需求来自基层,公共服务资源也应该尽量向基层倾斜,这样才能在最大限度上保障基本公共服务供给的效能。目前可以依托以下三种基层治理机制推动基本公共服务向基层倾斜:一是网格化管理。网格化管理最早在北京出现,后来迅速在全国推广,其最初的主要功能是维护社会稳定,后来其主要功能逐渐转变为公共服务。我国很多城市基本公共服务供给基本依托网格来实现，网格员承载着服务群众的重要职责。未来应该进一步强化网格化的服务功能，将更多服务资源下沉至网格，通过网格将其转化为服务效能。二是服务平台下沉。城市中的公共服务平台应该向基层下沉，从而更好地接触民众、覆盖民众、受益民众，比如，社区协商平台、社区法律服务平台、社区就业服务平台等，都应该尽可能地下沉至社区底层。三是基层微创新。应该给予基层街道和社区更多的自主创新的空间和权力，鼓励基层社区进行服务机制和服务平台创新，而且要提供相关资源，为基层社区服务创新创造条件，比如基层公共服务供给中的积分制、购买制、院长制、街长制、新闻官等都能在一定程度上提高公共服务的供给质量。

四　增强大都市基本公共服务的财政保障

财政体系应该以广大人民群众的根本利益作为财政分配的出发点和落脚点，应该通过财政支出重点满足人民群众日益增长的物质和文化需求，真正实现"取之于民、用之于民"。[①] 因此，财政是服务民生的重要工具，也是基本公共服务有效供给的重要保障。

（一）明确城市政府各层级的责权

大都市内部至少包含市、区两级财政，大都市基本公共服务供给涉及如何有效调动市、区两级财政的积极性，这就需要在以下几个方面发力。一是明确市、区两级财政在基本公共服务支出上的责任划分。在充分征求市、区相关部门的意见基础上，结合国家和省级政府在政府财政支出上的责任划分标准，明确市、区政府在基本公共服务上的事权和支出责任，以提高基本公共服务供给效率。二是明确基本公共服务的执行标准。对于国

---

① 贾康、赵全厚编著：《中国财税体制改革30年回顾与展望》，人民出版社2008年版，第367页。

家和省级政府有明文规定的公共服务事项标准则应该严格执行国家和省级政府的标准，对于国家和省级政府没有明文规定的公共服务事项，则应该兼顾市、区两级政府的财政承受能力，在保障和突出民生优先的原则下，由市级政府确定执行标准，或者由区级政府结合实际、因地制宜确定执行标准。三是明确市、区两级政府在基本公共服务上的财政分担方式。应该根据基本公共服务事项的受益范围、重要性、公共性程度、均等化程度等明确市、区两级政府的分担比例。对于公共性较强、受益范围较大、均等化程度较强的基本公共服务应该优先强化市级政府的责任分担和兜底作用，以推动各级财政的协同运行。

（二）拓宽基本公共服务资金来源

充裕的财政资金是基本公共服务有效供给的重要保障，拓宽基本公共服务资金来源是大都市政府的重要职责，具体可以从以下几方面发力：一是加大大都市基本公共服务领域的一般公共预算投入。基本公共服务供给属于城市民生项目，属于城市政府重点工程，也是城市政府应该倾斜的对象。尤其是应该加强城市基本公共服务领域短板排查，并加大短板领域的财政投入和支持。二是通过加大金融支持力度拓宽大都市基本公共服务资金来源。灵活运用地方政府专项债券、政策性金融债券、政策性银行信贷、政策性投资基金等方式为大都市基本公共服务项目融资，吸引市场资本和社会资本参与大都市基本公共服务建设。尤其要对大都市基本公共服务的短板和弱项进行详细测算，依托政策金融杠杆撬动服务资金向这些领域流动。

（三）提高公共服务资金使用效率

一是要清理、整合和规范大都市基本公共服务项目。大都市中的基本公共服务内容较多，一般通过项目制的形式予以推进，而城市政府中基本公共服务供给的项目发包主体多种多样、发包由头也各有所异，有些服务领域重复投入、效率低下，而有些领域则财政覆盖薄弱、供给不足，因此，大都市政府应该加强对基本公共服务项目的清理和整合，以提高公共服务项目资金的使用效率。二是调整基建类公共服务项目的供给进度。大都市基建类公共服务项目在很多城市存在"超前"发展、"推进"过快、"规划"不足等问题，严重制约了城市其他基本公共服务的布局，因而除了对城市发展具有重大贡献的项目之外，其他服务功能较弱的基建类公共服务项目可根据城市特征适度压缩，将更多的财政资金引导至资金投入小、社会收益好的轻资产公共服务项目，或者以纯粹的公共服务为主导的项目。三是明确城市基本公共服务项目的责任人和责任单位。公共性较强的项目中容易出现集体行动的困境，导致大家对公共性事务的冷漠和不关心，进而产生服务质量问题，因此，明确责任人和责任单位能够在一定程度上规避这些问题。

第二节 提质：推进大都市基本公共服务的均等化

大都市基本公共服务均等化是公共服务高质量供给的阶段性体现，也是基本公共服务质量提升的必经阶段。基本公共服务供给均等化主要体现为人群、城乡和区域之间的均等化，而大都市基本公共供给均等化的重点是人群的均等化。在大都市内部不同人群在公共服务受益上存在差别待遇，不同主体也具有不同的公共服务资源获取能力，因而推动大都市基本公共服务在人群间的均等化是实现大都市高质量发展的重要保障。

一 以清单制推进大都市基本公共服务均等化

清单制是以图片化的形式来明确基本公共服务绩效管理框架，并据此实施检查、考核、比对，以提升公共服务绩效的管理方式。清单制的核心是标准化,即对具体的绩效考核内容、标准、方法等实施统一标准。

(一) 推动清单内容的动态调整

清单内容应该随着时间和空间两个维度的变化而适时进行调整,这样才能充分发挥清单制在推动大都市基本公共服务均等化中的基础作用。从时间角度而言,我国基本公共服务的标准化清单从"十二五"到"十四五"期间在不断发生变化,体现时代重大民生工程和民生项目的内容不断被纳入基本公共服务清单,而不能有效体现基本公共服务基础性和普惠性的清单内容逐渐退出清单列表。每个时期都有重点任务需要解决,也有重点战略方向,这些都应及时转化为基本公共服务清单,体现时代赋予的使命和担当。从空间角度而言,不同大都市的人口环境、资源条件、财政状况、服务需求和城市文化等都存在一定差异,这些决定了不同大都市基本公共服务供给的清单内容和执行标准应该具有一定的差异性,因此各城市应该根据自身的实际,因地制宜地确定合适的基本公共服务标准体系,以保障大都市内部不同人群基本公共服务均等化。值得注意的是,大都市基本公共服务清单内容的动态调整需要按照一定的程序和制度进行,不能随意进行调整和变动,而且在动态调整过程中还要保证基本公共服务清单的相对稳定性,需要协调好清单动态调整的幅度和范围。

(二) 加强清单制定的论证过程

大都市基本公共服务清单不能简单复制国家基本公共服务清单或者省级政府发布的基本公共服务清单,应该根据城市的具体特点,本着对城市人民负责的原则,以城市人民利益最大化为导向,经过充分论证、协商和咨询来确定。清单背后是复杂的利益关系与需要保障的城市人民,清单内容的变动可能直接影响这些利益关系的变化和城市人民的福祉安康,因此大都市政府应该细致论证大都市基本公共服务清单。在清单列表中,应该细致论证每个服务项目的服务对象是否精准、服务内容是否重点突出、服务标准是否符合城市实际、支出责任是否清晰明确、牵头单位是否合适匹配等。在咨询论证过程中至少应该考虑三类人群的意见和建议,首先是专家学者的看法,听取相关领域专家学者在理论上的专业建议,了解服务项目背后的理论逻辑以及宏观视野下的项目意义;其次是政府官员的想法,听取城市政府各层级政府官员在实践上的经验建议,深入考察项目实施过程中可能产生的社会影响和连带效应,以规避公共服务供给中的"陷阱";最后是普通群众的意见,广泛征集人民群众在服务项目上的感受和体验,为制定更加精准的服务清单提供保障。

(三)强化清单制度的规范运行

清单制要在大都市基本公共服务供给中发挥效力最终要聚焦至清单制的执行上,如果清单制执行流于形式,即使再完美的清单也无法实现基本公共服务的有效供给。应该从以下三个方面加强清单制度的有效执行。一是多渠道加强宣传推广。通过微信、网站、报纸、新闻、抖音平台等多种渠道宣传大都市基本公共服务清单,制定服务项目清单的运作流程图,以图表的形式标明服务内容、服务标准、责任主体等信息,让城市人民了解服务清单的内容项目和工作程序,以更好地督促牵头部门和责任部门按质按量完成基本公共服务供给。二是加强专项项目监督检查。大都市政府应该加强对清单中的服务项目进行专项监管,督促牵头部门和责任部门按照时间节点和标准要求照单履职,促进基本公共服务规范供给。三是加强对主要负责人的监督问责。对严格按照清单要求高质量落实任务的牵头单位和责任人应该给予奖励和表扬,而对于没有按照清单要求完成相关任务的责任单位和责任人应该加强问责,调查其中的原因并做出警示,防止责任单位和责任人不作为和无担当,确保大都市基本公共服务清单高质量运行落实。

二 以共享制促进大都市基本公共服务均等化

公共服务供给过程中存在零散化、分散化和碎片化的特征，这容易导致基本公共服务效率不高、公共服务资源耗散和公共服务人群间不平衡等问题，因而通过资源整合和资源共享的方式在一定程度上能够克服这种碎片化状态，提升大都市基本公共服务的均衡性。

（一）以共享制提升公共服务资源均衡化

公共服务共享制就是一种公共服务需求主体利用移动互联网、云计算、大数据、物联网等信息技术，在政府机制和市场机制的共同支配下，对闲置的、分散的、零碎的公共服务资源进行配置和重组，以实现更加高效、个性和精细的公共服务供给的运作模式。[①] 大都市基本公共服务资源的分布总是存在不均衡、不匹配或不适宜的情况，通过公共服务共享机制可以在一定程度上促进公共服务资源均衡化。一是可以平衡供需之间的冲突。大都市中虽然可以按照人口密度来配置公共服务资源，但同样人群密度的人口中蕴含着不同的公共服务需求结构，因而公共服务供需之间的结构错位或结构倒置的不匹配现象不可避免。通过共享制可以调节某类基本公共服务过剩和某类基本公共服务不足的结构性困境，进而促进公共服务之间的供需均衡。二是可以预警公共服务资源的投入布局。通过共享制平台的大数据分析能够较好地掌握大都市内部不同社区的基本公共服务需求偏好和需求数量，这可为大都市基本公共服务资源投入提供基础数据，使基本公共服务资源得到更加精准科学的布局，进而提升基本公共服务资源的均衡性。

[①] 李利文、易承志：《公共服务供给的共享制创新：类型、风险及其规避》，《人文杂志》2019年第5期。

(二) 以共享制促进公共服务机会均等化

公共服务共享制在一定程度上可以提升大都市内部人群间享有基本公共服务的机会，是促进大都市内部公共服务资源"二次分配"的重要方式。大都市内部人群密度大，虽然基本公共服务具有较高的覆盖度，但这种覆盖主要是一种"大水漫灌式"覆盖，不能精准匹配到都市个体。这种"形式化"公共服务机会均等虽然在一定程度上能够保障大部分人的服务需求，但基于共享制平台可以推动"实质性"公共服务机会增加，进而促进大都市基本公共服务机会均等化。具体而言主要体现在以下两个方面。一是增加了程序平等。当一些地方基本公共服务资源过剩时，在共享平台上任何人都可以通过公开的平台程序竞争匹配的基本公共服务资源，这一过程是公开的，机会也是面向所有城市群体的。这种程序平等是一种积极的权利平等，每个人不是坐等结果的分配，而是需要付出自身的努力去追求资源分配。二是增加了选择机会。当城市内部某些区域公共服务资源短缺时，共享平台发布的公共服务资源能够增加城市人民公共服务资源的"二次分配"甚至"三次分配"的机会，也可以增加城市人民基本公共服务的选择空间。

(三) 以共享制推动公共服务供给高质化

在公共服务获取中，城市人民总是倾向于获取更优质的公共服务资源。比如城市居民总是更倾向于为孩子选择省一级示范小学或中学，看病时总是倾向于去三甲医院或者预约名牌医生，选择居住地点时总是希望环境更加优美的小区，等等。但优质的公共服务资源总是稀缺的，而共享制能够通过信息的合理配置实现公共服务供给质量的提升。以医联体为例，统一区域内的三级医院、二级医院、社区医院等组成一个医疗联合体，形成一种资源整合的医疗体系。在该体系中医疗、康复、护理等有序衔接，通过分级诊治、急慢分治、双向转诊等制度设计促进医疗资源合理利用，缓解大城市看病难、就医难的困境。对于社区居民而言，小病可以就近在社区医院诊治，大病可以去三级医院诊治，疑难杂症甚至可以进行远程会诊，这种共享模式缓解了社区居民挤兑三级医院的困境，提升了公共医疗资源的利用率，也改善了城市居民的医疗服务满意度。大都市本身是一个公共服务资源非常丰富的共同体，但由于资源配置错位、结构错位等原因，导致基本公共服务供给效率低、满意度低、获得感低，而共享机制的有效应用能够大幅改善和提高大都市基本公共服务的供给质量。

三 以项目制助推大都市基本公共服务均等化

每个大都市政府的公共服务供给体系中总是存在或多或少的薄弱区域，而大都市基本公共服务的标准化、普惠化、平均化供给容易忽视基本公共服务薄弱区，进而影响大都市整体公共服务水平。项目制能够较好地对接服务薄弱区，实现公共服务的精准提升。

（一）以专项性项目弥补城市基本公共服务短板

大都市的规模效应容易带来基本公共服务供给中的复杂性和突发性，而应对这种复杂性和突发性就需要一些紧急治理的措施和机制，传统的治理结构和治理机制难以应对。专项性项目是一种一次性的、专门针对某些特殊问题而临时设置的一种治理机制，其在克服大都市基本公共服务短板方面具有较好的作用。一是应对突发性事件的专项项目。城市突发性事件容易造成基本公共服务挤兑和短缺等问题，在这种特殊形势下城市政府应该通过设立专项项目及时应对突发事件带来的不确定性和风险因子。比如在城市面临突发性传染病、地震、洪灾等公共卫生事件和自然灾害事件过程中应该及时设立相关的基础性公共服务项目。二是应对城市公共服务薄弱领域的专项项目。由于基本公共服务资金具有有限性，城市基本公共服务的财政投入并不是绝对均衡的，这就导致很多城市在基本公共服务供给上都存在一定的薄弱区域。比如有些城市由于人口流入导致义务教育的学位不够，有些则由于医疗基础薄弱导致居民看病困难。城市政府应该设立专项性项目克服这种服务短板。三是应对城市临时性事项的专项项目。通过设置专项项目应对举办大型活动、季节性事项带来的服务供给不足问题。

（二）以社区微项目注入城市基本公共服务资源

大都市基本公共服务供给的制度设计很多主要停留在城市宏观层面，而微观社区层面的基本公共服务供给才是居民实际感受的重要来源。城市社区情境复杂，总会衍生出许多城市宏观层面制度无法完全覆盖的服务区域，而这些区域对社区居民生产生活具有重要影响，因此社区微项目可以通过精准注入资源在一定程度上弥补这种服务真空。社区微项目主要是帮助社区居民解决身边的小事、急事和难事，城市基层政府根据社区居民的反馈将社区居民需求打包为社区微项目，邀请社会组织、市场企业等组织竞选项目，以政府购买公共服务的形式推动项目运作。社区微项目的决定权来自社区居民，评价权也来自社区居民，这样能更加贴近社区居民、贴近社区生活，反映老百姓的真实需求。目前社区微更新项目的类别十分多样，包括社区安全类、社区文体类、社区协商类、社区环境类、社区更新类、社区自治类等。社区微项目虽然资金少、事项小、规模小，但其在社区中产生的能量大、影响大、效果大，因而充分发挥社区微项目的撬动作用是未来大都市基本公共服务供给必须要注重的制度选择。

（三）以特色性项目引导城市公共服务价值取向

大都市中每个街道或社区都有其自身特色和优势，有些街道或社区将这种特色和优势有效地转化为城市公共服务的特色项目，获得了优势转换的"红利"。大都市政府应该充分挖掘这种标杆和先进，并通过经验总结将其推广至都市其他街道或社区。而且这些标杆和先进的挖掘有助于引导城市基本公共服务的价值取向，引领城市基本公共服务的发展。具体而言，可以从以下几方面推动。一是开展城市特色项目评选活动。在全市范围内开展城市基本公共服务特色项目评选活动，一方面通过活动开展遴选出具有推广性和复制性的公共服务特色项目；另一方面通过活动开展培育一批具有特色的公共服务项目。二是打造城市基本公共服务品牌项目。重点培育和打造具有城市特色的基本公共服务项目，培育其成为城市的品牌和特色，进而通过以点带面提升城市整体公共服务水平。三是挖掘富有新意的特色项目。城市政府应该善于发现在理念上、技术上、手段上富有新意的基层公共服务创新，并将其打造为具有前瞻性、引领性和示范性的项目，比如"指尖医生""可视监管""健康校长""一网统管""健康街区"等特色项目。

四 以协商制提升大都市基本公共服务均等化

大都市基本公共服务具有较强的公共性和基础性，在基层治理情境中容易产生集体行动的困境，进而造成基本公共服务难以供给的困局，因而大都市基本公共服务的高质量供给还需要依靠基层的协商机制来化解其中潜藏的冲突和矛盾。

（一）以协商治理确定都市基本公共服务内容

城市政府在确定基本公共服务清单过程中应该充分尊重人民的意见，通过协商治理的路径广泛征求社区居民的意见，通过与社区居民沟通和对话了解其真实需求，最终形成一个大家都能接受的共识型清单。具体应该从以下几方面推动大都市基本公共服务的高质量供给。一是激发城市居民的创造力。应该充分尊重城市社区居民的主体地位，倡导建立人人有责、人人尽责、人人享有的公共服务治理共同体，充分激发社区居民的创新能力和创造能力，让社区居民在公共服务清单制定中充分发挥积极性、主动性和创造力。二是培养社区居民公共意识。让社区居民充分意识到社区中的公共事务、公益事业和生活环境等与自身利益密切相关,每一个社区居民都应该关心社区的公共事务,每一个社区居民都拥有参与讨论社区公共事务的权利。尤其要让社区居民充分意识到社区公共服务是每一个社区居民需要重视的公共事务。三是鼓励社区协商治理创新。鼓励社区居民通过社区议事会、社区议事厅、民情理事会等多种协商治理形式有序参与社区公共服务制度和规则的讨论,并以自治和善治的创新形式确定基本公共服务内容。

(二) 以协商治理化解都市基本公共服务冲突

大都市中基本公共服务冲突往往与社区居民的利益密切相关,公共服务供给中的冲突和矛盾越激烈则越需要通过各方共同协商来予以解决,因此应该充分发挥协商治理在化解大都市基本公共服务冲突中的作用。一是大都市基本公共服务冲突具有复杂性,其涉及多类主体的切身利益,因此在解决中要认真听取多方面的真实意见和呼声,不能图省事方便,随意做出决策,需要按照公共利益的原则在群众中充分协商。二是应该将那些具有参与意愿的利益主体吸纳进来进行协商讨论,按照有事多商量、矛盾好商量、决策慢商量的原则,充分保障基本公共服务相关利益主体的知情权、参与权、议事权、决策权和监督权,让协商治理成为大都市基本公共服务冲突化解的互动平台。三是应该充分发挥党组织在大都市基本公共服务冲突中的作用,通过党组织联系群众,和群众进行沟通和协商,引导社区居民树立良好的公共服务观念以及合理履行自己的权利。同时主持协商的组织机构应该做好上情下达和下情上传的工作,防止因信息不对称而引发干群之间、党群之间、居民之间的隔阂和冲突,避免协商后的不利隐患发生。

(三) 以协商治理激发都市基本公共服务创新

大都市中很多基本公共服务的有效供给是一个复杂的治理难题,在既有的制度框架和治理结构之下似乎这些治理难题已经走进死胡同,没有很好的解决方式可以解决这些难题。协商治理也许可以为这些治理难题的化解提供一些思路，通过不同利益主体参与公共服务难题的讨论和协商，可以激发参与主体的灵感和创新，进而为化解难题提供思路。例如老人出行不方便、牙口偏好不一，如何解决城市日益增加的老年人的餐饮问题成为城市政府面临的一个普遍难题。一些地方邀请社区居民、民政部门、单位代表、党员同志、社会工作者、医务工作者、餐饮企业等主体一起进行协商讨论，最终提出了在社区设立老年助餐食堂的服务项目，在很大程度上解决了老年人餐饮服务问题。这些协商治理在很大程度上调动了相关主体的积极性和主观能动性，对推动大都市基本公共服务质量具有意想不到的效果。而且随着协商形式的多样化，"会场+现场""线上+线下""集中+分散""周期+临时""专题+界别"等新的协商形式不断涌现，有些协商治理实践甚至成为城市品牌和样板，这些都能够为大都市基本公共服务创新提供潜在的新思路、新方法、新点子。

第三节　促优：提升大都市基本公共服务的获得感

大都市基本公共服务质量提升的最终目的是促进城市居民基本公共服务满意度、获得感和幸福感的提升。尤其是在当前社会主要矛盾转向人民日益增长的美好生活需要和不平衡不充分的发展之间的矛盾的背景下，要实现大都市基本公共服务高质量供给就应该在保障大都市基本公共服务可及性和提升大都市基本公共服务均等化的基础上，围绕如何进一步提升城市居民的基本公共服务获得感继续发力。

一　以数字化提升大都市基本公共服务获得感

数字化是提升大都市基本公共服务获得感的重要技术工具，也是未来大都市竞争的重要法宝。在当前互联网、人工智能、大数据、区块链、元宇宙等新兴信息技术快速发展的大背景下数字化公共服务将是未来大都市基本公共服务高质量供给的重要体现。

（一）加强大都市基本公共服务数字化基础设施建设

2021年12月国务院印发了《"十四五"数字经济发展规划》，其强调数字经济是继农业经济、工业经济之后的主要经济形态，数字化服务是满足人民美好生活需要的重要途径。随着数字革命和数字产业不断深入发展，大都市基本公共服务的数字化转型已成为必然趋势，大都市应该紧随社会大趋势，适应社会大变局，加强大都市基本公共服务数字化基础设施的建设和布局。一是加快大都市基本公共服务网络基础设施扩容和升级。建设高速泛在、天地一体、云网融合、智能敏捷、绿色低碳、安全可控的智能化综合性数字公共服务基础设施。推动光纤网络扩容提速、加快5G网络规模化部署、推进IPv6规模部署应用，增强数字公共服务基础设施的覆盖水平和接入能力。二是加强大都市数字公共服务的算力建设。建设大都市基本公共服务大数据中心，加强数字公共服务算力节点布局，推动数字公共服务算法创新。三是有序推进大都市基本公共服务基础设施智能升级。在已有基本公共服务数字设备基础上，特别是智慧政务、智慧社区、智慧城市等重点城市场域，加强基础设施的智能升级，提升基本公共服务的智能化、网络化、协同化水平。

（二）加快大都市基本公共服务数字化应用场景探索

数字化的应用能够在很大程度上打破时空阻隔，提高有限资源的普及化水平，极大地改善城市居民公共服务的体验感和获得感。大都市基本公共服务需求具有极大的复杂性和多样性，数字技术也在不断更新迭代，"技术"+"需求"之间的公共服务数字化应用场景探索仍需不断推进，这样才能为城市社区居民提供更加智能、更加方便、更加优质的公共服务。具体而言可以从以下三个视角进行探索。一是从基本公共服务覆盖的主题内容角度切入。比如可以进一步探索智慧医疗、智慧交通、智慧就业、智慧教育、智慧社保、智慧体育、智慧文化、智慧环境、智慧住房、智慧广电等基本公共服务领域的"智慧+"数字化公共服务创新。二是从基本公共服务服务人群类别角度切入。比如可以尝试探索智慧儿童、智慧青年、智慧妇女、智慧孕产、智慧助残、智慧优抚、智慧养老、智慧扶弱等数字化公共服务创新。三是从大都市基本公共服务供给的主体层次角度切入。比如可以构建智慧政务、智慧民政、智慧河长、智慧街区、智慧社区、智慧公安、智慧商务、智慧城管、智慧监管、智慧城建等数字化公共服务创新。

（三）推进大都市基本公共服务数据库互联互通互享

大都市数字化公共服务充分发挥其效能的重要前提是公共服务数据能够互联互通互享，目前城市数字化公共服务建设过程中存在的棘手问题是数字孤岛、数字碎片化和数字保护等问题。公共服务大数据如果不能互联互通就无法充分发挥其效力，就容易造成数字化公共服务设备的低效和浪费，因此大都市政府应该充分重视在公共服务数字基础设施建设的同时加强基本公共服务数据的互联互通。一是要加强基本公共服务数据的互联互通标准建设。应该防止城市基本公共数字化建设中各自为政、各行其是的局面产生，加强不同数字化应用场景、数据库、平台的数据存储标准、数据接口标准和数据互通规范建设。二是通过立法的形式强化部门间数据的共享开放。以城市政府为牵头单位，推动涉及基本公共服务供给的政府职能部门、事业单位、国有企业、科技企业、社会组织等在数据上互联互通，减少数据的互通限制，提高数据共享开放度。三是加大公共服务数据的安全保障和违法违规成本。在促进数据开放的同时也要加强基本公共服务数据的安全保障，防止数据用于不法行为。而且应加大数据使用的违规违法成本，严惩数据破坏和数据犯罪行为。

二 以参与度提升大都市基本公共服务获得感

基本公共服务需求来自人民，基本公共服务供给为了人民。享受基本公共服务是城市居民的基本权利，基本公共服务权利的实现离不开城市居民的积极参与，只有在参与中才能真正满足城市居民的公共服务需求，也才能体现公民价值和提升公共服务获得感。

（一）以培育现代公民来提升大都市基本公共服务获得感

大都市基本公共服务获得感的提升不能单纯依靠供给侧改革，更需要从供给侧与需求侧互动中提升公共服务感知质量，而促进供需互动局面的形成首先要注重现代公民的培育，具体可从以下几方面着手。一是注重公民意识培育。公民意识是公民个体对自身拥有权利和承担义务的一种自我意识，是现代法治思想的一种体现，也是一种对自身政治地位和法律地位的心理认同和理性自觉。享受基本公共服务是城市居民的一种重要权利，城市居民应该重视这种权利的履行。二是加强公共精神培育。公共精神包括独立的人格精神、社会公德意识、自律行为意识、仁爱慈善意识，是社会中最深层的基本道德和价值取向，体现了公平自由、公共利益、公共责任等一系列价值意涵。公共精神的培育一方面有助于城市居民参与公共服务活动，另一方面也有助于社区公民感知公共服务的价值。三是公共参与能力培育。现代公民应该具备利益表达能力、政治参与能力、信息获取能力、协商对话能力、情感沟通能力、理性批判能力等，这些能力是城市公民主体意识、权利意识和参与意识的重要体现，也是履行社会责任和承担社会义务的重要保障。

（二）以激发参与动力来提升大都市基本公共服务获得感

公共参与的一个潜在好处是提高了公民对公共管理和政府改革的理解

和认知程度①，但公共服务参与实践中却面临浅层化参与、形式化参与、部分式参与、被动式参与、无序性参与、分散性参与、消极性参与等问题，因此在大都市基本公共服务供给过程中还应加强城市居民参与动力的激励。一是内生动力。内生动力是社区居民参与基本公共服务建设的重要基础，如果缺乏强烈的公共服务参与的内生动力，则外生动力的激励作用将大打折扣。内生动力的激励需要强化城市公民意识的培育、社区公共精神的培育以及公民公共参与能力的培育。二是外生动力。外生动力则强调从公民主体外部寻求刺激因子激发其做出公共参与行为。一般可根据公民主体的具体需求设计激励机制，如利益表达需求、情感交流需求、信息获取需求、社会认同需求、个体成长需求等。外部激励相比内部激励而言，其作用效果和作用时间稍逊，一旦刺激因子撤离或消失，外部激励一般也会随即失效。在大都市基本公共服务参与动力的激发下应该兼顾内生动力与外生动力建设，充分发挥内外动力的协同作用，这样更能保持公众参与的持续性和积极性。

（三）以搭建参与平台来提升大都市基本公共服务获得感

大都市基本公共服务的供给需要民众的参与，而民众参与也能提升其作为主人翁的服务获得感，但由于公民参与也会给城市政府带来巨大的工作量，因此很多城市政府制定和发布的公共参与制度只是一种粗放型的制度框架，制度具体执行缺乏细化和依托。即使少量参与制度具有实施的具体流程和依托，但也由于缺乏有效的监督和考核而最终出现制度空转。因此，从多层面、多角度搭建城市居民公共参与平台是大都市基本公共服务获得感提升的重要保障。一是注重传统公共参与平台的维护。传统的公共参与平台包括质询会议、协商会议、听证会议、社会调查、领导邮箱、民主投票等方式，这些参与平台以正式的制度性参与为主，其在参与效果上

---

① ［美］约翰·克莱顿·托马斯：《公共决策中的公民参与》，孙柏瑛等译，中国人民大学出版社2010年版，第7页。

存在较大提升空间。二是引导数字公共参与平台的搭建。数字公共参与包括网络调查、微博讨论、微信讨论、APP 留言、抖音转发等方式，这些电子转发、留言、评论等是现代公民常用的公共参与渠道，应该受到城市政府高度重视。三是引导非制度性公共参与平台建设。非制度性参与包括抗议、谩骂、非理性行为等，城市政府应该对这种消极参与行为进行及时疏导和排解。

三 以合作制提升大都市基本公共服务获得感

大都市政府并非铁板一块，其内部也存在碎片化的部门利益。大都市政府不是全能型政府，不能事无巨细地完成所有基本公共服务供给的具体工作。因此，大都市政府需要引入合作治理来弥补城市政府内部碎片化冲突，通过转变都市政府职能来减负增效。

（一）以部门合作提升大都市基本公共服务获得感

在大都市基本公共服务供给过程中容易产生各职能部门相互推诿的碎片化现象，各职能部门从自身部门利益角度出发，对费钱费力的基本公共服务任务往往倾向于采取划清界限的态度。虽然基本公共服务清单中明确了主要牵头单位和参与单位，但在具体履责过程中基本公共服务往往涉及多个部门，尤其是当基本公共服务下沉至城市基层时，其引发的利益冲突和连带反应更加强烈。因而加强大都市基本公共服务供给中的部门合作是化解这种碎片化冲突的必然选择。一是加强大都市横向职能部门之间的合作。大都市各职能部门之间的合作能够在很大程度上提高公共服务效能，减少不必要的冲突和内耗。比如在城镇棚户区住房改造服务中，虽然规定了牵头单位是住房和城乡建设部，但真正要落实这项任务还需要财政、发改、国土、环境、公安等多个部门的配合和协助，因此大都市内部职能部门之间的合作才是共赢的选择。二是加强大都市街道政府的统筹能力。大都市中很多具体的基本公共服务都需要通过城市街道来予以落实，而街道往往是事多权小，因而为提高基本公共服务供给质量应该强化街道政府在街居层面的统合能力，适当集中街道层面的财权和事权。

（二）以政市合作提升大都市基本公共服务获得感

虽然提供基本公共服务是大都市政府的重要职能和责任，但大都市政府不是全能型政府，也不是包办型政府，而是有限政府。基本公共服务包含的类别和属性非常多样，并不是每一项基本公共服务都应该或需要城市政府来亲力亲为地提供，一些非排他性和非竞争性较弱的基本公共服务也可以通过政府与市场合作的方式来予以提供，这样可以转变城市政府职能，让城市政府做其擅长的事情。比如残疾人康复服务虽然主要牵头负责单位是中国残联、国家卫生健康委和民政部，但是这并不意味着这些政府部门必须亲自来提供这些基本公共服务，其可以通过政府向市场购买服务的方式将这些公共服务内容外包给具有资质的市场康复机构，而残联、卫健委、民政部在这一过程中只需要做好监管和评估工作即可。这样一方面可以减轻政府部门的工作负担，让其腾出精力把重心放在做出更优决策上；另一方面也可以充分发挥市场机制的优势，减小公共服务成本，提高公共服务效能。总之，未来大都市政府基本公共服务质量的提升应该建立在一套分工明确的专业机制之上，让专业的机构做专业的事情才会产生更好的合作效果和更高的服务质量。

（三）以政社合作提升大都市基本公共服务获得感

在大都市基本公共服务供给过程中应该鼓励社会力量参与，推动包括社会组织、民间团体、慈善组织、基金会、社区单位、志愿者、社会工作者、社区骨干等在内的社会力量积极参与大都市基本公共服务供给。社会力量在基本公共服务供给中有其特殊优势，比如更靠近群众、供给方式更加富有情感、更容易与被服务对象产生共鸣等。比如按照服务清单要求，在老年人健康管理服务中,每年要为辖区内 65 岁及以上常住居民提供 1 次生活方式和健康状况评估、体格检查、辅助检查和健康指导等服务,这些工作由具有较强基层性的社会组织来承接能够产生更好的服务效果。因此,卫生健康委和中医药局可以通过政府向社会组织购买老年人健康管理服务的方式来提供这项服务。很多基本公共服务的提供不只是一种类似于市场产品的提供,其更多地需要情感的支持。也就是说基本公共服务不能完全等同于市场交换中的"产品",其还注重这种"产品"使用过程中的情感支持,而专业的社会组织在生产这种"产品"的过程中天然具有情感优势,因此加强政社合作能够在这些特殊的基本公共服务供给上实现互利多赢。

四 以问责制提升大都市基本公共服务获得感

基本公共服务具有较强的居民敏感性,如果城市政府反应不灵敏,很容易遭到公共批评,进而影响城市居民基本公共服务的获得感和满意度,因而大都市政府应该通过一套强有力的约束和惩处机制来保障基本公共服务的高质量供给。

(一) 以制度问责提升大都市基本公共服务获得感

有权必有责,有责必问责。大都市基本公共服务供给是城市政府的一项重要职责,如果公共服务供给不到位或者城市居民反馈差则必然开启问责,问责是大都市基本公共服务高质量供给的重要保障。但很多时候问责与服务改进具有迟滞性,即只有当公共服务问题出现时,才会启动应急型的问责程序。应急型问责虽然能在一定程度上解决问题,但也会对公共服务质量产生不可逆的负面影响,因此应该从应急型问责逐渐转向制度型问责,即通过一系列层次分明的问责制度设计来预防和化解公共服务质量问题,将服务质量损耗降到最低。一是依据相关制度定期开展检查。按照相关问责制度定期开展基本公共服务执行检查,通过检查排查问题并遏制其发展。二是采用多种问责形式提高预防力度。对公共服务具体履职能部门采取公开批评、约谈、行政处罚、督导通报、资源调整等方式问责，对责任人采取约谈、检查、通报批评、组织处理、处分、移交监察机关或司法机关等方式问责，对市场主体则采取没收违法所得、从业禁止、诚信记录等方式问责。三是加强问责存档制度建设。将问责结果存入个人或组织档案，作为评奖评优、职位晋升等重要依据。

（二）以道德问责提升大都市基本公共服务获得感

由于很多基本公共服务供给并没有一个明确的量化标准，因此相关部门在基本公共服务供给上容易产生应付式供给行为，即为应对上级检查而象征性或形式性地提供一下基本公共服务，而这种基本公共服务完全不能满足公民的需求。但按照明确的制度文件却无法对这种应付式供给行为予以制裁和处罚，进而放任了这种不作为的行为。这种"为官不为"的不良行为对基本公共服务供给质量具有重要影响，如果城市政府的职能部门都按照这种"生存逻辑"行事，则基本公共服务供给将永远处于一种低水平覆盖的状态，公共服务质量难以得到实质性提升。因而城市政府应该加强对公共服务供给职能部门的道德问责，即对这种不作为、无担当、不进取的消极行为进行道德问责。道德问责不同于违法问责，其不是基于违反法律法规而进行的问责，而是一种违反社会公德、职业道德、基本良知而发起的一种责任追究。其主要作用是督促责任主体在其位谋其政，防止责任人以最低标准躺平摆烂。道德问责可以显著提高基本公共服务供给主体和单位的责任心，防止基本公共服务供给中"精致的不作为"行为产生，进而提高都市基本公共服务供给质量。

（三）以异体问责提升大都市基本公共服务获得感

大都市基本公共服务供给的主体是城市政府，而对基本公共服务供给进行问责的主体也是城市政府，这种同城内部的同体问责有时候因为碍于人情关系、工作关系、业务关系等容易出现形式化问责、报复性问责、从轻式问责等现象，因而在大都市内部应该加强异体问责。一是加强社会媒体问责。社会媒体对基本公共服务质量下降具有较好的监测作用，其能够利用强大的社会批评和舆论压力倒逼城市政府及时改进基本公共服务质量。近年来我国媒体问责体系逐渐健全，其中立性、独立性也越来越强，这也对保障问责质量具有重要作用。二是加强知识分子问责。公共知识分子对公共问题具有较强的社会责任意识，而且公共知识分子一般具有较强的社会影响力，其参与大都市基本公共服务质量监管能够对城市政府形成强有力的问责效果，也更能引起城市政府的高度重视。三是加强城市公民问责。城市公民是享受基本公共服务的最终主体，其对基本公共服务的质量感知具有第一敏感性，一旦感知到基本公共服务质量下降，其能够在当前数字技术的加持下第一时间表达出自身的不满，并对城市政府发起责问，进而倒逼大都市政府改善基本公共服务质量。

参考文献

［美］埃莉诺·奥斯特罗姆、［美］罗伊·加德纳、［美］詹姆斯·沃克：《规则、博弈与公共池塘资源》，王巧玲、任睿译，陕西人民出版社2010年版。

［美］埃莉诺·奥斯特罗姆：《公共事务的治理之道：集体行动制度的演进》，余逊达、陈旭东译，上海译文出版社2012年版。

安树伟、张晋晋等：《都市圈：中小城市功能提升》，科学出版社2020年版。

［美］彼得·卡普索尔、［美］威廉·富尔顿：《区域城市：终结蔓延的规划》，叶齐茂、倪晓晖译，江苏凤凰科学技术出版社2018年版。

［英］彼得·霍尔：《明日之城：1880年以来城市规划与设计的思想史》，童明译，同济大学出版社2017年版。

陈双、贺文主编：《城市规划概论》，科学出版社2006年版。

陈潭：《工业4.0：智能制造与治理革命》，中国社会科学出版社2016年版。

［美］戴维·约翰.法默尔：《公共行政的语言：官僚制、现代性和后现代性》，吴琼译，中国人民大学出版社2005年版。

［美］戴维·H.罗森布鲁姆、［美］罗伯特·S.克拉夫丘克：《公共行政学：管理、政治和法律的途径（第五版）》，张成福等译，中国人民大学出版社2002年版。

丁煌：《西方行政学说史（第三版）》，武汉大学出版社2017年版。

范柏乃：《政府绩效管理》，复旦大学出版社 2012 年版。

范柏乃、段忠贤：《政府绩效评估》，中国人民大学出版社 2012 年版。

付建军：《制度创业的多重逻辑：城市基层治理创新扩散研究》，商务印书馆 2022 年版。

范逢春、田昭：《城乡基本公共服务均等化：历史、现实与未来》，中国社会科学出版社 2021 年版。

顾孟潮：《奔向 21 世纪的中国城市——城市科学纵横论》，中国建筑工业出版社 1992 年版。

［美］H. 乔治·弗雷德里克森：《公共行政的精神》，张成福等译，中国人民大学出版社 2012 年版。

何艳玲：《人民城市之路》，人民出版社 2023 年版。

［美］简·雅各布斯：《美国大城市的生与死》，译林出版社 2006 年版。

［英］杰弗里·韦斯特：《规模：复杂世界的简单法则（解读本）》，张培译，中信出版社 2018 年版。

贾康、赵全厚编著：《中国财税体制改革 30 年回顾与展望》，人民出版社 2008 年版。

姜晓萍、衡霞、田昭：《中国城市社会治理》，中国人民大学出版社 2021 年版。

江易华：《当代中国县级政府基本公共服务绩效评估指标体系的理论构建与实证研究——基于社会公正的视角》，中国社会科学出版社 2010 年版。

［美］罗伯特·B. 登哈特：《公共组织理论（第五版）》，扶松茂、丁力译，中国人民大学出版社 2011 年版。

［美］刘易斯·芒福德：《城市发展史——起源、演变和前景》，宋俊岭、倪文彦译，中国建筑工业出版社 2004 年版。

［美］理查德·C. 博克斯：《公民治理：引领 21 世纪的美国社区》，孙柏瑛等译，中国人民大学出版社 2012 年版。

陆铭：《大国大城：当代中国的统一、发展与平衡》，上海人民出版社

2016 年版。

卢纹岱主编：《SPSS 统计分析（第 4 版）》，电子工业大学出版社 2010 年版。

卢洪友等：《中国基本公共服务均等化进程报告》，人民出版社 2012 年版。

［美］尼古拉斯·亨利：《公共行政与公共事务（第十版）》，孙迎春译，中国人民大学出版社 2011 年版。

［澳］欧文·E. 休斯：《公共管理导论》，张成福、王学东译，中国人民大学出版社 2007 年版。

盛明科：《服务型政府绩效评估体系构建与制度安排研究》，湘潭大学出版社 2009 年版。

唐亚林、陈水生：《人民城市论》，复旦大学出版社 2021 年版。

唐亚林：《过上好日子：新时代中国特色社会主义的发展逻辑》，上海人民出版社 2022 年版。

［美］文森特·奥斯特罗姆、［美］罗伯特·比什、［美］埃莉诺·奥斯特罗姆：《美国地方政府》，井敏、陈幽泓译，北京大学出版社 2004 年版。

吴建南等：《改革创新引领城市高质量发展：理论与实践》，上海人民出版社 2022 年版。

王佃利、万筠等：《走向均衡可持续的发展之路——中国城市公共服务变革 40 年》，上海交通大学出版社 2019 年版。

吴晓林：《房权政治：中国城市社区的业主维权》，中央编译出版社 2016 年版。

吴晓林：《理解中国社区治理：国家、社会与家庭的关联》，中国社会科学出版社 2021 年版。

熊易寒主编：《城市治理的范式创新：上海城市运行"一网统管"》，中信出版集团 2023 年版。

许树柏编著：《实用决策方法——层次分析法原理》，天津大学出版社1988年版。

［美］约翰·克莱顿·托马斯：《公共决策中的公民参与》，孙柏瑛等译，中国人民大学出版社2010年版。

郁建兴：《"最多跑一次"改革：浙江经验、中国方案》，中国人民大学出版社2019年版。

杨开峰等：《中国之治：国家治理体系和治理能力现代化十五讲》，中国人民大学出版社2020年版。

易承志：《大城善治：中国大都市发展中的政府治理机制创新研究》，北京大学出版社2017年版。

贠杰主编：《中国地方政府绩效评估报告》，社会科学文献出版社2017年版。

中共中央党史和文献研究院编：《习近平关于城市工作论述摘编》，中央文献出版社2023年版。

钟杨主编：《中国城市公共服务公众满意度蓝皮书（2015—2016）》，上海人民出版社2017年版。

周志忍主编：《政府绩效评估中的公民参与》，人民出版社2015年版。

［美］珍妮特·V.登哈特、［美］罗伯特·B.登哈特：《新公共服务：服务，而不是掌舵》，丁煌译，中国人民大学出版社2010年版。